通胀螺旋

1939 中国货币经济 全面崩溃的十年 1949

张嘉璈－著

于　杰－译

THE INFLATIONARY SPIRAL

The Experience in China

1939-1950

中信出版集团 · 北京

图书在版编目（CIP）数据

通胀螺旋：中国货币经济全面崩溃的十年：1939-1949 / 张嘉璈著；于杰译 . -- 北京：中信出版社，2018.10（2018.11 重印）
书名原文：THE INFLATIONARY SPIRAL：The Experience in China,1939-1950
ISBN 978-7-5086-9356-9

I. ①通… II. ①张… ②于… III. ①通货膨胀－货币史－中国－ 1939-1949 IV. ① F822.9

中国版本图书馆 CIP 数据核字（2018）第 186463 号

通胀螺旋——中国货币经济全面崩溃的十年：1939—1949

著　　者：张嘉璈
译　　者：于　杰
出版发行：中信出版集团股份有限公司
（北京市朝阳区惠新东街甲 4 号富盛大厦 2 座　邮编　100029）
承 印 者：北京画中画印刷有限公司

开　　本：880mm×1230mm　1/32　　印　　张：15　　字　　数：296 千字
版　　次：2018 年 10 月第 1 版　　印　　次：2018 年 11 月第 2 次印刷
广告经营许可证：京朝工商广字第 8087 号
书　　号：ISBN 978-7-5086-9356-9
定　　价：68.00 元

服务热线：400-600-8099
投稿邮箱：author@citicpub.com

本书所获赞誉

1958 年 7 月 15 日，《华尔街日报》

这本书应立法和行政人员人手一册。如果“真正”的教育要延伸到社会科学领域的话，那每一位大学生都应该阅读。

1959 年 11 月 30 日，《经济学人》

这本书以客观的态度陈述事实，作者认为，中国经济的瓦解是导致政治与军事整体崩溃的诱因；而期间的恶性通胀，则是国民政府垮台的直接原因。从战前对经济的过分乐观，到战时的供求失衡，再加上国内的政治角力，国民政府此间始终没有长远的经济规划，只是头痛医头、脚痛医脚，始终无力回天。国民政府 1948 年 8 月发行金圆券收购民间黄金、美钞，结果民心尽失并节节败退。作者在战时、战后均担任过政府要职，并一度担任中央银行总裁，但书中未论及任何个人。本书对研究近代史和经济学的读者均不可或缺。

1959 年 5 月 6 日，《英国国际事务》

显然，经济的不稳定让国民政府失去信用。因当局事前未能清楚地认识到这一点，到最终既不能也不愿意采取果断措施，将金融财政问题纳入正轨，政治和经济的全面崩溃已无法逆转。总之，经济繁荣是政权稳定的前提……作者主张应全面公开财政预算和金融管制措施，这样不仅可以保证货币制度健全，直接促使经济稳定，也可以间接稳定社会秩序。

1959 年 9 月，美国《金融杂志》

这本书中的反思虽然是事后之作，但这些教训足以引起各国政府关注。作者作为经济学家，反对政治力量控制财政金融系统，对通货膨胀尤其深恶痛绝。作者认为国民政府在这本书内容记录期间并没有改进财政金融的基本策略，只是对生产、物价、工资汇率和国际贸易采取了直接且不适宜的全面统制，却并没有综合考虑当时的内外部环境，治标不治本。

任中央银行职位之人，

必须品性纯洁无瑕，

而且具有丰富的银行经验，

你二者兼而有之，不必怀疑。

——约翰·M. 凯恩斯 1945 年 6 月 10 日给张嘉璈的建议

目　　录

第三部分
反通胀政策 273

推荐序一

中国在“二战”前几十年的经济发展中，有一代银行家和金融家发挥了至关重要的作用，张嘉璈（1889—1979）先生是他们中的翘楚。

1916 年，张先生在中国银行上海分行担任副经理，他带头拒绝袁世凯迫使各大银行停兑的要求，此举让张先生在全国声名鹊起。袁氏的动议当时如果成功，那将在中国切断纸币同白银储备之间的联系，从而开启政府强占银行白银资产、纸币通胀的大门。

通过稳健诚信经营及成功地维持客户的存款价值，在没有政府支持或监督的情况下，张先生和其他银行家使得中国几家主要银行成为动荡的 20 年中金融稳定的基石。公众对这些银行家及其银行的信任度逐渐提升，从而加速了私营银行纸币对金属货币的替代。由此导致的交易成本下降推动了中国的商业化并减少了国内贸易壁垒。这些变化促进了中国经济增长，中国的人均收入水平因此在 1937 年之前的几十年间有所上升。

管理得当的纸币有助于促进经济增长，但纸币过度发行则会摧毁经济活动赖以存续的制度。1935 年，南京国民政府控制了包括中国银行（张先生已担任其总经理）在内的主要私营银行。两年后，日本的全面入侵迫使政府从首都撤离，同时也被迫放弃了曾提供大部分财政收入的沿海地区。

没有了税源，蒋介石政府随即通过发行纸币以填补税收下降和支出增加之间的缺口。张先生的书（原本用英文写就，今天才有中文版示人）用简洁通俗的语言阐述了因此引发的通胀形势下的中国政治经济。关于这段历史，我在匹兹堡大学的同事、已故经济学家周舜莘教授（1915—2001）有一本专业性更强的著作：《中国的通货膨胀，1937—1949》（哥伦比亚大学出版社，1963）。

身为战时中国的交通部部长，张先生的著作围绕着官方举措和政府财政展开讨论，阐述了通货膨胀的起源。即便如此，我们从书中能够看到，作者认识到通货膨胀对普通居民生活的灾难性影响，因为投机比农业或制造业更有利可图，而当农民因为担心食品价格可能超过棉花价格而放弃棉花种植后，纺织品生产则陷入了停滞。

这本书是张嘉璈先生精通企业财务和公共财政的证明。后来的中国领导人得益于张先生的洞察力，使其民众免受失控的通货膨胀之苦。那些陷入通胀深渊的国家——比如最近的津巴布韦和委内瑞拉——应该思考书中所述的经验教训。

除了支持战前经济增长并留下有关中国通货膨胀的宝贵历史记录外，张嘉璈先生与当时的金融家同行一道，强化了中国的金融诚信文化，尤其是在上海地区，这种文化经受住了战争、恶性通货膨胀和苏联式经济规划的考验。在 1982 年访问上海期间，我遇到大隆机器厂的代表，大隆机器厂是一家成立于 1902 年的设备厂，1933 年有工人 1 300 名，1971 年的员工数达到 4 300 名。他们在谈到全额并及时偿还银行贷款的重要性时使用了这样的语言：“维护我们的信用评级。”这不仅是我在 1949 年以后的论著中没有见过的，也是在此前与中国接待方交流过程中没有听到过的。这种思想是所有市场经济的精髓，也体现了张嘉璈先生的思想传承。

托马斯·G. 罗斯基
美国匹兹堡大学教授
2018 年 7 月

推荐序二

中国经济问题之“由来”

1958 年，美国洛杉矶洛亚拉大学访问教授张嘉璈先生，将其记录、研判中国抗战及内战时期货币经济恶化及崩溃总情势的英文手稿，交予麻省理工学院出版社出版。60 年来，这部出自中国前银行家、前政府经济阁僚、中国恶性通胀亲历者之手的详细记录，成为西方学界解析 20 世纪 40 年代中国货币经济总溃败最权威、经典之作，被广为引用，且奉为圭臬。

在国内，旧中国的恶性通胀一直被定谳为政治溃败的“并发症”，并不被视为“独立的”经济事件，也便无须做“纯粹的”经济解释，更谈不上运用“西方”货币经济理论阐述，故此，张嘉璈先生的作品在国内不免鲜为人知，引用者更是凤毛麟角。“同一著作，两样光景”似乎折射出“同一历史，两张面孔”。然而，毕竟“……困扰并最终葬送国民政府的通货膨胀现象背后的基本经济状况”，才是历史的本来面目。

今日来看，这本书所做的观察、分析与总结，不仅是权威的经济文献，更是弥足珍贵的历史文献，照亮了对整个 20 世纪中国货币经济历史的理性认知。深入研读这部著作，有助于拓宽中国货币经济历史研究的国际视野、深度与广度。更为重要的是，对整体把握与全面认识中国货币经济的渊源助益良多，对认知当下形势尤显重要，不可或缺。

二

本书系统性地阐述了 1939—1949 年中国恶性通胀及其所导致的货币失败与货币经济崩溃的“基本经济状况”，实证地分析了政府的反通胀政策。作者坦陈：“……如果不解决第一部分罗列的那些基本问题，通货膨胀现象就很难遏制。”概言之，“那些基本问题”亦即“总需求超过了总供给”。这无异于宣称，长达 10 年的政府反通胀政策，并不能解决根本问题，也终不能免于货币的失败与货币经济的崩溃……

书中论述的“总供给不能满足总需求”的矛盾，其症结依然不失其货币本质，彼时中国之货币经济正处于国际性“梗阻”，及为克服这一梗阻而进入的“现代货币经济转型”之中。

19 世纪中叶，世界发起了“货币大分流”：西方列强及其殖民地都先后确立了金本位制，中国却致力于建立自身的银本位制。这实际上是“固定汇率”与“浮动汇率”的货币分流。中国币制改革的“银本位”目标，即为在全球金本位制下的“固定汇率体制”中造就一个“浮动汇率”之“银本位制”。银本位制（即浮动汇率制）十分脆弱，原因在于，全球货币体制只能存在一个固定汇率体制，金本位的确立意味着白银等的“去货币化”，沦为价格浮动的国际商品。

中国银本位的货币体系因此是建立在价格浮动基础上的，将因国际银价的剧烈波动（特别是银价走高）而极其脆弱：银价高企将直接冲击货币基础，造成白银外流，导致通货紧缩。无论是否建成银本位制，白银货币经济的本质没有变化，其浮动汇率的脆弱性也不会发生改变，政府当局又缺乏抑制白银外流的管制措施和监管能力，中国的白银货币经济因此面临着极为强大的国际银价（或然性）上涨所带来的致命"外部冲击"，这是国际性的"货币梗阻"。

为了顺应中外货币情势，改变这种被动局面，晚清以降，中国当局皆在谋求币制改革，并渐趋形成了"先银本位制，再金汇兑制"的货币转轨渐进主义方略。

1929—1933 年的"大萧条"是人类经济史上第一次全球性的经济衰退，史无前例的全球通货紧缩促发了"颠覆性"的全球货币变革，历史性地将黄金逐出货币体系，瓦解了"金本位"，进入管理通货和外汇管理时代。作为重大社会经济历史事件，大萧条在经济上塑造了美国的国民性，而解释大萧条时宏观经济的"圣杯"，探求大萧条的货币冲击及其遗产亦应是理解中国经济现代化的重要出发点。

从 1933 年白银危机到 1948 年法币崩溃，中国货币经济的现代转型历时 16 年，是在最为不利的历史条件下和极为恶劣的国际环境中发生、发展的。作者以现代西方经济理论对中国恶性通胀做总结分析，并没有将发行纸币本身作为有可能导致货币失败的根本动因，但事实上，这确实是已历数个世纪的中国白银经济日趋衰败及至"行钞"失败的历史绝唱。

以"大历史"的视角来看，法币改革及其失败，无疑是所谓的

"纸币的回归"。大萧条破坏性地推高了全球银价，动摇了中国经济的货币基础，截断了中国渐进"银本位"的币制改革路径，迫使政府实行急进的货币转型，奉行"纸币本位"。如果说"废两改元"是从容不迫并水到渠成的话，那么，法币改革则是在外力致命冲击下应对白银危机的"急就章"，亦即采外汇本位制之纸币发行，实施白银去货币化。中国货币经济同时也步入了连绵战事与不断恶化的通胀胶着叠加的不归路。全面抗战爆发，军兴不断，法币已然财政性发行，类近于史上"行钞"。历史上几次大的"行钞"，都导致了王朝财政瓦解乃至国祚崩殂。本书记录的中国恶性通胀所导致的货币失败，同样终结了国民党政权在大陆的统治。国民政府赢得了抗战胜利，输掉了反通胀之战，接下来，输掉了内战，更彻底地输掉了货币。

法币改革是一场分水岭式的货币变革，将"（传统）旧经济"的总根子（即白银货币体系）拔除了，但在播种"（现代）新经济"的货币种子（即管理通货体系）方面最终陷于失败。这一失败带来了巨大而持久的社会经济困难，使得国民经济最终成为政府计划和行政管理的对象，从而改变了 20 世纪中国社会经济的性质与走向。

从这个角度，本书是整体性认识、理解与把握中国货币经济现代转轨所不可或缺的经济和历史文献。

二

1933—1948 年中国经济的核心问题是货币，此后很快就转到体制上来了。

20世纪上半叶，西方列强、日本、苏联是影响与角逐中国体系的三股外来力量：大萧条代表着西方世界的经济冲击，通过美国购银政策改变了中国货币经济的历史命运；日本的侵华战争恶化了美元化的中国法币经济；苏联对红色中国之革命和建设的支持与援助促使中国计划体制的兴起。但就根本原因而论，这本书认为，无疑是货币的失败导致了政权的兴替。

从货币经济史的视角，考察1933—1948年中国货币经济现代转型、失败及其遗产，不难发现，大萧条的货币冲击直接导致中国货币经济的转轨、失败，引发了一系列现代经济命题，如政府统制经济、产业组织面临全面重组、外汇本位无法恢复、国债体系瓦解等。这最终从根本上改变了中国社会经济的性质和方向，为政府部门全面掌控经济资源创造了条件，为计划经济体制的确立提供了历史契机。

也就是说，正是货币经济转轨的大失败，才破坏并瓦解了并不成熟、并不发达的市场经济，从而使总供给与总需求的关系纳入到政府部门的管理之中，并嵌入式地引入了计划经济体制，实行全面的行政性政府控制。换言之，正是货币经济转轨的失败，才带来经济体制的巨大变化。货币的“失败”导致了政府的“成功”：国民政府竭尽全力想要使政府获取对经济的主导权甚或支配权，却戏剧性地在中国共产党的政府治下实现了。国民经济成为被计划和管理的对象，这在中国经济历史上可以说是前所未有的，即便是大萧条冲击时也无法想象。

这是前计划经济时代最为本质的经济事实。

严格的计划经济需要强有力的政府指导，这是德国、俄国等国家从大萧条中学到的深刻教训。在中国，这一点日益演化为：计划的本质就是压制乃至取消市场信号，甚或在市场信号完全失败而不能恢复的情况下的一种被动选择，政府部门只有借助于重大的经济危机才有能力做到以行政力量去取代市场的力量，甚或只有在市场崩溃瓦解之后，行政力量才能够起到有效的统制作用。失去货币的稳定性，价格信号（市场的基础信号）就会出现严重混乱甚至崩溃，从而导致市场的混乱、崩溃。从这个意义上说，计划经济体制“有效地”遏制了法币崩溃后的经济乱局。

但是，正如法币改革除旧得力而发展新经济失败一样，计划经济体制虽然有力地阻止了经济的崩溃瓦解，但是在提振经济发展与现代化方面并不成功。特别是未能有效地确立现代货币管理体制，中国人民银行作为中央银行沦为财政的簿记，货币活动体制性地财政化，通过大量全国与地方性票证发行，虽然“稳定”了物价，但也根本上抑制了货币职能，票证与计划指令的经济体制得以固化，任何货币经济活动都受到严厉的管制甚或禁锢：严禁私人市场活动、外贸长期禁锢于政府部门（1957 年，创办了类近于“一口通商”的中国进出口商品交易会，即“广交会”）。

相较战前水平，计划体制下的经济产出并没有大的提高，1960—1962 年甚至出现了严重经济滑坡，总供给因此长期不能满足总需求，经济“短缺”成为体制性常态，社会经济矛盾日益突出，1966—1976 年国民经济甚至陷入“濒临破产的边缘”。这些最终形成了重大经济改革的压力与动力，并在国际上汇聚为社会主义改革的历史运动，而改革的中心、难点正是经济体制本身。

大体上看，从 1948 年的货币崩溃到 1978 年的经济改革与开放，再到 1988 年的“物价闯关”，中国经济现代化的历史进程经历了曲折动荡的几十年。可以说，该进程是大萧条外部冲击下，一个不断适变、改革、挫折与再生的进程。离开 20 世纪三四十年代中国货币经济的被动转轨与瓦解失败，过往一个多世纪的中国货币经济历史的总脉络就失去了完整性，在诸如中美货币经济关系、城乡二元经济结构、政府部门的经济职能角色地位等一系列基本经济议题上，错失相当的历史依据。

于此，重读张嘉璈先生的这部著作，有助于我们把握前计划经济时代社会经济的历史脉动，深刻理解中国计划经济体制的历史命运：缘起、发展、挫折及其市场化的改革与开放。

三

日光之下，并无新事。

史上，“行钞”失败后，货币的功能受到极大的抑制，通货反趋匮乏，于是，大量的实物性“代用券”开始流通起来，纸币的别称即为“钱引”。这些纸质的“引”或“券”大量流通起来，往往是“行钞”失败后的一大景观。

1956 年，中国大陆全面建立了户籍制度，这就使得票证可以直达每个家庭乃至个人，1950 年后军政部门等所实施的计划配给制便有条件适时地全面推广开来，并成为 1958 年“跑步进入共产主义社会”的“大跃进”运动中动员与支持的体制性力量。不过，时居澳、美的张嘉璈先生已然难以亲临近观 1948 年大陆货币经济崩溃后的极度“衰变”与扭曲“反弹”了。

不难发现，同为东方社会主义阵营，中国与苏东的计划经济体制有极大差异：中国大量发行票证，以安排商品零售并计划其流通；苏东则完全依靠“排队”来解决居民家庭部门的零售需求。这就意味着，中国居民家庭部门或个人有可能先于体制的重大变革，先行自票证计划等管控中获得“解放”，其途径不外于通过搞活农村使得农副产品等供给增长、促进商品流通的放松管控，从而渐进恢复货币功能、完善市场价格信号。这一重大的体制差异，并没有引起比较经济体制学界的关注。这些因素或在事实上导致中国与苏东间计划经济体制改革道路的重大分殊：中国走渐进改革之路；而苏东自觉不自觉地选择了激进策略，甚或“休克疗法”。

诚如诺斯所言，我们的理想是“解释经济在整个时期的结构和表现”。将中国货币经济的近现代历史脉动在时间轴上延展开来，不难发现，中国货币经济的现代转轨、失败与再生，是“大历史”嬗变中的货币主题所在。

“历史服务于长跑，有时服务于中跑，但很少服务于短跑。”

时隔一甲子，先生手稿之中译本得以面世，实为“遗珠”重拾、熠熠重光！

值此，吾辈后学如秉巨烛，鉴往知来，幸甚大矣！

周子衡

2018 年 8 月

初版序言

1956年春，张嘉璈博士这本书的手稿引起了国际研究中心的关注。在中心的资深研究人员看来，作者作为中国现代银行体系的组建者，同时长期参与处理中国经济和金融问题，其手稿展示了作者本人极其重要的个人经验，提供了诸多不可多得的信息，可以为研究中国抗日战争及战后初期的财政金融管理及通胀问题发挥重大作用。本中心认为，本书值得该领域的学生和学者阅读。

国际研究中心同意与麻省理工出版社合作出版本书。本书并不代表国际研究中心或麻省理工学院的观点。但我们相信，对于希望更好地了解中国当时的经济背景和期间通货膨胀问题的人来说，书中的内容极具价值。

马科斯·F. 米利肯

麻省理工学院国际研究中心主任

马萨诸塞州剑桥市

1958年5月

初版自序

1949年5月离开中国后不久，我便动意写作本书。当时，恶性通胀使得中国的货币体系彻底崩溃，经济和政治体系都亟待重整。因此，应该借此时机思考中国恶性膨胀悲剧中最重要的因素，并记录其发展历程，以便为未来的史学家留下见证。初稿完成于澳大利亚的悉尼。在我来美国之前，我在悉尼住了将近三年。

但我也曾踌躇是否要将手稿出版。时下，对美国在国民党败走中国大陆之前的政策争论不断，而本书讨论的也是一个有争议的题目。另外，鉴于战争期间和战后几年间诸多问题的复杂性，我那些曾直接参与中国经济管理以及曾为民族利益殚精竭虑的朋友将如何看待本书，亦令我心有顾虑。然而，如若不记录整个过程的全貌，那写作本书便背离了我的初衷，即从中国通货膨胀的原因和后果中吸取教训。

我被说服出版本书是基于这样的考虑：中国的恶性通货膨胀现象本身，便是曾经实施的政策和管理严重失当的证明。列出这些错误，将避免其他地区尤其是很多新的亚洲国家重蹈覆辙，这应该是我能做的一点贡献。我要指出的是，对中国悲剧的这一事后分析，既不是指责也不是辩护。我唯一的目的，就是尽我所能，让那些迄今为止相对幸运的其他国家至少从中国的悲剧中得到一些启示。

本书旨在说明困扰并最终葬送国民政府的通货膨胀现象背后的基本经济状况。但读者应当清楚，南京国民政府的终结并不能仅仅归因于经济。本书强调导致通货膨胀的历史经济因素。中国当时的领导人似乎并没有很好地把握总需求和总供给之间的内在关系，但十年之后，这个关系就没有那么难捉摸了。因此，我在本书第一部分回顾了总需求超过总供给的过程。当代经济分析业已开始关注这些变量，通过研究国民政府时期这些变量的变化，我们可以清楚地看到政府政策导致了不可避免亦为政府领导人无法预见的后果。

国民政府采取的遏制其所导致的恶性通胀的政策，同样值得关注。回过头来看，政府的反通胀措施似乎软弱无力，但我们应该明白，政府运行期间正处于战时紧急状态，对其纠错能力难免过于自信。本书详尽记录了政府的大量言论、政策，这些政策就像是在寻求一种无法把握的灵丹妙药。我的所有叙述似乎都表明，如果不解决第一部分罗列的那些基本问题，通货膨胀现象就很难遏制。

由于战争期间及战后几年缺乏公开可信的统计数据，书中引用的数字和我所做的一些估计，均基于那些只有我本人可获得的统计信息。我还结合以往处理数据积累的经验，对其做了相应调整。如蒙指正，不胜感激。

感谢给予我帮助和支持的诸多朋友和机构，没有他们，本书不可能出版。特别感谢麻省理工学院国际研究中心给予的资金支持和出版方面的便利，令森林湖学院的助理教授道格拉斯·保奥（Douglas Paauw）博士得以协助编辑本书。本书初稿内容的重新编排正是缘于他的建议和辛苦努力，使得本书可读性明显增加，对他的付出，任何褒奖都不为过，感谢他的耐心和帮助。另外，真诚感谢马凯特大学助理教授吴远里对最终文本的点评和修改，感谢国际研究中心的理查德·W. 哈奇（Richard W. Hatch）在付印前对手稿的最终修改。

同时向悉尼大学的格莱森·怀特（Glesson White）先生表达谢意。在初稿准备过程中，他的帮助至关重要；感谢魏大卫核实表格并统计数据。

我还要特别感谢第一个鼓励并帮助我出版本书的小乔治·格林（George Greene，Jr.）以及支持本书出版的洛杉矶洛亚拉大学校长查尔斯·卡萨萨（Charles Casassa）。

在此，谨向一众出色的银行家和经济学家表达我诚挚的谢意，与他们的融洽关系极大地支持了我们的分内工作。在我任职于中央银行期间，他们或是提供极具价值的建议，或是进行卓越的研究，协助我解决通胀问题。他们的观点和研究成果是非常重要的意见和信息来源，并已一一体现在本书中。在此提及以下诸位先生：陈光甫、李铭、贝祖诒、杨格（Arthur N. Young）、西里尔·罗杰斯（Cyril Rogers）、刘驷业、霍宝树、李榦、沈熙瑞、吴大业、周舜莘、蒋硕杰、王念祖、余英杰以及陈隽人。同时感谢李维斯·马斐里克（Lavis Maverick）博士的校对工作。

张嘉璈

洛杉矶洛亚拉大学

1958 年 5 月

第一部分

1

历史背景

第一章

1939 年之前

战前背景

财政性通胀趋势

在中国，货币稳定、通货紧缩和通货膨胀循环往复，历史久远。王朝衰落之前，多出现长期财政性通货膨胀趋势，最后因新支付手段泛滥导致货币体系彻底崩溃而告终。中国的纸币早在 11 世纪初便已出现，从此成为政府得以轻易扩大货币供应的工具。只要中国的统治集团将法币作为黄金、白银和铜钱之外提高支出水平的补充，那通胀就不可避免。

中国上一次通胀经历始于 1905 年户部银行的建立，该机构被授权发行纸币。户部银行的成立再一次证明了一个事实，即无论是政治家还是军阀，无论是保守派还是革命派，政府领导人很少放弃这种想法——仅仅通过印钱就可以解决支出大于收入的问题。实际上，户部在 1905 年 3 月奏请皇帝成立户部银行的奏折里有着这样的考虑：

> 银行为财政之枢纽，而纸币又为银行之枢纽。各国银行之设，平时发行纸币，收集金银现款，遇有缓急，则本其纸币之信用为国家发行公债票，而复以所集现款首先认购，以为商民之倡。[①]

这一理念产生了重大影响，接下来几十年里，历届政府的财政政策无不契合这一思路。此外，因为相信纸币流通量会随着发钞银行数量的增加而增加，货币发行便不再限于一家银行。到1907年，两家国家银行、一家商业银行和一家省属银行获得了纸币发行权。二十年后，这两家国家银行在和至少28家商业银行、11家省属银行同时发行纸币。

以统一的国家货币取代混乱的硬币和纸币，这一关于货币改革的考虑在1900年之前就已经开始，政府甚至邀请了外国专家调研中国金融体系并提出改革方案，但进展缓慢，直到1928—1937年的国民政府时期才有实质性进展。即使在那时，政府改革也没有就货币问题给出最终解决方案。除了货币本位上的分歧和持续不断的内部政治斗争，失败的一个重要原因，是政府需要建立黄金储备来推行货币改革。改革蓝图建议利用国外贷款向中国的银行提供（金银）储备，但政府担心这会导致外国插手国内财政事务，同时限制其自银行随意提款的自由。

---

① 这些文字是光绪三十一年三月二十三日户部尚书鹿传霖的奏折内容。作者在本书中的引文，有的是原始文字，有的是作者本人的归纳。除特别说明外，本书脚注皆为译者所加。

银本位：自然控制通货膨胀

19 世纪中叶，中国开放对外贸易，初期的贸易顺差以及开放之后外国对中国的投资，导致白银流入增加，白银随即成为货币基础。不同形状和重量的银锭、不同省份铸造的银币以及银质辅币，与铜钱一起流通。每种钱币都基于各自内在价值对其他钱币单独计价兑换，各钱币之间没有固定的兑换比率。地方和对外贸易中的大额交易靠的是银锭。人们的财富积累为白银，银行的储备是白银，银行间账户结算也是白银。

当银行纸币于 19 世纪末再度出现时，通常只流通于城市里，内地农村地区的居民坚持使用银圆或铜钱。只要中国的国际收支恶化需要白银出口，或者有流言称某银行发行的纸币超出了其储备时，农业收获季的赎银需求就非常大。一些认为省政府的印章就足以维系纸币价值的省属银行，无节制地增加纸币发行，甚至企图迫使居民接受不可兑现的纸币，这些纸币会随之贬值，公众也极力抵制这类纸币。如果不是公众的白银赎回需求，政府当局对银行的掠夺性心态早就导致了严重的通胀。

但这一制约并未避免纸币的滥发。中央和省级政府均不时想着中止银本位制，方式是命令纸币发行银行停兑。比如，1916 年，想做皇帝的中华民国总统袁世凯需要钱，他提出控制中国银行和交通银行这两个国家银行的现金储备。由于这两家银行的储备规模不大，袁氏指示它们停兑其发行的纸币，同时命令公众按票面价值接受纸币。这一命令偏离了银本位的原则，最终因为中国银行上海分行拒绝执行[①]而受挫，毕竟所有银行中该行发行的纸币数量最大。虽说中国银行经历了几天的挤兑，但其成功满足了公众兑换白银的需求。尽管交通银行和中国银行的北京分行均被迫停兑，政府的目的仍然没有达成，因为其从这些银行抢占的白银数量有限，而且公众拒不接受票面标着银圆价值却不可兑换银圆的纸币。

各省政府处理省属银行纸币发行的方式则更加粗暴。每当银行无法赎回纸币时，官方当局便试图通过严惩折价买卖纸币的人来维持纸币的兑换价格。在东北，对折价交易东三省银行（此银行名即"东三省银行"）所发行纸币的处罚是死刑（官价是一个银圆兑 50 元满洲券）。但省属银行发行的纸币还是以大折扣在市面上流通，这严重制约了这些纸币的发行规模。到 1916 年，19 个省属银行发行的纸币总额已接近 2 亿元（票面上等量的银圆），其中一半以上是不可兑现的。

银行业自身防御通胀

尽管中国银行上海分行 1916 年的行为很勇敢，但迫于政府压力，中国银行北京分行和交通银行不可兑现纸币的发行量却在持续

① 作者时年 28 岁，任中国银行上海分行副经理。他拒绝执行袁世凯的命令，坚持上海分行开门营业，在挤兑压力之下给予储户兑现、付现。这是作者作为银行高级管理人员第一次未执行政府（国家元首）的命令，有分析认为张先生此举加速了袁氏帝制的终结。张先生本人后续还有过类似对抗政府强借的经历。此举奠定了中国银行在上海银行界、在全国华资银行界的地位，也让作者本人在政商两界声名鹊起。

增加。不过在袁世凯时代，公众对纸币的信心动摇得厉害，1916—1921 年，中国银行发行的纸币数量仅从 4 640 万元（国币）增加到 6 250 万元，交通银行则从 2 130 万元增加到 3 010 万元。通过努力，这两家国家银行在持续不断地抵制政府自银行的借贷行为后，最终于 1922 年将流通中不可兑现的纸币悉数回收，公众对纸币的信心亦逐渐恢复。到 1927 年，中国银行发行的纸币已经增加到 1.59 亿元，交通银行的则增加到 6 510 万元。

1928 年 3 月 25 日，中国银行采取了一项积极措施提升货币价值，同时抑制纸币的过度发行。中国银行在上海成立了由商会、银行公会和钱业公会代表组成的监督委员会，以确保该行有足够的储备维系其纸币发行。委员会每三个月就银行储备头寸发布一份由公共会计师认可的报告。此举旨在向公众保证，该纸币发行银行不再允许政府觊觎纸币对应的储备。这一做法随后被新成立的中央银行，以及交通银行和私人货币发行银行采用。公众开始敢于持有银行纸币，1928 年之后的几年间，纸币流通规模快速上升。除了东北和广东，健全的良币逐渐将省属银行的劣币逐出流通领域。在东北，因季节性原因，农产品丰收后的销售需要大量资金，货币健全与否就不太被关注；在广东，每年大量汇入的侨汇对地方货币的需求不断增加，超出了优质银行可以提供的纸币数量。

袁世凯去世之后的几届政府均严重依赖通货膨胀性财政。1916 年的惨痛经历表明，直接插手银行获得资金劳而无功，有鉴于此，他们转而寻求更巧妙的方式，最常用的手段是向纸币发行银行出售政府债券，后者则将这些债券作为储备，数量多达其纸币发行总量的40%。在1935年之前，这些银行吸纳政府债券的能力就已达到极限。

可以看到，在这种情况下，严格遵守银本位规则是抑制纸币发行的唯一手段，如果这些发钞银行免除了纸币–白银的兑现责任，通货膨胀可能早已失控。

从银本位变为外汇本位

西方金融大国在1931年后退出黄金本位，导致白银价格逐渐走高，美国的白银收购法案更是在1934年和1935年将银价推至峰值，对中国经济产生了严重的通缩影响。大量白银从内地流向上海等港口城市以待出口。白银储备的减少降低了信用基础，货币开始稀缺，商品价格走低，币制亟待改革成为共识。1935年11月，其时的银本位被一个新的外汇本位取代，包括英国的李滋·罗斯爵士（Frederick Leith Ross）在内的外国专家协助制订了方案。新币制计划规定：

> 中央银行、中国银行、交通银行三家银行发行之钞票定为国家唯一法定货币，即法币，英文缩写为CNC；
>
> 禁止将银类作为货币使用，公众应将其持有的所有银类货币交由政府所设发行准备管理委员会或其指定之银行兑换法币；
>
> 中央银行应无限制地按“即期汇率”购售外汇。首次公布的官方汇率分别是：英镑买价是1先令2.375便士合1元法币，

英镑卖价是 1 先令 2.625 便士合 1 元法币，美元购、售价格则分别是 29.5 美分和 30 美分合 1 元法币。[①]

新币制的采用消除了中国商人对国内物价水平可能因境外银价进一步上涨而下跌的担心，因为他们相信国内物价将因法币内在价值的降低而上涨。此外，随着更灵活货币本位的引入，信贷条件也将宽松。得益于在华英资银行对新币制的支持，公众亦表现出了将手中白银兑换为纸币的热情。

但上海那些有影响的华人银行家对新币制的潜在危险忧心忡忡。事实上，该计划起草人并没有忽视通货膨胀的危险，而且也提醒过政府应在币制改革的同时另采取两项金融限制措施。他们提出：第一，中央银行应该改组为中央储备银行，由商业银行、公民个人和政府认购其资本。这样一来，中央银行将脱离财政部，从而获得独立地位；包括有表决权的商界代表组成的委员会将监督货币供应。第二，1935 年改革的倡议者敦促政府整理财政、平衡预算，以减少政府为解决赤字问题而对纸币发行的依赖。政府接受了这些建议，承诺根据建议改组中央银行，同时宣布将彻底改革财政，以便在 18 个月内实现预算平衡。这些承诺并没有消除华人银行家们的担忧，过往 20 年的历史历历在目，他们预见到了通货膨胀的危险。

很不幸，他们的担忧并非杞人忧天。中央银行从未获得独立地位，整理政府财政也没有任何实质性动作。自新币制从 1935 年开始

① 此处指公众作为买、卖方的价格。

运行到 1937 年年中，四家国家银行发钞数量从 4.53 亿元（法币）增加到 14.77 亿元。超过 10 亿的增加额中，只有一半左右同上交的白银有关。具体数字参见表 1–1。

表 1–1　四家国家银行发钞情况[1]

时间	流通中的纸币（法币，单位：元）
1935 年 11 月	453 000 000
1935 年 12 月	672 983 000
1936 年 6 月	947 971 000
1936 年 12 月	1 330 960 000
1937 年 6 月	1 477 200 000

1　包括农民银行；基于财政部钱币司统计资料。

1939 年之前的物价总水平变动

从 20 世纪初到 1935 年，中国总体物价水平受三个主要因素的影响：国内农业收成、世界大宗商品价格以及国际银价。粮食和服装这两项在自给经济中占绝对比重的关键商品，引领其他商品价格波动，从而影响生活成本。1900 年之前，粮食价格随国内农产品的产量剧烈波动。因为铜钱的流通量有限，农业收获季的货币短缺对农产品价格有抑制作用。20 世纪以来，随着银圆流通的增加，这种季节性影响消失了。1900 年之后，只要外国农产品比国产的便宜，不管是因为国际粮食价格下跌还是因为银价上升，中国便开始积极进口。直到 20 世纪 20 年代，中国市场的服装几乎完全通过进口，其价格也依赖于国际市场价格和白银的汇率。结果是，粮食和服装的国际价格以及银价，成为中国国内物价水平的重要决定因素。这造成1930年之前国内物价波动和国际价格趋势之间的密切联动。国内外物价当然也会出现差异，但这些价格差会随着进口量的变化而被抹平。比如，国内物价上涨、国际市场银价走高或者国际市场价格走跌，会刺激进口品流入，对国内物价产生紧缩影响，从而接近国际价格水平。因此，如果按当时汇率将国际价格换算成法币，再考虑上运费和保险费以及中国商品质量普遍不高等因素，国内外价格差异很小。表1–2是1930年中美两国的棉花和小麦价格对比，显示出中外物价走势趋于平行。

表1-2　中国及美国棉花和小麦价格（美国价格被折算成法币）[1]

	棉花（每担）		小麦（每担）	
1930	中国（汉口）	美国	中国（汉口）	美国
1月	51.0	75.4	6.97	7.73
4月	50.4	74.0	7.17	7.98
8月	45.0	71.4	7.00	7.84
12月	46.7	65.5	5.94	6.79

1　基于中国银行报告；1担等于2.91美蒲式耳，1美蒲式耳约等于35.24升。

但1930年之后，中国的物价趋势同英、美之间的差距明显扩大。到1937年日本侵华①时，中国的物价水平经历了两个截然不同

① 作者所述日本侵华和中国抗战爆发的起点，是1937年7月的卢沟桥事变，与以1931年九一八为标志的日本侵华与中国抗战的现行正式表述不同。——编者注

的阶段，转折点就是1935年的币制改革。表1–3中的美国、英国和中国（上海）批发物价指数及国币兑英镑的汇率指数，表明中国的价格走势在1935年逆转，也体现出中国及世界物价后续走势间的差异。

表1-3　批发价格指数

年份	美国[1]	英国[1]	中国（上海）[2]	汇率（英镑指数）[3]
1930	109	112	120	115
1931	85	99	132	146
1932	71	96	118	118
1933	74	96	108	118
1934	89	99	101	109
1935	100	100	100	100
1936	102	105	112	122
1937	108	122	124	122
1938	100	112	159	166

1　来自1939年11月2日国际联盟统计月报。
2　基于财政部关务署编制上海批发价格指数。
3　引用上海地区英镑电汇汇率报价。

1931年，美国和英国的批发价格大幅下降（分别下跌12%和22%），而中国的批发价格则上升了10%。这主要归因于世界银价下跌造成法币有效汇率贬值了21%。大萧条尚未波及中国，而银价的下跌远远超过了中国外贸逆差增长导致的通货紧缩效应。1932年，随着美国、英国等多个国家放弃金本位，世界价格开始趋稳。而中国的物价则因1932年美国《白银收购法案》引发的国际银价上涨开始走低，并一直持续到1935年的币制改革。1932年，国币对外升值了23%，1934年又升值了8%，1935年的前9个月升值了9%。外国对中国出口的需求恢复迟缓，中国市场充斥着廉价的进口农产品，大量白银流至境外。商品出口下滑，国内粮食和原材料价格不堪外国商品的竞争而被迫走低。1933至1935年间，上海的批发价格下跌了24%，而英国同期则上升了4%，美国上升了41%。如果政府没有对白银出口征收与其国内外差价等额的税收，中国商品的价格会跌得更厉害。政府的举措减少了白银外流，而白银外流正是导致国内物价面临通缩压力的主要因素。

20世纪30年代前期的经验表明，国际银价上涨对中国经济产生了不利的紧缩效应，1935年币制改革的主要目的就是要切断国内物价同银价之间的联系。在中国于1935年11月放弃银本位制之后，汇率便由中央银行确定，不再钉住国际银价。不过，直至1937年抗日战争全面爆发，汇率对国内物价水平仍有很大影响。

1935年底，政府确定新汇率，货币对外贬值了20%。就其此前的含银量而言，新的国币（法币）在国际市场上被大幅低估，比照伦敦即期银价，低估的幅度不少于40%。这一差距对中国银行家和商人的心理产生了重大影响，他们认为法币的内在价值将向外部价值靠拢。在汇率贬值的两年间，中国人对有价证券、不动产和其他国内投资的需求大幅增加，这导致批发价格走高。与此同时，汇率走贬提升了进口品价格——英国和美国批发价格的走高强化了这一效应，这对国内的农业和加工业起到了相当大的保护作用，这些行业在早前的大萧条时期处境艰难。因此，货币对外贬值从多个层面对产业和贸易起到了支持作用。但在我们看来，更重要的是要注意到，1935 年的币制改革为更轻易地增加货币供应埋下了伏笔；而且，由于缺少管控，其实际上早在 1935—1937 年期间便制造了温和的通胀。

战时通胀的第一阶段：1937—1939 年

中国的战时通胀可以分为三个阶段。从 1937 年 7 月到 1939 年下半年，这是一个温和的通胀阶段。作为通胀早期，后方[①]年均物价涨幅为 40%~50%。此后到 1941 年底是紧接着的第二个阶段，其间人们对纸币失去信心，囤积居奇盛行，每年的价格涨幅高达 160%。珍珠港事件之后，通胀趋势再次加速，战争余下的四年里，后方物价年涨幅超过 300%。

日本入侵对中国物价的影响

中国恶性通胀的产生与抗日战争造成的恶劣环境有关，因此必须分析日本军事行动的背景。1937 年 7 月北平失守，日军极其迅速地占领了中国北部和东部，到当年年底，他们已控制了北至绥远、

① Free China，国民政府治下的非敌占区。

南至浙江的大片领土。1937年11月，国民政府迁至汉口。短短几个月的时间里，日军抢占了中国最富裕的农业区和工业区，并切断了未占领区域同重要港口上海的联系。

在取得初期的进展之后，日本为切断中国同外界的联系采取了双管齐下的策略，一方面控制沿海交通并向印度支那边境省份渗透；与此同时沿长江向宜昌和重庆等西部区域推进，目的在于切断南北公路、铁路动脉和东西水路交通。1937年9月之后，日本第二、第三舰队试图封锁整个海岸线以阻断中国的航运，但外国船只运输的进口货物仍在大量进入中国。1938年10月，日军占领广州并加紧了对沿海一线的控制，并在几天后通过占领汉口加强了对长江的封锁。这两座城市的陷落，意味着中国失去了对粤汉铁路的控制，而且经香港中转的国际贸易路线也被切断了。到当年年底时，日本已占领中国1/3的国土——这些地区占了全国农业产出的40%及战前工业产能的92%。

1939年，日军在南方发起了新一轮进攻，目的是破坏中国与印度支那间的交通。他们于11月占领了重要的公路转运中心广西省的南宁。与此同时，日军还在中部省份沿长江向两岸区域展开扇形攻势，企图困住长江以南的铁路和水路运输中心长沙，以及重庆至东部各省水路交通线上硕果仅存的连接通道宜昌。尽管日军首战长沙失利，但宜昌的中国守军亦于1940年6月溃败。

沿海地区的沦陷立即对后方经济产生了通胀影响。通常需要进口或由沿海省份生产的化工产品、五金制品和电器用品等商品的价格开始快速上涨，并在整个战争期间持续推动整体物价上涨。日军在 1938 年下半年占领了广州和汉口，导致进口品价格在此期间上升了 72%。日军切断后方与外界交通线的行动每推进一步，都伴随着进口品价格的上涨，见表 1–4。

表 1-4　后方的批发价格指数

（基数：1937 年 1~7 月＝100）

	本地出产商品（重庆）[1]	来自其他省份商品（重庆）[1]	进口品（重庆）[1]	所有商品（整个后方）[2]
1937 年 12 月	93	125	147	109
1938 年 6 月	95	195	227	127
1938 年 12 月	115	275	389	155
1939 年 6 月	141	313	501	205
1939 年 12 月	221	578	1 054	306

1　来自中央银行经济研究处编制统计月报（22 种主要商品的简单几何平均）；重庆系战时首都。

2　来自主计处编制统计月报（22 种主要商品的简单几何平均）。

在广西局势恶化、南京陷落之后，1939 年 12 月份重庆的进口物价指数是 6 月份的两倍多。来自其他省份的商品价格同样受到交通中断的影响，特别是在 1939 年下半年日本大规模进攻长沙期间。相反，本地生产的商品，主要是粮食和初级农产品，在 1938 年年中之前比战前水平还要低 6 个百分点左右，原因是四川农业获得了大丰收。1939 年，这些商品的价格也开始同步上涨。

因此，正是日本的军事行动造成后方工业品奇缺，进而导致巨大的物价上涨压力。随着遭受日军威胁区域的民众向后方转移，不断增加的需求让物价上涨的局势持续恶化。据估计，到 1940 年，累计有 5 000 万难民从作战区逃到了内地，后方的人口增加了约 1/4。这些数据有可能夸大，但流入的难民数量确实很庞大，粮食和衣物的供应因此面临沉重压力。内地甚至需要种植一些新的农作物，以便满足那些逃难至此的沿海住民的需求习惯。

政府赤字

除去日本侵略给后方造成的严重通胀压力，我们还需要分析通胀的内部因素。

日本侵华时，国民政府的领导人承诺他们将不计代价地对侵略者展开全面战争，自然也未顾及全面战争带来的潜在通胀问题。他们将解决战时财政问题的希望寄托于公众自愿做出牺牲及友好国家的资金和军事援助。战争刚一爆发，他们便呼吁公众认购抗战救国公债，同时向美国、英国和苏联政府请求援助。苏联最先给出了回应，随后是美国。中国人民全力支持政府的立场，毫不计较他们因物价上涨所要承受的负担。一些经济学家建议比照第一次世界大战期间西方国家所采取的措施，对消费开支征收重税并加以统制。但财政部和商界认为这些观点尚停留在理论层面，并不切合中国实际因而没有接受。

1938 年下半年，政府开始实施同年 4 月在国民党全国大会上通过的抗战建国纲领。政府原有行政部门虽然砍掉了一些管理事务，但行政部门全部得到了保留，军队编制亦保持满员。政府将注意力转移到发展内地产业、解决交通等问题上。需要新工业来替补落到日本人手里的工厂，同时应对进口的下降；内陆交通是一个极其迫切的问题，急需重建、新建。因为后方的铁路里程仅占全国总量的1/10左右，交通运输缓慢且成本高昂。鉴于日本加紧了对沿海的封锁，开发取道印度和缅甸的替代贸易路线越来越重要。政府因此在交通建设方面投入巨资，同时给予所有的生产性企业前所未有的资金支持。这些项目导致政府支出在1937—1939年期间增加了33%左右，考虑到政府1939年的活动被限制在仅为和平时期一半疆土面积的区域内，政府支出之扩张可谓巨大。

抗战最初几年，政府并没有采取切实行动增加收入以应对其开支的增加。因为日本不断扩大对东部富裕省份的控制范围，国民政府收入快速下降。丧失东部税源大省的结果是，1939年的政府收入比战前下降了63%，而政府赤字则在1939年上升逾1/3。见表1–5。

政府计划通过出售公债和增加发钞量的传统方式度过战争初期，长远而言则希望通过获得外援来推动经济增长。1937年底，政府发行了5亿元救国债券，尽管进行了全国性的销募，但民众认购量仅比2.5亿略高。战前公债的过量发行已经破坏了公众对政府债券的信心，而银行消化公债的能力也已经到了极限。政府在1938年和1939年发债筹资近乎徒劳。1938年发售的14.5亿公债，只有1 840万被公众认购，1939年的情况仍然很差。财政部被迫放弃起初那种认为公众将出于爱国心支持公债发行的想法，不得不依赖发钞及间或出售外汇来解决赤字问题。1937—1938年间赤字的40%，是通过出售外汇和公债认购的收入来弥补的。此间的新钞发行相对缓慢，从1937年6月的14.1亿元法币增加到一年后的17.3亿元。但中央银行外汇储备的枯竭限制了

1939 年的售汇量，同期的公债销售则可以忽略不计。流通中的纸币在 1938 年 6 月后的一年内增加了 48%①，达到 25.6 亿元法币。

表 1-5　中国政府 1937—1939 年收支、赤字及发钞存量

（单位：百万法币）[1]

时间	发钞存量	支出	收入	赤字（盈余）
1936—1937 年	1 410（截至 6 月）	1 894	1972	（78）
1937—1938 年	1 730（截至 6 月）	2 091	815	1 276
1938 年	2 310（截至 12 月）	1 168[2]	315[2]	854[2]②
1939 年	4 290（截至 12 月）	2 797	740	2 057

1　1936—1937 年收支基于张维亚著 *Money and Finance in china*（《中国货币金融论》）（中文），台湾地区，1952 年，第 140~144 页。期间所以略有盈余源于 1936 年新联合贷款未使用部分。1937—1939 年收支则基于财政部统计处编制统计数据。

2　系 7~12 月半年数据。

政府的做法助长了通胀势头，因为它忽视了应通过开征新税来抵消支出扩大的影响这一点。1938 年底，所得税征收范围终于涵盖了公司所得，同时征收过分利得税，但这些新措施直到 1939 年底才生效。这些税收收入有限，对政府财政总体作用不大。政府未能解决政府支出增加导致的消费者收入上升的问题。1939 年初的确尝试了一项半心半意的努力，意在将日常必需品价格固定在合理水平、

① 原文为 148%，疑作者未扣减基数。

② 类似结果应是作者四舍五入后的数据，后面还有各部分所占比例相加和为 101% 的情况，亦属四舍五入，不再赘述。——编者注

将这些物资分配到几个主要内地城市、严禁重要物资的囤积居奇和投机，但这些措施都毫无效果。直到 1942 年，政府才开始认真对待防止居民购买力增加自动推高物价的问题。

实际上，政府在战争初期被动接受收入下降的同时，也在放任赤字造成的通胀后果。政府这种态度，首先反映了中国中央和地方政府的行政系统在战争爆发之初的基本状况。中国需要借助得当的行政机制来建立综合性的税收新体系。同样地，国民政府在管控物价和物资分配方面也毫无经验可言。尽管这些因素说得过去，但官方政策的确存在致命缺陷。政府没有将军事、新工业项目和行政性服务等方面的开支同收入的降低统筹考虑。减少军队编制、在农村地区大量训练游击小分队，都可以减少政府开支，从而对经济产生影响。当时应该建立一支装备精良、规模更小的战斗队伍，代替人数同战斗力不匹配的军队。行政系统原本也应该通过裁撤冗余部门、削减因日军占领东部省份而无所事事的工作人员数量，以实现合理布局。但政府并没有采取类似的节流努力。1938 年末汉口和广州沦陷后，压缩政府开支的需求更加突出。后方的批发价格指数此前是每月上涨 2%，而今则是每月上涨 4%。公众第一次基于残酷的事实而不是从民族情感的角度看待通货膨胀问题，他们开始担心起政府的财政状况来。

国民政府没有意识到，战争的核心经济问题是利用可支配的有限资源争取最大程度的军事胜利。基于战前的货币稳定经历，蒋委员长过分自信于其本人克服战时财政困难的能力。但事实上，是银本位在 20 世纪 20 年代末 30 年代初的货币供应问题上发挥了制动器的作用，因此，尽管政府的财政政策时有扰动，但货币稳定仍然得以实现。政府领导们的想法在中国传统信仰同当代专制观念的奇怪组合中摇摆:“有土斯有财”,“只要有绝对权威,什么东西都会有。”因为国民政府统治着半个中国,那它一定有一个大财源;既然国民政府在行使绝对的权力,其法币一定可以买到战争所需要的真实资源。政府当时还乐观地认为,外国援助很快就会到来,恰如中国以往多次抵抗外侮时一样。出于对政府能力这种不切实际的判断,政府制订了马拉松式的抵抗方案,没有考虑后方经济能力和疲弱的政府财政构成的制约。赤字随后飞速增长,其造成的通货膨胀使得后方经济在战争后期几乎崩溃。

银行信贷扩张

要在内陆地区发展制造业和采掘业、扩张粮食加工业,后方根本无力给予金融支持。战前,中国的金融机构集中在东部城市,管控则以上海为中心。内地的信贷供应严重依赖小规模的旧式钱庄,而后者又仰仗上海的银行业为其提供融资。上海一被日军围困,这样一种银行业结构的内在弊端就马上显露无遗,供应内地的信贷源头被切断了。

为内地提供信贷的责任于是落到了中央银行和其他国家银行的分支机构身上。为配合其抗战建国纲领,政府在 1939 年鼓励向私营企业增加信贷。国家银行提供的工商业贷款余额自 1937 年的 14.71 亿元法币增加到 1939 年的 25.78 亿元。政府认为,这种宽松的信贷政策在战争期间是不可或缺的,该政策的确也在刚开始的几年刺激了工业产能的提升。但它亦对已有的生产资源造成了沉重的负担。正值资本品因日军封锁而严重短缺的当口，信贷扩张便成了一个强大的通胀因素。内地难觅有经验的产业工人，在争抢熟练工和半熟练工的过程中，工资开始上涨。因此，后方通过建立工业来支持抗战，代价则是资本品和劳动力市场的通胀。

尽管日本入侵之后，银行存款数量随即缩水，但如表 1–6 所示，国家银行在 1937、1938 和 1939 年的存款数量却高于其发放的对私贷款数量。

表 1–6　1937—1939 年国家银行贷款及货币发行

（单位：百万法币）

年份	存款增加额[1]	对私贷款增加额[1]	给政府垫款[2]	发钞量（截至 12 月）[3]	发钞增加量
1937	2 211	1 471	597	1 640	—
1938	776	225	1 451	2 310	670
1939	1 658	882	2 310	4 290	1 980

1　基于四联总处①1947 年报告。对私贷款数据系当年发放贷款净额，不包括农业贷款。1937 年数据为余额数。

2　基于财政部统计处编制收入报告。

3　基于中央银行统计数据。

1937 年底，对私贷款占存款总额的比例为 66%，1938 年底为

① 四联总处，全称是“中央银行、中国银行、交通银行、中国农民银行联合总办事处”。卢沟桥事变后，为使全国金融、经济不致瘫痪，于 1937 年 7 月设置于上海。——编者注

28%，1939 年底为 54%。诉诸纸币发行以满足生产者的信贷需求，是国家银行战时活动的一个特点，相反，私人银行这方面则不多见。

对政府垫款的上升和对工业信贷数量的增加，是新货币剧增的两个推动因素，尤其是在 1939 年之后。上海货币市场在 1937 年 8 月临时停业，该市场随后无法正常经营，因此，私人信贷需求占银行流动性资金的比重并不高，对政府的垫款便可部分通过存款来满足。但在政府于 1939 年鼓励对私信贷扩张后，情况发生了变化，对私信贷很快消纳了国家银行的存款。几乎所有的政府垫款如今都要通过发行新钞来满足。存款之外，国家银行还拥有庞大的基金：秘密的外汇储备；未披露的临时账户基金，其中包括外汇平准基金；以及待汇付的财政部税款。所有这些资金都可以用来增加信贷投放，同时并不增加 1939 年之前的纸币流通量。对私贷款超过存款带来的影响是减少了银行可用的流动资金，并增加了通过发钞解决预算赤字的需求。不过，即便是前述资金量，也可以由于平均流通速度的加快而产生通胀影响。

货币战争和汇率

除了控制已有的金融机构外，日本在入侵华北地区时还成立了一批发行不同纸币的日伪银行：先是于 1937 年 12 月在张家口成立“蒙疆银行”，接着又于 1938 年 3 月于天津开办了承担中央银行职能的“中国联合准备银行”（发行的货币简称“联银券”）。两年后，“中央储备银行”（发行的货币简称“中储券”）在南京成立，负责管理

“中央”和南方沿海省份的银行业务。“蒙疆银行”发行的纸币可以兑换日元和“满洲国圆”。一元“联银券”兑换一日元，但只允许兑换很小数额。兑换日元的“联银券”超过100元则须征得日本人的同意，使用“联银券”购买外汇更须获得日本银行的特别许可。“中储券”的发行意在与国民政府所发行法币等值流通，但它最初并不可以用于任何外币的购买。另外还有“军用手票”（以下简称“军票”）和“华兴商业银行券”（以下简称“华兴券”）两种纸币。日本人在1938年和1939年发行军票，以便支付其在中原和华南区域的费用，这些纸币在新的“中央储备银行”建立后就回收了。“华兴商业银行”于1939年1月在上海成立，目的是发行一种可在外汇市场上买卖的纸币，同时发挥贸易货币的作用。“华兴券”亦旨在同法币等值流通，并被作为支付公职人员薪给、关税和其他税款的记账单位。日本人计划通过这些纸币的出售来积累法币，以便换购中国政府在上海市场抛售的外汇。除去军票，在华日伪银行（见表1–7）发行的纸币从1937年12月的5 000万元一路上升到1939年12月的近5.5亿元。

通过在敌占区内运营新设金融机构，日本人挑起了打击后方的货币战争。他们采取将法币驱赶到内陆地区的方式，竭力加剧后方的通胀压力，同时扰乱上海外汇市场，损害法币对外价值。当所谓的“中国联合准备银行”于1938年初在华北成立时，日本人即勒令所有法币现钞在三个月内退出市场，交通银行当地分支机构发行的现钞虽属例外，但也被要求在一年内逐步退出流通。到1939年初，法币已经完全被清退出华北敌占区市场。但这种打压对后方物价水平的直接影响可能并不大。即便华北流通的所有法币在1938年初就被驱至后方，一年中增加的纸币流通量最多在 10% 左右。而由于预算赤字和信贷扩张的双重影响，后方的货币供应早就远超这一规模：纸币发行量在 1938 年增长了 41%，在 1939 年更是增至 86%。另外，尽管自敌占区逐渐流入的法币肯定影响了后方的内部物价，但相对于战争初期其他影响通货膨胀的因素，前者的影响是次要的。现在可以分析货币战争的第二个方面，也就是对汇率的冲击。

表 1–7　1937—1940 年日伪银行纸币发行情况

（单位：千元，按各伪银行的纸币计）[1]

时间	“蒙疆银行”	“中国联合准备银行”	“华兴商业银行”	总数量
1937 年 12 月	50 000	—	—	50 000
1938 年 12 月	不详	161 000	—	不详
1939 年 12 月	不详	458 000	5 070	不详
1940 年 12 月	99 000	715 000	5 650	819 650

1　基于日本大藏省 1941 年所编占领区货币情况相关数据。

战争最初的 6 个月里，中国政府继续按照 1935 年的币制改革方案，以固定汇率无限量地出售外汇。政府领导人之所以坚持该政策，是因为他们怀疑自身实施外汇管制的能力，并认为这类管制措施易被在华外商界理解成对其商业事务的无端干涉。政府于是和外商银行达成君子协定，将汇率维持在既有水平附近，以免导致资金恐慌性外逃，同时禁止远期外汇买卖。财政金融部门认为，爱国热情将使公众克制住购买外汇并将资金转存到海外安全机构的冲动。直到1938年3月，政府的政策都是有效的，汇率几乎保持不变（见表1–8）。

表1-8 1937—1939年汇率和内地物价

时间		汇率[1] （法币/美元）	美元对法币升值 （%）	批发物价涨幅[2] （%，整个后方）
1937年	6月	3.41	—	—
	12月	3.42	[3]	7
1938年	6月	5.40	58	17
	12月	6.40	19	22
1939年	6月	7.80	22	32
	12月	14.48	85	49

1 基于中央银行经济研究处整理美元牌价表。

2 来自国民政府主计处编制统计月报。

3 涨幅微乎其微，忽略不计。

1938年3月，日本成立“中国联合准备银行”，同时宣布所有法币在12个月内退出日本所侵占的北方地区。此举可能造成寻求外逃的法币在上海市场泛滥。与此同时，财政部部长发现，公众不会购买外汇的想法毫无意义，资金外流的需求正与日俱增。从1937年8月至1938年2月，政府损失了1 000万英镑，接近其外汇储备的1/5。此外，后方并没有得到出售外汇的所有好处，因为淞沪会战阻断了进口商船进入国民政府控制的内陆地区。国民政府因此决定限制外汇卖出数量，自1938年3月14日起，中央银行对所有的外汇购买行为加以管控。法币的对外价值快速下跌，到当年年底，对美元贬值了 87%。

日本在 1938 年间充分利用了上海市场，其方式是用在华北积累的法币购买外汇，为在沪日本工厂棉花进口或其他再转口日本的重要物资进口提供融资。国民政府意识到这些伎俩但又认为不得不支持上海市场，否则会导致法币对外快速贬值。1939 年初，借助其所成立的“华兴银行”，日本人又将“华兴券”作为主要流通货币，强势争夺国民政府掌握的上海外汇市场。不过，两个月后，中国中央银行同英国几家银行共同参与了一个稳定法币汇率的行动——建立中英平准基金并在上海和香港外汇市场运作。此时对外汇的需求正在快速增长。中国军队在战场上连连落败，已然动摇公众对法币的信心，而日本人在市场上大量抛售法币则是雪上加霜。平准基金并不是为了处理这种异常局面，因此其不得不在 7 月份两次暂停运作以使市场稳定在一个新的汇率水平。西欧燃起的战火导致法币对英镑升值，加上香港、马来亚和荷属东印度群岛等地区的外汇管制引发资本入沪风潮，这些“意外收获”使得平准基金在当年年底获益不菲。1939 年，后方的批发价格上涨了 81%，重庆的上涨了 64%，上海的上涨了 158%，但法币对英镑的汇率只下跌了 47%，对美元也不过下跌 56%。

因此，法币在外汇市场上的长期存在以及国民政府与外商银行的稳定措施，挫败了日本人快速贬值法币的图谋，并在同“华兴券”的竞争中保护了法币。日伪银行发行的那些钞券则缺乏这一核心优势，既不能兑换外汇，也不被天津和上海的外商银行所接受。虽然法币汇率受到日本颠覆伎俩的严重影响，但政府成功避免了法币汇率在 1938 年年中到 1939 年底间出现失控性贬值。

通胀过程

只有那些与通货膨胀过程本身无关但却影响物价总水平的事件，才能被视为通货膨胀的原因。例如，政府开支可能只是因物价上涨而增加，那么就不能视为通货膨胀过程中的独立变量。但如果政府开支增加同价格无关，而是战争爆发等外生因素的结果，则可以被视为通货膨胀的主要原因。因此，在分析中国通货膨胀的过程中，我们必须考虑：（1）早期催生通胀的因素；（2）后期加剧通胀且与通胀过程无关的其他因素；以及（3）通胀过程自身的特点。对于第三点，我们应该关注经济对通胀压力的反应。

战时和战后期间的通货膨胀，多是因为政府对国民产出需求的最初增加，超过了生产增加和进口所能满足的水平。政府需求的上升，后期通常会伴随投资和居民需求增加的压力。但中国的情况略有不同。到 1938 年底，日本已经控制了占中国全国总产出 50%~55% 的地区，后方的进口也同步下跌。供给的骤然减少是通胀的主要因素。在需求端，总需求本身未能根据供给量的下跌适时做出调整。同战前相比，按不变价值测算的政府需求（政府开支）在 1937 年下降了 6%，在 1938 年下降了 30%，但政府所控制区域面积的下降幅度更大。不过，无论是按账面测算还是不变价值测算，私人投资需求都比战前要高。按账面计，国家银行 1939 年对私贷款比 1938 年高出了 306%，按不变价值计则上升了 182%。考虑到供给的减少，需求端的这些变化就影响巨大了。面对 50% 的供应缺口，政府需求仅下降 30%，这与供给不变情况下政府需求增加 20% 造成的通胀缺口基本相同。因此，将大部分政府开支集中在一个相对褊狭的后方区域，以及政府鼓励的高速信贷扩张，是极为重要的通胀动力。

总需求中的第三个因素——消费者需求，则对通胀的影响不大。由于逃离沿海省份的难民潮，后方人口可能从战前的 1.8 亿上升到了 1940 年年中的 2.3 亿，占当时全国人口的一半左右。乍一看，消费人群的增长对通胀的影响，应该比政府和投资需求产生的压力要更大，因为在后发国家，后两者的需求要小于消费者需求。不过，中国战前 55%~60% 的农业产出来自后方省份，1938 年和 1939 年的收成也不错，而难民是在三年中逐渐流入的。根据 1939 年下半年之前粮食价格的温和走势判断，难民流动并不是最初几年通胀的主因。至于另外两项需求因素，政府赤字是战争前 6 个月通胀的主要诱因，但自政府于 1938 年年中采取宽松的信贷政策后，信贷扩张的影响就变得日益显著。

总供给的下降以及生产资源向政府和投资领域的相对转移，成为中国通货膨胀的基础因素。从货币角度看，预算赤字和信贷扩张使得货币供应大幅增加，见表 1–9。战争第一年，纸币发行量尚且滞后于政府赤字。造成这一差距的原因，部分在于卖出了不少的外汇和政府公债，弥补了 1937—1938 年 1/3 的赤字；另一部分原因在于，战争刚刚爆发时，国家银行手中还有闲置资金。但从 1938 年下半年到 1939 年，因为对私信贷的扩张，新钞发行量已经接近赤字规模。

值得关注的是，后方流通纸币的增长超出了纸币发行量的增长。东部省份逃难者携带的现钞及华北地区禁止法币流通后当地居民转移来的资金，都造成了后方流通纸币总量的扩大。

表 1-9　1937—1939 年中国通胀指数

（所有指标基数，1937 年 1~6 月 = 100）

时间		政府赤字[1]	纸币发行[2]	批发价格（整个后方）[3]	进口价格（重庆）[4]	汇率：法币/美元（上海）[5]
1937 年	6 月	100	100	102	91	100
	12 月	148	116	109	147	100
1938 年	6 月	208	123	127	227	158
	12 月	239	164	155	389	187
1939 年	6 月	240	209	205	501	228
	12 月	336	304	306	1 054	424

1　1937 年上半年的赤字基于不包括统一公债的收入；上半年和下半年的赤字比例为 5 ∶ 7。

2　基于中央银行统计数据。

3　基于主计处编制统计月报。

4　基于中央银行经济研究处统计月报。

5　基于中央银行经济研究处整理美元牌价表。

供给下降及政府和私营企业需求增长导致的短缺，在一系列资本品及工业生产所需原材料领域表现得最为严重。军粮供应的确是政府需求的大头，但 1937 和 1938 年升幅比较缓慢的粮食价格表明，在抗战早期阶段，政府这方面的需求相对同期的供给并没有偏高。

政府其他需求及社会所有投资需求，则全部集中于资本品，这些商品的价格涨势迅猛。比如，到 1938 年底，重庆五金和电力物资的价格涨幅相当于总体批发价格的三倍半。另外，从表 1–9 中可以看到，进口价格涨速比其他价格来得都要快。

进口品的价格同时受到汇率和国内供需情况的影响。法币汇率贬值速度在 1938 年年中较国内物价涨速快，这种情况在 1939 年底再度出现。这两个时期里（见表 1–7），日本的货币战和上海的资本外流，导致国民政府无法维持汇率和国内价格的同步变化。不过，除去这两个时期，汇率贬值速度始终慢于其他价格指数上涨的速度，汇率也就算不上通胀的诱因。因此，在战争的最初几年，通货膨胀主要表现为原材料和制成品价格的上涨，农产品价格对总体通胀趋势则反应缓慢。进口及工业产能的丧失、政府赤字以及对私信贷的扩张，是造成这种局面的主要因素。抗战前线省份消费需求的逐渐增长及汇率两次大的波动，加剧了这些主要因素的影响。

通胀中的稳定因素

战争之初，后方便被迫面对一系列棘手的潜在通胀隐患。但直到 1939 年下半年之前，总体物价水平增幅均远远落后于政府赤字和信贷、货币供应的扩张。因此，通胀是在战争爆发两年后方才抬头，所有物价也是从这个时候才开始同政府赤字和其他诱发因素同步增长或比后两者更快。

经济对通胀压力的反应相对迟缓是由多种情况决定的。其中最重要的，可能是后方经济基础以农村为主，而农村物价在面临通胀刺激时不如城市敏感。在中国的港口落入日本手中之后，开辟同外界新的交通运输线大大缓解了供给形势。在同香港的联络通道于1938年底被切断之前，国民政府便着手建设一条全长644英里[①]的铁路线，从湖南经广西并在镇南关（今友谊关）对接印度支那铁路。经过艰苦努力，自衡阳到桂林长达224英里的首条路段在八个月内完工，创下了日筑一英里的纪录。1939年，该项目工程量已完成一半以上，湘桂线和粤汉线间的连接线也完成了。日本进军广西使得剩下的延伸至印度支那边境的304英里未能完工，但已建成路段除在撤离汉口和广州过程中发挥了重要作用外，还极大地便利了起自印度支那的陆上货物运输。铺筑自云南昆明至缅甸边境畹町的滇缅公路，也是一项重大成就。这条穿越中国多个山区的公路长600英里，由一支16万人的工人队伍在8个月内完成，1938年通车。[②]依托滇缅公路，中国收到了境外的救命物资。1939年上半年，进口物价自战争爆发以来第一次低于其他物价。这些反封锁措施部分克服了因海上、铁路及内河运输被切断造成的困难。

不过，中国通胀走势缓慢有着更重要的原因。战时通胀期间，物价上涨速度基本由三个因素决定：战时状态下消费品供给被波及的程度；消费者收入对生活成本上升及创造新的薪给方式的反应；公众的消费倾向，即总收入用于消费的比例。下面依次分析这些因素。

---

① 1英里约为1.61千米。——编者注

② 1935年底至1943年，张嘉璈先后担任铁道部部长及其后新成立的交通部部长。

战争前两年，消费品供给并没有因为东部省份的陷落或总产出中政府和投资需求的增加而大幅下降。因此，同生产价格指数相比，生活成本指数上升缓慢。虽然日本的侵略严重破坏了后方消费制成品的供应，但在战争爆发之初，沿海城市的商人便向内地转移了大量衣着和其他消费类物资。这些库存缓解了进口下降对价格的影响，这种影响因消费者推迟对半耐用品的需求得以延续。难民聚集地区，缺少栖身之所，但这种情况并不普遍。另外，有个临时避难所就足以让普通中国人满意了，因此，居住成本并没有明显上升。因后方农业丰收，消费开支中最重要的粮食供应相对充足。1938 年和 1939 年，后方 15 个省份的农业产量比战前七年（1931—1937 年）的平均水平高出了 8 个百分点。日本攻占长沙失败，使得后方得以继续从湖南的水稻主产区转运粮食。因此，从通胀发展的角度看，自沿海城市向更偏远的内地转移倒是一件幸事。

再来看战时消费品的新增需求。我们注意到，在 1940 年之前，政府支出和私人投资活动并没有导致后方出现产品大量流出消费市场或资金大量流出农产品生产领域的情况。根据对战前几年中国国民收入的估算，中央政府 1936 年的总支出并未超过国民生产总值的 5%。[①] 粗略估计，到 1938 年，在扣除落入日军手中的 50% 产能之后，政府开支占后方国民生产总值的比例已经上升到 12%，该比例在 1939 年下降到 9%。因此，虽然长期而言政府对后方的产出需求会产生很大的通胀压力，但鉴于私人投资者和消费者在最初几年

① Liu Ta-Chung（刘大钧），*China's National Income*，1931—1936，Washington，D.C.，1946.——作者原注

没有同政府争夺产出资源，而政府活动的领域又相对受限，总体价格水平对赤字反应迟缓。另外，大部分政府支出和所有投资性开支，涉及的都是资本品。对政府来说，如果农业丰收，部署在全国各地的军队给养就不是一个大问题。如果为军队或效力政府的建筑工人提供给养导致粮食短缺，那也只限于某些交通不畅的特殊区域。比如，政府征募大量工人在云南修筑滇缅公路就曾导致云南省粮食短缺。但考虑到高昂的运输成本，往云南转运粮食要想有利可图，价格就得大幅提高，这又阻止了短缺向其他省份蔓延。

不过，农产品供应可能会受到农业劳动力向军队和战时重要岗位分流的影响。政府和内陆的私人投资活动意味着对产业工人的需求增加，不过由于种种原因，后者对农民数量的影响比较温和。虽然后方的加工和采掘业在战争期间迅速扩张，但新增的产业工人只占劳动力总量的一小部分。政府支持并协助工头和工人从沿海工业中心大批转移，促进了内陆工业的发展。据经济部估计，到 1940 年底，有 50 000 名熟练工人被重新安置到后方。这样一来，由农民转变而来的工人数量并不多。尽管在邻近战争前线的区域征兵导致了当地劳动力的短缺，但政府在战争初期征兵总体上并没有造成农民数量的大幅减少。最后，流入后方的难民和被掩盖的农业高失业率，弱化了政府和工业需求对农业劳动力供给的影响。如前所述，战争的影响还集中在农村地区，而战前工业区的部分设备、熟练工人和产品也被转移至此并参与进来，这恰恰成了计划外的有利条件，从劳动力的角度有利于稳定物价。

中国经济的第二个重大稳定因素是，相对于生活成本的上升和货币供应的上升，主要消费群体的收入没有及时调整。要理解这一因素的重要性，有必要简要梳理通货膨胀的演变过程。战时增加的政府和投资需求导致物价先行走高，促使收入分配变得有利于商人、加工业者及资本品的所有者或生产者。其他收入群体——农民和工薪阶层，不会接受真实收入的下降，最终可能通过多少有些强势的讨价还价方式获得加薪。消费者、政府和产业界于是竞相争夺各自在经济总量中的份额，价格进一步上涨，人们熟悉的工资 – 价格螺旋式上升亦随之而来。工薪阶层的收入随物价走高而提高，便形成了物价持续上升的机制。工资随价格调整得越充分，这类调整就越频繁，消费品支出导致的价格上升速度就越快。

可以想见，中国的工资相对生活成本的调整，不像发达经济体那样充分。这并不是因为中国工人缺少谈判的能力。中国没有西方社会存在的工会，但工人社会组织的团结足以弥补这种缺失。涨薪方面不积极的主要原因，是爱国情感抑制了工人们的诉求。他们在精准测算生活成本增加方面的无知可能也是一个因素。可查阅的有限资料显示，战争最初几年的工资收入落后于生活成本的变化。但在 1938 年，重庆本地产业工人（工厂内外）的工资比生活成本上涨得更快，当地生活成本一度很低，不过总体来说，这些工资到 1939 年时也下降了。有关四川农民收入的资料显示，农村收入增长在 1938 年和 1939 年要快于生活成本的提高。但这在整个后方来说可能不具有代表性，毕竟四川因征兵及工程建设和人力运输对劳动力的大量需求所被占用的农村劳动力，较之大部分其他省份都要多。

虽然在成熟经济体中将工资水平视为消费者收入的基本决定因

素是合理的，但在中国尚须考虑其他收入来源。由于中国大部分消费人口（特别是在以农村为主的后方）主要由自耕农和佃农组成，农民对农产品的要价是影响消费者收入的最重要因素。因为无知且离市场较远，当农民发现自己为制成品支付了高昂价格时，他们并没有迅速做出反应。因此，在抗战早期，工资、薪给和农业收入必然落后于物价总水平。有证据表明，粮食价格没有与生活成本同步上升，而后者中包含了上涨的制成品价格。直到农民掌握了通货膨胀趋势的全部逻辑，并开始为其产品争取高价，相关物价和收入才逐渐稳步走高，这与高度组织化的工业经济中的工资–价格螺旋上升也是吻合的。

抑制通胀的第三个因素（即消费倾向）则是经过了一段时间之后才逐渐败给了通胀压力。抗战的前 18 个月，增长的囤钱需求抑制了消费倾向。在战争造成的不确定环境里，货币成为贮藏财富最方便也最安全的手段，公众间盛行一股以流动资金保有资产的风气。直到他们开始意识到纸币贬值不可避免时，偏好货币之风才有所改变。1938 年 3 月，在汇率突然下跌后，一些商界知情人士间开始放开钱袋、恢复货币流通，但汇率在接下来的 6 个月里相对稳定，仍有利于囤钱。不过，当汉口和广州在 1938 年 10 月失守、中国军队在 1939 年初接连惨败、国内物价开始走高动摇了公众对纸币的信心后，城市居民便放弃囤钱转而囤物了。在一些更偏远的省份，囤钱持续的时间要更长一些。农民往往缺少货币收入以满足对制成品的需求。因此，随着农产品价格上涨却又没有更多的制成品可买时，为日后支出计，农民往往将增加的货币收入留存。所以，在战争刚开始的一段时期，民间囤积货币是缓解消费品需求压力的一个重要因素。

由此可见，后方比较温和的通胀得益于三个重要的“滞后”因素：粮食及消费品支出滞后于总体物价水平；薪给、工资及农业收入滞后于粮食和消费品支出；以及消费开支滞后于收入。所有这些滞后因素很大程度上是由于中国战时经济主要以农村为基础。造成这些滞后的原因可以归纳如下：（1）考虑到后方处于被隔离状态，日军占领沿海地区所造成的生产和进口下降，相对后方正常消费总量不算很多。再者，新增政府和投资需求带来的经济负担，尽管相对资本品的供给显得非常庞大，但比起后方消费品的总产出就无须紧张了，尤其是在农业获得大丰收的战争前两年。因此，消费品的供给并没有受到严重破坏，生活成本便上升得比较温和。另外，战争爆发之初，大量消费制成品被转移到内地，在满足增长的消费需求方面也非常重要。（2）薪给、工资和农业收入很大程度上受农产品价格决定，而后者的涨幅没有制成品快。（3）政府维持汇率的政策，有助于在战争初期保持公众对货币的信心。在此期间，消费者倾向于囤积货币来保证流动性。同时还应该注意到的是，在缺少中心市场的农村经济中，囤积商品并不容易。

第二章

战时通货膨胀：1940—1945 年

战时通胀的中间时期：1940—1941 年

供给因素在通胀过程中的影响

1940 年是后方通胀的转折点。在抗战初期，进口品及来自其他省份的商品价格主导了重庆的物价水平，而消费品价格相对缓慢的涨势则是经济中的一个稳定因素。不过后方在 1940 年遭遇了一次严重的农业歉收，各类粮食价格急剧上涨。1940 年，后方 15 个省份的夏稻产量较前一年下降了 20%，尽管冬小麦产量持平，但当年的农粮总产量还是下跌了 10%，导致重庆的大米价格指数（价格结构中最重要的单一项目）从 5 月份的 213 上升到 12 月份的 1 004。粮食生产的下滑持续到了 1941 年，这一年的农产品产出又下降了 13 个百分点，比战前平均水平低了 9 个百分点。

1940 年突如其来的农业歉收，使得抗战初期抑制物价上涨的大部分因素作用尽失，加快了总体通货膨胀趋势。此前因农产品价格滞后于总体物价而遭受真实收入损失的农民，也开始囤积其产品以待涨价。重庆以外地方上繁荣的黑市更是将粮食价格推至远高于当地商会和政府机构报出的“公平价格”。产业工人争取到了更高的工资，农民收入因为跳涨的粮食价格也史无前例地上升，这些因素使得消费支出出现一波快速上涨。伴随着农产品供应的下降以及长江封锁、铁路线失守以及日军轰炸导致的交通运输严重受损，后方第一次开始感觉到养活远超过其战前规模的消费人口的压力。

1940 年供给局势的恶化并不仅限于当地生产的农产品。日本的军事行动虽没有战争最初几年的破坏力大，却也加剧了后方在 1940 年和 1941 年的困境。1939 年 11 月，日本在广西南宁这一必经之地切断了中国通往印度支那的贸易路线，从而更严密地封锁了边境。他们先是向法国当局施压，禁止其通过滇越铁路向北运输重要物资，接着又于 1940 年 9 月同维希政府[①]签订了一份协议，使得日本军队能够从南边进入印度支那。英国方面亦自 1940 年 7 月临时关闭滇缅公路三个月，这段时间后方实际上同外界断绝了联系。而日本在 1940 年 6 月成功攻下宜昌之后，便计划利用派遣军袭击河南南部和广西北部，以加强对汉口和梧州的控防。此外，他们再度强攻战略重镇长沙，企图占领湖南的水稻主产区。幸运的是，日军在华中的这些行动并不能左右大局。

因此，在战争中期，日本着重使用的是围困政策（囚笼政策）。内地进口物资短缺之势日趋严峻，尤以后方无法获得足够制成品为

① 维希政府，第二次世界大战期间纳粹德国占领下的法国傀儡政府。——编者注

甚，而在此之前，这些制成品或来自上海，或自宜昌偷运过来，或经由印度支那进入后方。因为没有足够的信息，我们无法准确判断1940—1941年期间的进口减少情况，但1941年进入内地的进口量可能不到1939年的1/3。

在农产品价格于1940年短暂领涨之后，进口品价格在1941年再度跑到了前面，如表2–1所示。1941年，来自外省的商品价格比重庆本地产商品上升得更多。不断攀升的交通费用、通常要花费数周才能到达目的地的货运业要为其运营资本支付高昂的利息以及居高不下的汇款费用，都使得重庆物价高于其他省份，同时也抬高了进口品价格。以1940年底来自上海的棉花为例，交通、利息和汇款费大约占到了初始成本的70%，重庆的衣着类价格指数也从1940年6月的439上升到了12月的715。

表2-1　1940—1941年后方价格指数

（基数：1939年6月＝100）

时间		本地商品（重庆）[1]	外省商品（重庆）[1]	进口品（重庆）[1]	所有商品（整个后方）[2]
1939年	6月	100	100	100	100
	12月	157	184	210	149
1940年	6月	277	266	327	238
	12月	601	441	415	391
1941年	6月	893	584	684	600
	12月	1 303	1 101	1 520	1 029

1　来自中央银行经济研究处编制统计月报。

2　来自主计处编制统计月报。

因此，在通胀的第二阶段，农产品供应的锐减和进口物资的进一步下降，加速了通胀趋势。而在一定程度上缓解日本封锁对后方物资供给影响的，是1938年和1939年的工业发展给当地制成品生产带来的增长。工业品生产在1940和1941年分别增长了40%和30%，同期消费品的生产分别增长了110%和32%[①]。尽管如此，与后方的总需求相比，这些产品的绝对产量仍然很小，短缺严重，价格继续上涨。

政府赤字

1939年欧洲爆发战争后，中国政府认为，随着其他国家将注意力集中在欧洲战场，中国将孤军抗日。这一观点得到公众的认同。显然，中日战争正在成为一场可能会旷日持久的世界大战的一部分，但预计日本不会千方百计地向中国内地渗透。未顾及通货膨胀代价，政府决定强化中国的军事力量，准备在未来某个时点发起全面反攻。基于这一考虑，政府自1940年起开始了新一轮征兵，计划在接下来的三年里，每年招募50万新兵。为此，政府在地方上新建了大量训练基地，军队官员则在农村寻找适龄的壮丁入伍。这一政策的后果就是高通胀。由于内地的交通运输手段奇缺，为集中在城市附近的部队提供给养变成了一个棘手的大问题，加剧了政府的支出负担。由于正规军的军粮和服装配给超出了普通新兵入伍前的生活水平，

① China Handbook，1937—1947（《中国手册，1937—1947》），纽约：麦克米兰出版公司，1947年。——作者原注

因此，作战部队的新兵加剧了消费品供给的压力。最后，农村劳动力供给受到征兵活动的干扰，从而对农村工资和农业产生不利影响。

在战争中期，对军队和具有重要战略意义的建筑工事的直接支出占政府支出的 73%，这一比例在 1937—1939 年初为 70%。1939 年到 1941 年，政府总支出增加了三倍半以上，而批发价格涨幅近 6 倍。但直到 1941 年底，政府针对开支上升而采取的增加收入措施总体上是不成功的。为弥补盐税、关税和其他间接税收的损失，政府对影响大量消费品的内陆贸易开征了若干税种。对直接税进行修订，开征过分利得税。这些政策调整使得 1940 年和 1941 年的税收收入维持在支出的 6% 上下，但 1941 年的非税收入大幅下降，当年的收入降到了战时低点，仅占政府支出的 13%，此前一年该比例是 25%。

政府在 1941 年底对税收结构进行了两项重大改革，但改革效果到 1942 年才完全显现出来。战前中国税收制度的一个根本缺陷是，所有间接税都是从量计征而不是从价计征。1941 年 9 月，间接税第一次从价征收，对收入的好处立竿见影。第二个重要措施是政府下决心确保军粮供应，同时结束政府在公开市场上与民争粮的状态。1941 年 6 月，田赋征收权由省政府转移并集中到中央政府，税收以实物取代货币缴纳（即田赋征实）。即便是在田赋仅能征到冬季作物的 1941 年，它对政府来说也是一个巨大的节约，同时成为主要税源。折算成货币，当年的田赋贡献了 27.31 亿元法币，相当于政府支出的 27%。

同时，政府继续依靠增发新货币来维系赤字（见表 2–2）。公众在 1940 年认购的公债数量下跌到了战时新低——800 万元法币。政府将公债市场的彻底失利归因于缺乏有效的宣传和推广，于是成立了一个由蒋委员长牵头的战时公债劝募委员会，以便大力推销公债。1941 年的公债销售大有起色，上升到了 1.27 亿元法币。尽管这个成绩不错，但公债上的收入相对于预算赤字来说还是微不足道，其占当年新增货币发行量的比例还不到 2%。

表 2-2　中国政府支出、收入和赤字

（单位：百万法币）

年份	支出[1]	收入[2]	赤字[1]
1939	2 797	740	2 057
1940	5 288	1 325	3 963
1941	10 003	1 310	8 693

1　基于财政部统计处统计数据。

2　含销售公债收入：1939 年，2500 万；1940 年：800 万；1941 年：1.27 亿。

银行信贷和纸币发行

1940 年物价的急剧上升，使得政府突然转变了对私营企业扩张信贷的态度。在中国公众眼里，私营银行对通胀趋势的加速负有责任，尽管这些银行提供的信贷总量还不到工商业贷款总额的 3/10。受公众舆论影响，政府决定放弃早年实施的放任信贷政策，同时对国家银行和私营银行业务加以统制。对银行业的限制始于 1940 年 8 月，当年年底又进一步追加了一些措施。此间的两个主要目标分别是：确保信贷的发放符合经济的战略需要；避免银行资金参与投机活动。为此，所有银行均被要求将其资金用于支持主要工业，商品抵押贷款受到限制；私营银行则被要求选择一家国家银行存放相当于该私营银行存款 20% 的准备金；同时，所有银行均不得参与商品交易。这些措施在战争中期成功约束了银行的贷款发放。国家银行 1940 年发放的对私贷款降到了 1939 年的 4/10，私营银行的信贷增量也下降了。

信贷控制措施影响了整个后方的利率。1941 年之前的利率上升平缓。战争初期的放任信贷措施的确在 1939 年降低了内地利率，当时重庆市场的月利率仅为 0.9%。但物价涨幅远远超过市场资金增幅，资金需求因此进一步增加，这导致市场利率在 1941 年底上升到了月息 2.7%。

如表 2–3 所示，1940 年新发行的纸币同银行给政府的垫款数密切相关。但新的信贷措施在限制货币扩张速度方面于第二年产生了效果。对私贷款扩张速度要低于存款增速，新发行的纸币也明显低于给政府的垫款。

表 2–3　1940—1941 年国家银行贷款和货币发行

（单位：百万法币）

年份	存款增量[1]	对私贷款增量[1]	给政府垫款[2]	纸币发行量（截至 12 月）[3]	纸币发行增量
1940	1 377	223	3 834	7 870	3 580
1941	4 930	294	9 443	15 100	7 230

1　基于四联总处报告。

2　基于财政部统计处编制收入报告。

3　基于中央银行统计数据。

汇率

在日本实施货币战这一主要诱因的刺激下，上海市场上的外汇（兑法币）汇率在1939年下半年经历了战争爆发以来最快的上涨。不过，除了1940年前三个月的一波小幅贬值外，在1940年和1941年的剩余时间内，法币汇率一直保持稳定。鉴于当时国内价格快速上涨，这一成绩引人注目。法币汇率的稳定得益于几个因素：欧洲爆发战争之后，其他货币前景不明；对海外外汇市场操作的限制以及平准基金的稳定作用。

尽管1939年10月和11月自香港和马来亚流入的资金对中英平准基金有所帮助，但基金储备流失仍很严重，到1940年5月初，基金余额几乎不足20万英镑。从中国人的角度来看，德国入侵比利时和荷兰动摇了中国金融家和商人对外币的信心，并刺激了外国资本进一步涌入上海，这是一件幸事。市场对外汇的需求略有下降，而供给则大幅增加。截至5月底，该基金得以按市场固定汇率买进100万英镑，中国政府也借机将其储备增加了300万美元。

在1941年4月成立了下述新机构前，这种资本输出向输入的逆转一直在支持着中英平准基金。据估计，截至1940年底，相当于20亿元法币的外汇自实施外汇管制的香港、马来亚和荷属东印度返回大陆。如此巨额的“意外之财”，使得中英平准基金在1940年6月—1941年4月间（表2–4）将法币汇率维持在16.7~19.3元法币／美元。法币的相对强势挫败了日本将其逐出外汇市场而让“华兴券”取而代之的图谋。1941年初，“华兴银行”倒闭，日本贸易货币亦退出流通。

表 2-4　1940—1941 年外汇汇率和国内物价水平

时间		汇率（法币 / 美元）[1]	汇率波动（%）	价格涨幅（%，整个后方）[2]
1939 年	6 月	7.80	—	—
	12 月	14.47	85	49
1940 年	6 月	18.21	26	59
	12 月	17.76	–2	64
1941 年	6 月	19.00	7	54
	12 月	18.93	忽略不计	71

1　基于中央银行经济研究处编制美元牌价表。

2　来自主计处编制统计月报。

1941 年 4 月成立了一个新机构——中英美平准基金委员会，英国、美国和中国分别出资 500 万英镑、5 000 万美元和 2 000 万美元。委员会的作用因为外国政府实施的一些措施而得以提高。1941 年 7 月，英国、美国和荷兰政府宣布冻结其所管辖银行中的中国人和日本人账户资金；9 月，英国和美国要求其在香港和中国的各银行分支机构支持平准基金，方式是通过更具选择性的方法向被日本围困的上海进口商提供外汇，同时系统性地对进口实施更具体的限制。这些措施的目的是彻底消除外汇投机和资本外逃，将外汇黑市交易降至最低，并防止外汇流入日本手里。委员会的行动取得了巨大成功。1941 年下半年，尽管内地的通胀还在持续，后方的商品价格上涨了 71%，但法币汇率贬值幅度微乎其微。

通胀过程

这一时期之初，一系列的环境因素导致后方的通货膨胀率显著走高。最重要的变化是农业产出的急剧下跌，尤其是在经济核心区四川省。物价、消费者支出和政府支出上涨的连锁反应已经加快。日本对华南和中原地区封锁的加紧以及战争之初转移到内地物资的耗尽，使得物资总体短缺局势进一步恶化。在这方面，交通的破坏和混乱也使得运销问题难以解决，增加了供应方面的通货膨胀压力。

政府赤字再一次主导了通货膨胀。尽管新兵招募和其他新增事务加大了政府开支，但政府开支的增加很大程度上是物价上涨的结果。如此一来，政府的采购工作与社会其他部门一样，受到供给下降的困扰，政府实际采购的数量减少了。与政府开支相反，信贷的扩张被成功控制，此前其作为通货膨胀因素的重要影响也随之消失。1940 年和 1941 年间，国家银行对私贷款增幅大约是物价涨幅的 1/3。因此，货币供应的扩张基本上是对预算赤字的一个反应。

政府巨额的货币需求之外，还有投机者对工业原材料和其他投资品的需求、公众为保值流动资产对粮食和其他易囤积消费品的需求。关于囤积的日常消费品数量，没有任何可靠的估计。不过，从 1940 年年中开始，这种囤积行为已经无法成气候，只在那些缺乏足够工业产能和运力落后的地区尚有可能。至于是否在这些地区采取必要措施以增加收入、应付支出并控制商品的分配，政府既没有拿定主意也没有做好准备，而且，也没有从公共利益的角度对当地的投机性做法加以限制。

汇率并非此间一个非常重要的不稳定因素。通过外汇平准基金的运作以及海外带来的“意外之财”，汇率没有受到国内通胀及日本发动的货币战争的影响。汇率也不是进口价格的一个重要决定因素，后者主要取决于真实的供需状况；如果当时考虑到商人的想法，那倒可能有助于唤起他们对货币的信心。

表 2-5　1940—1941 年中国通货膨胀指标

（所有指数适用基数：1939 年 12 月＝100）

时间		政府赤字	纸币发行[1]	批发价格（整个后方）[2]	进口价格（重庆）[3]	汇率（法币/美元）[4]
1939 年	12 月	100	100	100	100	100
1940 年	6 月	126	141	159	155	126
	12 月	178	183	262	197	123
1941 年	6 月	302	249	403	325	132
	12 月	423	352	690	722	131

1　基于中央银行编制统计数据。

2　基于主计处编制统计月报。

3　基于中央银行经济研究处编制统计月报。

4　基于中央银行经济研究处整理美元牌价表。

有趣的是，可以看到（表 2–5），1941 年后方的批发价格与 1940 年的涨幅几乎相同，比 1939 年的基数翻了近两番，这表明供给的最初下降和政府在1940年的征兵短期内并没有加剧通货膨胀。这种物价持续上涨过程中的暂时喘息，恰逢日军在华军事行动处于平缓期。偷袭珍珠港事件给后方带来了新的通胀压力，这种状态也就结束了。

战时通胀的最后阶段：1942—1945年

供给因素对价格的影响

与战时前两个阶段一样，后方1942—1945年间通货膨胀的一些显著变化与日军行动造成的供应中断直接相关。日军在珍珠港事件后不久即占领了香港[①]，后方失去了与海上联系的最后一个通路，同时向内地转运外国走私品或国内制成品也告终结。几个月后，当日军于1942年5月自西面入侵云南时，滇缅公路被封锁了。这样，除了西北一条穿过甘肃、新疆通往苏联边境漫长而曲折的公路外，后方同外部世界联系的唯一途径就是同印度阿萨姆邦的空中航线了。日军完成了合围之势，全面包围后方的状态已然开始。1943年，日本将军事攻势集中在其他战区，除了湖北和湖南的几场战役之外，从军事角度，这一年的中国比较平静。1944年年中，中国和美国军队开始在云南和缅甸展开大规模攻势，并逐渐将日军打退到中国边境以外。接连的胜利最终迎来了边界上畹町的解放，滇缅公路也于

---

① 原文为上海，上海也是在珍珠港之后被日军完全占领。基于上下文及当时的实际情况，此处疑指香港。

1945 年 1 月底重新开放。不过，当日军于 1944 年秋天对四川进行两面夹击时，东线的局势再度吃紧。在北线，日军经河南稳步向西推进，在南线，自长沙沿铁路线经湖南富庶的产粮区进入广西和贵州。随着滇桂铁路沿线的桂林、义山（Ishan）、独山（Tushan）等重要城市相继失守，南线的所有铁路交通全部落入日军手里。1945 年初，南线的日军对四川构成了直接威胁，他们于 3 月份在河南、湖北和湖南发动了三次进攻。不过，中国军队强大的反攻使他们退到了南方，随后的战局有利于中国，直到日本在 1945 年 8 月 15 日向全日本广播无条件投降的诏书。

滇缅公路的关闭和日军占领香港①，严重破坏了后方的经济稳定。虽然无法做出一个准确的估计，但 1942 年的商品进口可能要比 1941 年下降一半左右。对货币普遍缺乏信心且预期外国商品将更加短缺，导致 1942 年的价格快速上涨，进口品价格涨幅在三倍以上。接下来的几年，自阿萨姆到云南的驼峰航线的空中运力得到提升，外国商品供给亦略有改善，但 1944 年的进口品还是比 1941 年减少了 78%，仅占 1937 年中国进口总量的 6%。

在日军于 1944 年下半年恢复在中原地区的攻势之前，农产品的供给并没有受到战局变化的严重破坏，但 1942 年和 1943 年的粮食生产情况不理想。1941 年之后，南方地区的稻米产量持续下降，1943 年的产出要比战前低 28%。虽然小麦和大麦的产量增长远超稻米产量下降的规模，但后者仍然是重要的通胀因素，因为河

① 原文为上海，上海也是在珍珠港之后被日军完全占领。基于上下文及当时的实际情况，此处疑指香港。

南和湖北的冬季作物很难运输到主要的粮食消费区。所以，1942 年和 1943 年粮食供应日益落后于需求，主要是因为交通运输不畅造成的，而不是全面减产。1944 年，夏粮增产加上秋粮丰收，当年的农业产量比战前增加了 8%。这解决了日军进军中原过程中粮食主产区被孤立及交通运输手段被破坏的问题。加上中、美两国军队在缅甸的一系列胜仗，粮食增产使得 1944 年下半年的批发价格涨幅比 1941 年初之后的任何时间都低。直到 1945 年初，物价水平才开始对日本进攻的威胁做出明显反应（上涨）。1944—1945 年通过田赋征集的粮食数量比此前一年下降了 11%，这表明日军于 1944 年底和 1945 年初在湖南、湖北和河南的渗透造成了粮食生产的损失。

至于工业生产，在滇缅公路于 1942 年封闭之后，后方完全依赖于当地的资本品和制成品供应。1943 年之前，这些物资的供应比较稳定，其后，原材料的短缺导致很多工业部门无法充分利用产能。1944 年，更多工业领域出现了生产下滑的情况，尤为显著的是消费品。1944 年的消费品生产指数下滑了 9 个百分点，一些重要的消费物资生产下滑得甚至更严重，比如，面粉、肥皂和皮革分别下滑了 19%、33% 和 20%。工业生产仍然只能满足生产者和消费者一小部分需求。而且，由于耐用商品常年短缺，对这些商品需求的压抑成了通货膨胀隐患，生产的不足则加剧了通胀压力。

物资供给方面的这些波动，客观上解释了抗战最后 4 年里不同商品价格指数间的一些明显差异。珍珠港事件后，重庆的进口物价立刻上涨了一倍多，在滇缅公路于 1942 年上半年失守时，涨势就更严重了。在战争余下的几年里，外国商品就仅限于政府购买并空运到后方的重要战争物资，进口品对本地商品的竞争很大程度上因此已不复存在。进口价格指数因此滞后于其他商品价格指数。1943 年 6 月到 1944 年 6 月间，由于政府赤字和对农产品供应征实带来的过度需求压力，国产商品价格大幅跳涨（见表 2–6）。

表 2-6　1942—1945 年后方价格指数

（基数：1941 年 12 月 = 100）

时间		本地生产商品（重庆）[1]	外省商品（重庆）[1]	进口品（重庆）[1]	所有商品（整个后方）[2]
1941 年	12 月	100	100	100	100
1942 年	6 月	183	256	198	173
	12 月	285	541	353	290
1943 年	6 月	452	990	461	613
	12 月	938	1 524	765	1 057
1944 年	6 月	2 164	2 889	1 855	2 073
	12 月	3 001	4 677	2 931	3 220
1945 年	6 月	8 663	15 290	8 610	9 547
	12 月	8 160	11 561	6 386	10 075

1　来自中央银行经济研究处编制统计月报。

2　四联总处编制统计月报。

不过，通过供给因素可以观察到，因为农产品大丰收，1944 年下半年的物价涨幅放缓；而到日军 1945 年初占领湖南大部分地区时，价格上涨了两倍。四年之间，重庆本地生产商品价格涨幅要低于来自外省的商品价格涨幅。后者的价格上涨，也证明了内地交通资源的匮乏。随着战争的持续，交通运输效率持续恶化，运输行业倍受维修、设备更新、燃料缺乏及日军轰炸造成的设施损毁之苦。

政府赤字

在 1940 年和 1941 年的征兵导致过度开支之后，政府的支出压力在 1944 年下半年之前有所缓解。军费仍然是政府支出的大头，而田赋征实和对地主、自耕农征借农产品，对经济产生了很大影响。不过，自 1944 年秋到抗战结束，因为中原地区的中国军队抵抗了日军最后一次猛攻且逐渐发起反攻，政府支出大幅增加。军费占政府总开支的比例自 1944 年的 51% 上升到 1945 年的 69%。

政府的行政活动是开支增加的另一个因素。1937 年之后，公职人员数量大幅增加；此间为控制日用必需品价格并推行新统制措施而新成立的机构，进一步膨胀了公职人员队伍。同时，政府允许上调公职人员薪给，以满足那些真实收入大幅下跌的人群的要求。政府的行政和一般性开支因此在战争后期大幅上升，其占政府总开支的比例自 1940 年的 4% 上升到 1941 年至 1944 年间的 1/3 以上。1945 年春，政府的货币支出增长得非常快，以至于其货币支出和真实支出水平均超出了战时任何时间。

因为采取了一系列新的税收措施，政府收入自 1941 年的战时低点开始明显改善。间接税收入因 1941 年晚些时候采取的从价税得以提高，海关系统征收的战时消费税进一步增加了间接税收入。1942年4月份征收的战时消费税取代了此前的各省过境捐税和中央转口税。1943年10月对盐业征收战时附加税，1944年3月的另一项附加税使得食盐上的税收占到其销售价格的90%。1941年到1944年间，间接税收入增长了49倍，其间商品价格上涨了33倍。中央政府从省政府接管营业税①后，间接税②收入也明显增加，占1943年政府总收入比例达到了近3/8的峰值。但在抗战临近结束的几年中，直接税的管理削弱了，逃税的情况很普遍，1944和1945两年的直接税收入对总收入占比降到了1/4③。

1945年之前，非税收入相对于其他收入项目持续下降，但在1945年突然上升至占政府总收入的6/7。根据有关报告的说法，这一增长源于外汇储备的升值，那很可能包括了美国为结算美军军费垫款而支付的外汇。

战时财政措施在税制结构变化方面的意义，可从1944年（最后一个完整的战争年度）同战前时段的政府收入模式比较中看出来。因此，主要的变化是更加强调盐税并转向直接税，而这在战前税制中是明显缺失的。战前盐税占总收入的比重平均为20%，而在1944年则几乎占到了60%；1944年的直接税贡献了22%，相比战前则不足1%。但即便如此，税收的主要负担还是以间接税的形式落到了消

---

① 按企业商业交易量、按金融机构实际资本的百分比征收的税负。——作者原注

② 原文为直接税，疑为作者笔误。

③ 不包括1945年非税收入中因外汇储备升值带来的收益。——作者原注

费者头上。

1942年和1943年两年间，政府赤字的扩张（相对）温和（表2–7），其部分原因就在于这些新税源的开发。但这些措施在收入贡献上的重要性不及田赋征实。1941年，中央政府控制了田赋；1942年，政府尝试通过征借和征购的方式增加粮食供给，1942—1943年征集的粮食因此增加了150%。

表2–7　1941—1945年政府开支、收入、赤字及田赋征实[1]

（单位：百万法币）

年份	政府支出	政府收入	政府赤字	田赋征实估值[2]
1941	10 003	1 310	8 693	—
1942	24 511	5 630	18 881	2 731
1943	58 816	20 403	38 413	19 712
1944	171 689	38 503	133 186	46 446
1945	2 348 085	1 241 389	1 106 696	147 133

1　基于财政部统计处编制收支报告；田赋征实估值基于表7–9的田赋数据。

2　田赋征收系跨年核算（如1941—1942）而不是基于公历年，其中包括征购和征借。

银行信贷和货币创造

虽然1940年对银行业实施的限制性措施在当时有效，但随着通胀势头的加强却显得力度不足。国家银行对私贷款持续增加，而私营银行则不顾政府的各种限制依然深入参与投机性交易。为限制小型商业银行和钱庄的活动，政府在1941年底试图以票据贴现取代无保证的私营银行贷款，但这一政策收效甚微。政府直到1942年2月份才通过加强对国家银行的统制，间接对私营银行实施了一些限制措施。其时，政府责令国家银行在向工商业者和私营银行发放贷款时要更有选择性。主要是因为这一政策，私营银行报告的对私贷款占总贷款的规模自1941年的40%下降到1944年的22%，尽管其真实贷款规模可能远远超过其报告量。

政府还在1942年2月采用了核查贷款资金使用情况的做法，以确保借款人按贷款申请中的用途使用资金。除审批贷款申请外，四联总处同时也负责这些核查工作的实施。1942年9月，政府对银行业进行了另一次重要调整，通过对银行业务范围的具体分工，最终使得国家银行的运作合理化，并削减了大量的重复职能。虽然这些措施使得国家银行对私贷款增长趋缓，但个中弊端还是无法完全消除。物价水平的快速上涨，给私营银行和国家银行带来了难以抵制的诱惑，吸引其将资金投入到投机活动中，政府越来越难以基于经济发展中的抗战要求来分配信贷资金。

利率在抗战最后四年里稳步上升。1941年12月，钱庄的双周拆息率要经中央银行批准，到了1943年1月，所有私营银行又被要求就其利率调整报请官方许可。结果是黑市利率成为货币市场的主导利率，政府被迫接受利率上涨是限制信贷和通货膨胀情况下的必然结果。抗战结束时，重庆市场上的双周拆息率为5%，即月利率10%，而战前的月利率为1%。

政府在统制信贷的同时，还出台鼓励储蓄的措施来降低通货膨胀压力：政府于 1938 年开展了节约建国储蓄运动以示配合，但效果不彰；1941 年冬，政府再度发布政策促进储蓄，国家银行 1942 年的存款因而接近翻番。1943 年的储蓄存款占国家银行总存款的比重达到了 24%，战前的比例为 8%。鉴于国家银行在 1943 年增加的政府垫款和对私信贷合计额超过存款增加额的 340%，政府随即强制派购储蓄券。但因为币值在当时快速走贬，公众采取各种手段来逃避承担这一强制性义务，这一措施因此也未见理想。令人沮丧的是，定期存款在 1939 年之后的下降远远抵消了这些鼓励储蓄的手段所取得的些微成效。定期存款同储蓄存款总额占总存款额的比重由 1939 年的 51% 降低到了 1945 年的 13%。①

1942 年和 1943 年期间，国家银行对私贷款规模持续增加，消耗掉了增加的存款，结果造成货币发行增量几乎是以等量规模同步于给政府的垫款，因为国家银行不得不发行新货币来满足政府开支需求（见表 2–8）。政府开支高速增长，使得公共部门和个人的存款增加，这一局面在 1944 年和 1945 年有所改观。1945 年存款增加额超出对私贷款增量近 255%，这使得 1/5 的政府垫款不必依托于货币发行。

---

① 储蓄存款是储蓄银行或商业银行特别建立的储蓄部门接收的存款。在储户取回存款前按复利计息，存款额通常较小。定期存款是普通银行接收的固定期限单利存款。——作者原注

表 2-8　1942—1945 年国家银行贷款和货币发行

（单位：百万法币）

年份	存款增量[1]	对私贷款增量[2]	给政府垫款[2]	纸币发行量（截至 12 月）[3]	纸币发行增量
1942	8 865	4 511	20 081	34 400	19 300
1943	11 292	8 344	40 857	75 400	41 000
1944	64 467	13 531	140 090	189 500	114 100
1945	431 616	121 661	1 043 257	1 031 900	842 400

1　基于四联总处编制统计数据。

2　基于财政部编制收入报告。

3　基于中央银行资料。

汇率

珍珠港事件后，日军占领了整个上海，上海外汇市场于 1942 年 7 月关闭。后方的外币买卖限于重庆和昆明的市场，因为国际贸易的萎缩，外币交易量几近为零。虽然中美英平准基金仍在运行，但其外汇牌价主要用于政府购买，平准基金在 1943 年之后也只是发挥名义作用。1943 年 7 月之前，市场汇率是 17.8 元法币 / 美元，法币汇率要高于平准基金 1941 年 12 月的报价，市场上的美元交易微不足道。自 1943 年开始，市场汇率（见表 2–9）比平准基金的报价更准确地记录了外汇的供求情况。

这些数据表明，珍珠港事件之后，外汇市场交易基本处于停摆状态。在此期间，进口可以忽略不计，中国公民在英国、美国、荷兰及其殖民地的资金被冻结，这些因素限制了后方的外汇需求。自1942年3月开始，基于美国财政部向中国政府提供的贷款而发行的美元储蓄券和黄金公债，转移了投机者对外汇的关注。这种形势一直持续到1943年秋天之前，其时，美元储蓄券和黄金公债销售停止，美国军队的支出成为市场上重要的外汇来源。市场外汇价格再度走高。1944年，政府赤字使得投机者手中掌握了大量资金，后者无法在商品市场为其资金找到出口，转而瞄准外汇。中、美联合在云南和缅甸对日军发起反攻，人们坚定了“战争接近尾声且在可预见的未来外汇将可能正常交易”的信念。这些因素导致外汇投机需求明显增加。1944下半年，美元兑法币升值了接近两倍，而同期物价只上涨了50%。在战争结束之前，相对于其他价格指数，美元兑法币继续更大幅度地升值。但即便如此，在较长一段时间内，汇率指数仍远远滞后于总体物价指数。1945年8月，美元兑法币比战前升值了600倍，而批发物价指数则比战前上涨了2 455倍。

表2-9　1942—1945年汇率和国内物价水平

时间		市场汇率（法币/美元）[1]	外汇升值幅度（%）	批发物价涨幅（%，整个后方）[2]
1941年	6月	19	—	—
	12月	18.93	忽略不计	71
1942年	6月	—	—	73
	12月	—	—	68

（续表）

时间		市场汇率（法币／美元）	外汇升值幅度（%）	批发物价涨幅（%，整个后方）
1943 年	6 月	59	311（相对 1941 年）	112
	12 月	84	42	72
1944 年	6 月	192	128	96
	12 月	570	197	55
1945 年	6 月	1 705	199	196
	12 月	2 185	28	22

1　基于中央银行经济研究处整理美元牌价表。

2　来自主计处数表。

反通胀措施

中国政府早在 1938 年即通过法规来控制后方的物价。然而，除了 1938 年之后外汇平准基金的高效运作及 1940 年银行信贷限制措施部分收效外，其他均乏善可陈。政府直到 1942 年才严肃对待通货膨胀问题。此番采取的各种措施有三个目标：降低预算赤字的通胀影响、削减银行信贷，以及通过直接统制措施抑制物价上涨。有一些措施前文已经讨论过，这里就不再长篇赘述。

降低赤字的通胀影响措施。在这一点上，政府最初的努力是通过开源节流来遏制赤字增长。间接税由从量计征变为从价计征、增加食盐消费税、征收所得税和其他直接税，这些政策变化使得政府的货币收入在1942—1944年间有了显著提升。不过，控制赤字增长最重要的影响因素是田赋征实，且实施时即以同步减少支出并确保军粮正常供应为明确目标。实际上，这是战时采取的最重要的反通胀措施。

1940年粮食减产之后，政府在粮食上的开支快速上升，且成为赤字的主要原因。通过田赋征实，政府得以降低用于粮食上的大笔货币开支，同时获得足够的粮食给养军队并配给公职人员。这一过程反过来抑制了政府赤字的增长，从而避免了货币供应的扩张，因为政府不需要通过支出货币来获得这些供给。但是，粮食价格变化表明，田赋实际上并不能彻底解决通胀问题。在1942年实行征借作为田赋征实的补充时，政府所占粮食份额大幅上升。市场上的粮食供给相应减少，价格加速上涨，这鼓励了逃缴田赋的行为，反过来增加了征收成本。虽然1942年实施的征借措施引发了当年的粮食价格飞涨，但如果政府通过正常的市场方式来获得同样数量的产品的话，价格会涨得更疯狂。

尽管战时田赋政策的经济效果显著，但其长远社会后果却极不尽如人意。作为一个阶层，小地主和农民已经比其他社会群体承担了更沉重的税收负担，已然不堪再负新税。政策因此引发了极大的不满，进而导致了难以挽回的政治后果。

包括派购法币储蓄券及销售美元储蓄券在内的政府储蓄计划，通过非通胀性融资的方式部分解决了政府赤字。但遗憾的是，由此动员起来的储蓄远远低于银行定期存款的下降。而且，1942年和1943年因销售黄金公债和美元储蓄券而吸纳的现金，要远低于自敌占区流入的法币。

限制银行信贷。通过执行1940年和1942年的规制，限制信贷扩张方面取得的成绩可圈可点，这是反通胀计划的主要目标。但整个抗战期间，许多商业银行和钱庄的投机行为一直是一个不稳定因素。

统制物价。政府之所以未能制定一套切实可行的价格统制制度，据称是因为其无法克服中间涉及的行政问题。统制物价的最初探索是在1938年。政府于当年晚些时候颁布法令，规定所有的价格均须由当地政府部门会商行业工会后公平确定，且参与囤积居奇的人将面临重罚。这一做法毫无效果，失败的原因很多：训练有素的管理人员不足、不同层级的管理部门（包括行业工会、地方政府、省级政府和中央政府）之间缺乏协调、物资供给及人口统计信息缺乏、不同区域间交通成本和运输困难导致的物价差异，所有这些都是明面上的问题。另外，人们普遍厌恶一切形式的统制。但可能最重要的，是政府部门并没有认真对待其自身交付的任务。

政府直到1942年底才再度直接统制物价，这次的目标较为温和，只在一些重点城市对部分日用品实行限价。同时，政府规制并没有止步于仅仅制定法定价格，而是切实执行统制措施。其中的主要手段是所谓的“政府购销物资”并对稀缺物资的库存和使用加以限制。物资购销最初涉及包括液体燃料、煤炭、焦炭、新闻纸、棉纱、布匹及棉花这些原料和半成品。通过大宗购买，政府可以确保这些物资以官方价格销售给生产者和批发商。以棉花为例，政府通过生产的三个阶段来影响成本，即从纺纱商那里购买棉纱、同纺织商议定织布价格并以固定价格将布卖给服装加工商。政府最终也成了原棉的唯一买家。结合对加工商库存的限制，这些物资的购、销，有助于抑制因企业家抢购所导致的价格波动、抑制生产性物资的囤积、防止制造商通过哄抬价格来盘剥公众。大宗购买同样适用于不少消费品，如大米、盐、食用油以及后来的糖、火柴和烟草。然而，一些内在的缺陷制约了统制制度的效率。除大米外，政府控制了前述物资的大部分供应，但其无法有效监督最终零售价。再者，满足军队和公职人员需求之后剩余的大米，由政府部门以固定价格卖给公众。但政府供应的大米只占自由市场供给总量的一小部分，因此政府销售大米的价格对大米市场价格影响不大。

后方实施价格统制的根本弱点在于，政府既没有管理零售价格的行政力量，也没有阻止交易商利用通胀环境牟利的能力。而且也根本不可能把消费者的需求降低到匹配市场供应的水平，因为消费品的配给是以存在一个健全高效的行政组织为前提的。政府试图减少生产商的囤积行为，并以其他方式降低生产成本，但这些努力到了零售层面就没了作用。即便管制措施取得了一点效果的地区，其影响的也只限于四川几个大城市中的少数几种商品，对整体价格水平影响不大。为应对政府价格统制下的物价持续上涨，1942 年 12 月还实施了工资冻结，结果也是徒劳。

通胀过程

太平洋战争的爆发以及滇缅公路随后的中断，给后方带来的是一次剧烈爆发的通胀威胁。1942 年前 6 个月，批发价格上涨了 73%，进口品可能继续下降了 50% 甚至更多。幸运的是，日军将其精锐部队调遣到其他作战区域，在 1944 年秋之前，他们的行动没有再对后方造成严重破坏。尽管如此，在珍珠港事件给价格带来冲击之后相当长的时间里，后方的物价继续以前所未有的速度上升。

与战时其他阶段相比，1942 年年中至 1943 年年中加剧通货膨胀的因素有些不同。此间政府赤字的影响要弱于其他阶段。随着战事趋缓、财政收入改善，以及实施田赋征实和征借，真实赤字在 1943 年下降到了一个谷底，当时的赤字水平还不到 1941 年真实赤字水平的一半。银行贷款的扩张速度也低于物价涨幅。与此同时，随着民间对外贸易的停滞，汇率对通胀过程几乎没有影响。因此，前几年导致通胀的主要因素，并没有在 1942 年和 1943 年形成新的通胀压力。

有三个新趋势导致了这几年物价的快速上涨。首先，随着 1941 年田赋征实的实施，政府开支在消费品总产出中的比重上升了；1942 年，田赋征实之外又增加了征借，这一比例因此进一步提高。自由市场上的粮食价格，以及薪给和其他商品价格，很快对生活用品的突然减少做出了反应。其次，交通状况的恶化扩大了市场供求之间的缺口。不过，其间通胀趋势加速的最重要原因，可能是普罗大众对中国战胜日本侵略及通胀威胁的信心丧失了。其时，中国完全孤立于外部世界：日军牢牢地把守在缅甸和云南，在太平洋上步步紧逼；而当时的外援似乎遥远且不确定。在国内，每一种物资都短缺，价格每年上涨两倍。在这种情况下，公众意志消沉也就不足为奇了。居民越来越不愿意持有货币，这导致货币流通速度加快。甚至在主要的金融机构之间也正将囤积并投资商品变成常规业务。因此，1942 年和 1943 年期间物价的快速上涨很大程度上反映了社会的焦虑心理（表 2–10）。

表 2–10　1942—1945 年中国通货膨胀指标[1]

（所有指数适用基数：1941 年 12 月 = 100）

时间		政府赤字	纸币发行	批发价格（整个后方）	进口价格	汇率（法币 / 美元）
1941 年	12 月	100	100	100	100	100
1942 年	6 月	155	165	173	198	100
	12 月	217	227	290	353	100
1943 年	6 月	316	330	613	460	311
	12 月	442	499	1 056	765	444
1944 年	6 月	1 094	813	2 078	1 855	1 014
	12 月	1 532	1 255	3 220	2 940	3 010
1945 年	6 月	9 123	2 635	9 550	8 610	9 000
	12 月	12 772	6 834	10 075	6 380	6 455

1　系在本书其他表格基础上整理而成。

战争形势在 1944 年年中的新发展使得影响通胀的因素有了新变化。在中国军队于当年下半年发起进攻时，政府赤字以上半年两倍的速度上升。1945 年，政府开支继续增加，政府赤字在 8 月份战争结束前的 8 个月里上升了 378%。1944 年的农业大丰收，以及缅甸战役胜利重新恢复的公众信心，使得物价水平没有受到赤字的影响。1944 年下半年，物价涨幅跌落到此前 6 个月一半的水平。不过，物价在 1945 年又重拾升势，到 8 月份时比 1944 年 12 月时上涨了 228%。值得注意的是，1944 年下半年和 1945 年的物价并没有同赤字同步上涨。通过出售黄金解决部分赤字以及乐观情绪的随之恢复，使得赤字的通胀影响在此间消失了。公众对货币的信心逐步恢复，货币流通速度出现下降，银行存款大幅增加。直到 1944 年年中还多少同步于财政赤字扩张的新钞发行也开始下降。与此同时，因为投机者再度将目光转向了外汇，法币汇率快速走贬。不过，在战争结束时，法币的对外价值远远高于其对内价值（按批发价格测算），汇率并不能视为国内通货膨胀的推动因素。

第三章

战时通胀期间后方收入分配变化

由于缺少基础的经济和财政统计数据，难以就战时通胀期间中国收入分配的变化做结论性的分析。不过，有一些证据表明了变化的方向，并为一些笼统的结论提供了依据。

日本入侵之后，后方利用沿海省份转移来的设备建立了很多新工厂，当地制造业产出因此大幅增加；农业产出也在政府的鼓励政策刺激下有了提高。经济部编制的数据显示，工业生产指数在 1939 和 1940 年两年间上升了 86%，1939 农事年的农业产出指数上升了 4%。同敌占区的贸易的确是急剧下降，但大多数后方区域里增加的产出量超过了输入的下跌量，而且可供分配的物资总量是先行增加。形势在 1940 年发生了逆转，后方同外界的交通中断，因此失去了当地工业需要的进口原料供应。与此同时，征兵导致的农业劳动力短缺以及随之出现的薪酬上涨，制约了产出的进一步增长。农业产出自 1940 年开始下降，在剩余的抗战年份里，粮食产量比 1939 年平均低 9%。1941—1943 年的 3 年里，工业产出接近翻番，但随着基本原材料的逐渐短缺及通胀导致的工资加速上涨，工业产出自 1944 年开始下降。因此，从 1941 年开始，后方的总产出增长不可能太大，而且进口的下降可能超出了总产出的增长。不过，即便是在抗战初期的生产扩张阶段，针对普通消费者的物资供应也被大幅削减。政府的军事和国防开支在总供给中的份额越来越大，而由于来自敌占区的难民流入，大众需求持续增加。结果是，人均真实收入在抗战爆发之后便开始下降。在这种情况下，在通货膨胀过程中，特定群体所取得的任何实际收益，一定是其他人群的真实收入损失。

显然，不同经济群体在战时通胀期间经历的财富变化并不均衡。不同经济活动在 1943 年前的 6 个战争年度内的实际回报指数真实反映了这些差异，如表 3–1。

1938 年和 1939 年的农业大丰收促使粮食价格下跌，农业相关领域的真实收入大幅减少。① 而 1940 年的农业歉收又使得粮食价格突然上涨，该领域的收益因此在 1940 年下半年开始改善。在 1941 年实施田赋征实、1942 年粮食征借后，形势再度逆转，而加速征兵则使局势进一步恶化，征兵造成农业劳动力极度缺乏，并导致薪酬大幅上升。

① 这表明了相对缺乏弹性的需求走势，这在经验上似乎是有效的，因为发展中经济体的市场高度地方化。——作者原注

表 3–1　重庆各行业人均实际收入变化

（1938 年= 100）

年份	农业[1]	制造业[2]	零售业[3]	投机领域[4]	美国证券[5]
1937	—	59	105	29	不详
1938	100	100	100	100	100
1939	61	106	111	397	180
1940	92	85	112	808	512
1941	109	71	119	550	1 373
1942	132	76	120	720	3 951
1943	124	69	124	263	10 260

1　基于 John Lossing Buck，“The Economic Position of Szechwan Farmers”，*Economic Facts*，No.26，P286；指数以三个月为测算基础。

2，3　来自南开大学经济研究所编制数据；剔除了投机所产生利润。

4　基于吴大业著 The Economics of Price Rise（《物价上涨的经济学》）（中文）31~40 页；真实收入指囤积三个月之后的利润。

5　基于前引吴大业著作，31~40 页。

抗战最初几年，制造业者的境况相比自耕农要好得多。在与沿海省市的交通联系中断之后，后方在制造业方面被迫自给自足，机械设备拥有者得以利用其半垄断地位获得巨额利润。因为 1938 年和 1939 年农产品供给充足，原材料价格和工资增幅缓慢，而制成品价格则快速上涨。比如，在 1938—1939 年期间，重庆的纺织品批发价格指数涨幅接近粮食涨幅的两倍。但形势在 1940 年和 1941 年发生了变化，这有几个方面的原因：当时农业歉收、同沿海地区的贸易下降导致原材料价格和劳动力成本大幅上涨；重要进口原材料供应的减少以及因难以获得关键材料导致的武器装备生产的下降，均进一步冲击了制造业；最后，居民的购买力下降。在余下的战时通胀期里，制造业的收益未能恢复到原有水平。事实上，1943 年的薪酬似乎已经超过了制成品价格（涨幅），但企业主仍然因为其工厂和设备（的真实价值）增值而获益。在抗战后期，仅仅凭借设备、设施的大力投入及因此带来的资本利得，实业家们作为一个阶层在后方实际收入中所占比重比战前提高了。但有个别的实业家，其经营规模同战前相同且收益完全来自其生产制造型企业而不是商品或地产投机，他们的真实收入损失相较农民要大得多。

自后方于 1940 年开始遭受严重的通货膨胀起，投机之风就开始盛行。表 3–1 中的后三列表明，职业投机者以及兼职参与投机的零售商，更有可能比制造业者或自耕农维持住真实收入。成功获得制成品供应的贸易商可以稳保垄断利润，不管这些商品产自敌占区还是来自国外。尽管同外界的交通中断降低了他们的交易量，但即便是商品数量有限，还是可以获得丰厚利润。一个新的商人阶层出现了，他们通常拥有运输手段，利用公司同供应稀缺物资的走私者合作，在后方和敌占区之间的真空地带操作交易。他们多以未经注册的公司开展业务，从而成功地逃避所得税和过分利得税。通胀本身就会引发投机，而不是鼓励工业或农业的投资，大众则积极囤积物资应对货币的进一步贬值。在发行美元储蓄券和黄金公债、国家银行开办可支付黄金的存款业务后，持有流动资产的那些人又多了新的投机机会。这些交易中的货币收益对应着等值的损失，互相冲抵之后并不会增加社会财富。作为一个阶层，利用自有资金操作的投机者也不会增加他们在真实国民产出中的相对份额。但很多投机者能够通过银行贷款为其操作融资，其贷款利率要远低于商品价格上涨幅度。投机者作为一个群体，通过这种方式实现了他们真实收入的增长，代价则是全社会的损失。

同历史上遭遇恶性通胀的其他国家一样，中国的居民和公共机构储蓄也几乎是价值归零。所有的债权人都遭遇了真实收入的损失，而债务人则立等收益。政府公债的持有者损失最为严重。战前发行的公债未偿余额是 12.7 亿法币，40% 由银行和其他金融机构持有，个人或慈善组织持有剩余的 60%。在抗战的头几年，政府公债的市场价格有些下跌；接下来的持续过度发行导致其价格未能像物价那样上涨。贷款的真实价值同样几乎跌至零。银行和其他金融机构的股东，在战争爆发时的缴存资本约 1 亿元法币，真实回报同样严重受损。人为的低利率，导致银行几乎无法支持持续上涨的费用开支，也无法按物价上涨水平来支付股息。面对这种局面，很多银行转向了会加剧通胀压力且涉及腐败的业务。

一些由商人控制的小银行将客户存款用于其股东的投机活动。甚至一些大银行也投资于工厂、购买黄金和外汇，以便维持其资产价值。很多银行不择手段地吸引存款，其中最被诟病的是贿赂政府机关里的出纳或会计以便争取其所在机构的存款。这样一来，私营银行就可以通过盘剥他们的储户、政府，有时是其股东，来参与投机利润的分配。

在有产阶级中，商人和投机者因此比自耕农和制造商更能经受住通货膨胀的冲击，而债券或银行股权持有者则损失最为惨重。工薪阶层中间的真实收入变动也是千差万别。与工资（指不稳定工作的收入）相比，薪水（指稳定的月薪）的调整更是远远落后于生活成本的变化。政府在提高薪给①时总是迟疑，因为庞大的政府公职人员和军人数量将导致政府开支大幅增加。为抵消生活成本的上升，某些特殊政府部门和军队采取了一些临时手段缓解困境，包括发放特别津贴、配给日常必需品和提供住房等福利，这造成了实际收入在不同职务和级别的人群间的巨大差距。

表 3–2　1937—1943 年后方真实工资和薪给

（1937 年 =100）

年份	公职人员（重庆）[1]	教师（重庆）[2]	军人（重庆）[3]	体力劳动者[4]	产业工人（重庆）[5]	农村劳动力（四川）[6]
1937	100	100	100	100	100	100
1938	77	87	93	143	124	111
1939	49	64	64	181	95	122
1940	21	32	29	147	76	63
1941	16	27	21	91	78	82
1942	11	19	10	83	75	75
1943	10	17	57	74	69	58

1，2，3　基于前引吴大业著作，34~36 页。

4，5　来自社会部统计处编制数据。

6　来自南京大学农业经济系编制数据。

① 张嘉璈先生的中文文字里间或出现薪俸和薪给两个词。根据其上下文，前者多指有级别的政府、军队官员收入；后者多是泛指公务行政、教育及军队系统人员的收入。本书根据语境多采用“薪给”一词。——译者注。

表 3–2 给出了战时不同的工资和薪酬群体间真实收入的整体趋势：早在 1940 年，通货膨胀就已经吞噬了公职人员、教师和军人 2/3 的真实收入；产业工人和农村劳动力的真实工资大约下降了 1/3，但其他的体力劳动者（即非工厂工人、非农村劳动力）的工资则因为需求旺盛而上升了接近一半，尤其是在交通运输领域；到 1943 年，尽管所有受雇群体的真实收入都明显下降，但靠固定薪水过活的工人的境况相比其他工人恶化得更厉害，公职人员陷入赤贫，他们的收入仅为战前实际收入的 1/10，教师和军人的收入则不及以前实际工资的 1/5；体力劳动者和产业工人的生活水平下降了 1/4，四川农村劳动力的真实工资则被通货膨胀吃掉了一半。这些数据清楚表明了通胀过程给固定薪水工人、政府雇员和靠出卖体力维生的整个群体造成的痛苦（关于 1943 年之后固定薪水工人真实收入情况的信息不多）。根据社会部公布的月度统计数字，到 1944 年，重庆产业工人的真实薪酬指数已经比战前水平下跌了 59%，体力劳动者的相应指数则下跌了 35%。

如表 3–3 所示，不同行业、不同地区的实际工薪变化的确存在很大的差异。1944 年 4 月，重庆烟草和玻璃行业工人的实际收入大约为各自战前水平的 57%，但公用事业、工程设备和印刷行业的工人收入则不及战前实际水平的 40%。区域间的工资和生活成本差异也很大。重庆、万县和内江的非工厂工人的实际工资远远低于成都的水平，这主要是因为这些城市的货币工资增长缓慢；而由于粮食短缺、居所不足，万县和内江的生活成本涨幅远高于后方其他地区。乐山的生活成本上涨幅度比成都高，因此尽管成都的货币工资要低于乐山，但其实际工资水平要高于乐山。

表 3–3　1944 年四川六市非工厂工人生活成本、货币工资及真实工资指数 [1]

（1937 年 1~6 月＝100）

城市	生活成本指数	非工厂工人 货币工资指数	非工厂工人 真实工资指数
成都	36 937	35 950	97.2
乐山	51 184	37 000	71.3
重庆	36 949	24 240	65.8
自流井	50 577	30 500	60.0
万县	52 744	25 200	47.9
内江	54 886	22 280	41.6

1　来自 China Handbook，1937—1945，（纽约，1946）第 383 页内数表。

虽然上述信息并不完整，但显然劳动者在国民总产出中所占份额在通胀期间是下降了；而在融资支持抗战所导致的通货膨胀影响里，工薪阶层则承受了远远超过其能力和责任的负担。通货膨胀对农村劳力及其他体力劳动者和产业工人的生活水平也造成了很大冲击——后两者受到的冲击要小一些，但其对固定薪水工人的影响最大。在抗战过程中，公务人员和教师成为新的被压迫阶层，他们政治上的左倾在战后产生了深远的影响。在天平的另一边，自耕农和工业实业家可能保住了他们在国民总产出中的份额；各类商业群体、小型私营银行和职业投机者则是通货膨胀过程的主要受益者。社会上出现了一个新富阶层，他们的财富积累不是因为拥有并经营土地、工厂或从事其他生产性活动，而是来自大量的投机，而这些投机活动仅涉及少量的初始资本。从那些经济不稳定年份中获益的其他群体包括：参与将稀缺物资自印度支那、香港、缅甸或敌占区偷运到后方的贸易商；借钱购买外汇、黄金或物资的投机者；获得特殊津贴并利用官职经营商业项目的军队和政府高官；以及无视银行业规章并参与投机性融资的无耻银行家。

因此，中国的通货膨胀造就了一个发国难财的特殊阶层，而更多的群体，尤其是公职人员、教师和其他依靠固定薪水过活的雇员的生活状态，则比经历20世纪30年代初大萧条的人还要痛苦得多。公职人员、教师和军人的境况即便按中国标准也是极度贫困，这让他们士气低落，同时对损公肥私的暴富阶层仇视有加。政府事前未能扭转导致这一结果的经济形势，事后又未能纠正不利后果，因此招致了军队和行政部门的不满。这些因素导致国民政府失去民心乃至最终垮台，并助力中国共产党赢得了胜利。

第四章

战后时期的通胀

战后初期形势

在抗战结束前的几个月里，后方已经毫无生气可言。普通消费者的所有储蓄和可变卖的财产，都被用来维持生计；税吏和士兵的强取豪夺使农民痛不欲生；军队的逃兵每天都在增加。全中国的抵抗精神被无情的通胀给扼杀了。如果胜利不是在 1945 年 8 月到来的话，后方的经济会很快瓦解。

中国在战争结束时面临的恢复和重建任务空前艰巨。大约 5 000 万流离失所者正等着返回他们原来的家园；数千万亩的农田被毁、荒废且失去了种植价值；内地交通失修，南方很多战略区域的不少铁路被破坏。安置难民、修复被破坏的农村地区、重建沿海工业以及提供设备和原材料让工厂复工，要求大量的资本支持。

然而，重建工作遇到了两大障碍。国民政府发现无法同共产党达成一致意见，1945 年底的谈判进程表明双方实现妥协都很难。对抗和再起公开冲突的可能性始终存在，军队因此一直维持战时状态，维修铁路和其他交通线路的工作被推迟了。在货币方面，巨大的军费开支仍然是推动物价上涨的主要因素；其次，对国内和进口消费品压抑的需求在长期战争期间一直未得到满足，而今成为经济不稳定的主要力量。投机商、经销商、地主、腐败官员以及其他发国难财者，手持大量流动资金。这些资金迅速转变成对所有可买到消费品的巨大需求。进口品的输入根本无法马上缓解这种通胀压力。战后的英国和美国需要花费相当长的时间来调整产能以符合和平时期的需要；而诸多国家都曾遭受战时物资短缺，也都着手实施雄心勃勃的重建计划、指望着主要工业国（主要是美国）的工业品支持，而中国只是其中的一员。

国民政府高估了抗战胜利的稳定影响。政府认为，战争结束带来的良好心理影响、东北和台湾这两个高产出地区的回归、大量的黄金和外汇储备积累，以及对外贸易的恢复，均有助于提高物资供应，并足以吸收公众手中的过剩购买力。因为认为社会将自动趋于稳定，所以没有必要继续维持战时统制状态，所有对价格、物资分配和使用的统制措施因此全都取消了。其他一些因素也促使政府采取了这一行动：中国人有着对自由放任经济的传统偏好，政府希望通过解除统制措施，重新获得因战争期间未能遏制通胀而失去的声望；另一个非常重要的因素是，国际舆论非常支持自由贸易。在中国的外国商人，尤其是美国人和英国人认为，政府战时并没有充分落实统制手段以有效地抑制物价，而对物价和国内商品流动的统制很可能阻碍国际贸易发展。当时正在讨论支援中国重建的外国贷款问题，政府不希望因为外国对腐败和管理不力的指责而丧失了获得援助的机会。

战争刚一结束，政府便乐观地采取了一系列宏伟的计划：恢复政府行政服务、提高公职人员及教师生活水平、恢复重建前敌占区。与此同时，军事开支仍维持在足以保持军队全面战斗力的水平。按贬值的法币计算，政府 1945 年第四季度的开支非常庞大。内战的爆发使得重建华北交通网的计划受挫，省际间贸易也没有恢复到正常水平。铁路系统的混乱对北方棉花和煤炭运输的影响尤其严重。军需粮食和服装的购买导致这类物资的价格上涨，反过来又扩大了政府的赤字。战后政府支出的大量增加因此直接推动了物价的进一步上涨，而没有促进经济的复苏。

短期稳定：1945 年 8~12 月

人们在抗战刚刚结束时对价格走势持乐观态度是有依据的。1945 年 8 月的最后一周，全中国的物价突然下跌。囤积了几年的消费物资涌入市场，且很多是半价销售。停火是中国人民情绪释放的时刻，体现为物价螺旋式上升的暂时中止。在上海，黄金价格下跌了 90%，重庆的则下跌了 60%，重庆市场上的法币对美元升值了 100%。重庆的批发物价指数自 8 月份的 179 500 下跌到 9 月份的 122 600，在 10 月份进一步下跌至 118 417；上海的指数自 8 月份的 43 200（按法币计）下跌到 9 月份的 34 508。但下跌趋势持续的时间很短。上海的物价在 10 月份之后快速反弹，重庆的物价自 11 月份开始逐步走高。到 12 月份，上海的批发价格指数已经上涨到 88 544，比 8 月份的水平翻了一番。

通胀再启：1946 年

通胀很快重新抬头有几个原因。政府恢复控制敌占区的首要任务是将伪货币清理出流通领域。政府在战争结束 19 天后宣布，200 元“中储券”兑换 1 元法币，5 元“联银券”兑换 1 元法币。公众须在 4 个月内完成兑换，且个人以这种方式兑换法币数额不得超过 5 万元。但在兑换期截止日前，允许伪银行券作为法定货币同国民政府法币一起流通。这种安排带来了非常不利的影响。按法币计算，伪银行券被大幅低估。根据 8 月份上海和整个后方地区的批发物价指数（分别是 8 640 000 和 245 503），“中储券”的兑换率应该是 35 ∶ 1，而根据上海（8 640 000）和重庆（179 500）的指数，兑换率则为 48 ∶ 1。通过将华北的批发物价指数（104 868）和后方的进行比较，“联银券”兑换法币的比率应该是 1 ∶ 2。当然，伪银行券的低兑换率至少有保持法币升值的优势，但鉴于伪银行券有着法定货币的地位，此举有一个非常负面的效果，即鼓励人们在兑换期结束之前用低估的伪银行券购买商品；5 万元法币的武断上限产生了同样的效果，因为人们想方设法要处理掉超过这个法币数量的伪银行券。因此，低兑换率、兑换期限、个人兑换上限以及允许伪银行券继续流通，使得兑换操作有着很强的通胀特点。

1945 年底，对物价构成压力的其他因素是，长期积累的消费需求以及资本自内地流出，因为公众预期上海将恢复其作为中国主要货币市场的地位。随着国民政府同共产党的关系恶化，流入上海的资金增加，资金对投资渠道的竞争也带来了明显的通货膨胀影响。

中央银行于1946年1月之后在东北发行的大量东北流通券[①]也助长了通货膨胀。这些货币用来支持国民政府控制区域内工农业的战后恢复，同时也为了支付派驻东北的军队的巨额支出。虽然只为限于东北地区流通，但可以按11.43法币兑换1东北流通券的比价向关内汇款。该比价后来改成了10 ∶ 1。

但在这些因素以外，预算赤字和因此导致的流通中货币的增加仍然是最重要的通胀因素。战时经历让商界将这些信息作为未来价格走势的可靠指标。因此，战争刚一结束便不断扩大赤字，严重打击了他们对货币的信心。在这些压力之下，刚刚趋缓的通货膨胀马上成了历史。

政府赤字：1946年1月—1948年7月

1946年的政府开支比前一年上升了3.2倍，尽管有出售黄金、外汇及处理敌伪资产的大量非税收入，但所有收入也仅占支出的37%。因为需要保证足够的军力以便遏制共产党在东北和关内的扩张，同时也是前敌占区经济重建的需要，政府因此宣称巨额赤字不可避免。同共产党的和平谈判破裂之后，国内局势再度紧张，军事开支大约占到了政府1946年开支总额的60%、1947年的55%。公

---

① 为清晰起见，东北流通券的发行数量（1946年为275.3亿，1947年为2 773亿，1948年7月为31 918亿）未计入本书其他章节中提及的统计中。——作者原注

职人员的普遍不满迫使政府根据生活成本指数按月对工资和薪给进行调整，行政开支因此也增加了。1947 年的政府开支上升到了 1946 年水平的 5.7 倍，而收入则由于停售黄金及外汇和敌伪资产而下降到了开支的 32%。1947 年的赤字接近支出的 70%。因为军事开支占比超过了政府总开支的 64%，1948 年的财政状况进一步恶化（见表 4–1）。政府因此不仅继续直接向中央银行借款，而且不得不继续实施田赋征实、谷物征借，尽管抗战年间已经证明这些政策加重了农业部门的负担。但倘若政府不继续实行这些政策，货币开支上升的幅度会更大。

表 4–1　1946—1948 年（1~7 月）政府开支、收入、赤字和田赋征实

（单位：百万法币）

年份	纸币发行余额[1]	政府开支[2]	政府收入[2]	政府赤字	田赋征实货币估值[3]
1945	1 031 900	2 348 085	1 241 389	1 106 696	188 604（1945—1946）
1946	3 726 100	7 574 790	2 876 988	4 697 802	624 675（1946—1947）
1947	33 188 500	43 393 895	14 064 383	29 329 512	3 015 899（1947—1948）
1948	374 762 200	655 471 087	220 905 475	434 565 612	—

1　基于中央银行编制统计数据。

2　1946 年和 1947 年数据基于张维亚著《中国货币金融论》，其中不包括外国专项贷款；1948 年数据基于中央银行当年上半年相关记录。

3　基于表 7–9 田赋征收数据。

努力抑制通胀：1947 年 2 月

1946 年势头迅猛的通胀迫使政府在 1947 年再度采取统制措施。虽然抗战期间的价格和工资上限措施并不成功，且如今的价格涨幅是 1942 年第一次限价时涨幅的两倍，但政府还是再度实施了这两项政策。流通中的货币以每月 10% 的幅度增长，上海的物价几乎隔一两月就翻一番。在 1946 年 11 月份限制进口之后，供给形势非但没有改善反而越发恶化了。人们抱有一线希望，即通过限价可以遏制住如此快速的通胀。政府于 1947 年 2 月 16 日发布了《经济紧急措施方案》：对日用必需品（大米、面粉、棉纱、布料、燃料、盐、糖和食用油）进行限价，并先行在上海和首都南京这些大城市严格执行；根据 1 月份的生活指数冻结工资，不得调整底薪；责令工厂按 1 月份的平均零售价格向其雇员配售日常必需品；禁止个人买卖、私藏黄金和外币。尽管统制机构和地方政府在警察的配合下努力落实这些措施，但紧急措施发挥作用的时间不过一个月。4 月初再度出现美元黑市。这一对抗法规之举的成功导致所有商品黑市快速发展，政府不得不在 4 月中旬按非官方价格提高价格上限，并在 5 月份解除工资冻结。上海的批发价格指数在 5 月份单月上涨了 54%，而在紧急措施颁布前的那个月的涨幅是 19%。

中央银行的角色

在政府的经济政策一败涂地之际，中央银行于 1946 年 5 月迎来了一位新总裁，他准备拿导致通胀的基本财政因素开刀。他提请蒋委员长和财政部部长通过开源节流的方式将每月的政府赤字砍掉一半，中央银行同意为余下的另一半赤字融资，但最好是通过促进公债、国库券销售和储蓄存款这些紧缩手段。这些安排可以在减少纸币增发的情况下降低赤字，从而减少通货膨胀的推动因素。鉴于以往那些舍本逐末的经济和货币政策均失败了，负责任的政府领导人应该批准这样一次彻底的政策转向。但中央银行总裁的劝谏未被接受。财政部部长说，他不能拒绝军事开支的需求，他的态度得到政府领导人的默许。这样一来，政府政策便不惜以通胀失控为代价来继续坚持军事优先。

中央银行尚在讨论应对通胀的建议之际，发行了两种公债：1947年4月价值1亿美元的公债，以外币认购并在到期时以外币赎回；紧接着又发行了3亿法币的短期国库券，以法币认购、赎回，但可以按官方汇率折算后用美元认购、赎回。两次发行之初都非常成功。在4个月的时间里，认购者在公债上支付了25 819 550美元。最初两个月的公债、国库券销售，解决了近15%的月度赤字。但不幸的是，在公众得知中央银行的建议被拒绝时，尽管2月份的紧急措施严禁黑市交易，外汇黑市还是很快又出现了。外汇持有者不会放弃黑市上的快钱利润转而去认购公债、国库券，短期国库券的销售只能终止。

这些措施失败之后，中央银行不再对抗市场力量，而只是尽力缓冲其影响。1947年8月，在平衡基金委员会的监督下，用浮动汇率机制替代了此前的官方固定汇率。在统制物价、设置工资上限的地区，以相对低的价格向靠薪资过活的群体配售生活必需品，从而控制生活成本的上升。重新限制信贷、提高银行利率，政府将对银行贷款的统制权移交给了由银行业和商界代表组成的贴放委员会。这些措施看上去对抑制物价上涨有一些效果。在7、8月份，上海批发物价分别上涨了15%和8%，而在5、6月的涨幅分别是54%和12%。但为解决政府赤字而新发的货币仍源源不断地流入市场，中央银行在1947年给政府的垫款是前一年的5倍，而1947年新发货币则增加了10倍以上（这一数字在1946年是3倍）；国内通货膨胀伴随着国际收支逆差扩大，再加上国民党内战接连失利引发的新一轮资本外逃，均使得局势越发恶化。这些综合因素导致法币汇率贬值、黄金价格走高，这两者对国内物价的影响都是负面的。到1947年12月，上海的批发价格接近一年前的15倍，当年内的涨幅相当于1946年间涨幅的两倍。

货币市场和对私贷款

战后的中国金融业比在抗战期间更不易监管。统制1946年初恢复运营的上海货币市场要比监督几个集中在重庆的金融机构复杂得多。上海拥有众多中资和外资银行、保险公司，还有黄金、商品和证券市场，这些市场的投机活动加剧了潜在的通货膨胀趋势。上海的货币市场同境外其他金融市场息息相关，投机资金外流的威胁持续存在。抗战时期可以忽视资本外逃的可能性，因为国内统制和诸多盟国冻结境外中国人账户资金的行动消除了资本外逃的危险。

除了这些常规的因素之外，中国战后银行体系的一些特殊特点也不利于政府成功统制货币市场。中央银行的影响范围限于国家银行和几家负责任的私营银行。抗战期间，银行业的总体管理标准大为恶化，许多小银行趁机放弃了获批的银行业务，并深陷投机活动之中。因为财政部在战后批准成立了大量的私营银行，货币市场上不受监管的参与者规模扩大了，投机问题日趋严重。

中央银行不现实的利率政策强化了私营银行的地位。1946年1月，中央银行的重贴现利率固定为月息1.8%，与此同时，政府规例要求私营银行的利率须报请中央银行获准。后者批准的利率是年息8.4%，且禁止私营银行的存款利率高于此水平。但当时的黑市利率要远远高于8.4%，而且，尽管中央银行后来上调了核准利率，但战后大部分时间里的黑市利率仍占主导。这诱使私营银行以高于核准水平的利率吸揽存款，再以更高的黑市利率提供给投机者牟利。资金最终多流入货币市场中的管理盲区，牺牲了那些遵守中央银行指令的银行的利益，而实际上受损的恰恰就是国家银行和少数几家守法的私营银行。

这些机构和因素在1945年之后损害了中央银行的权威，而政治力量介入银行事务则进一步动摇了中央银行的地位。比如，在1947年，四联总处拒绝将官方利率提高到更真实的水平，这是职业银行家同代表国民党的国家银行管理层间观点冲突直接导致的败笔。出于同样的原因，中央银行常常是无法实施管理货币市场的连贯政策。

政府战后的银行政策因此就存在着根本性的冲突。其目标一方面要将银行发放的贷款总量控制在限度之内，同时又要确保重点工业稳定的信贷支持。但限制信贷扩张最终又不利于对生产性用户的信贷供应，再者也根本无法控制自由市场上的借贷业务。虽然没有有效的手段去区分最终的贷款使用者是生产性的还是投机性的，但在潜在的生产型用户提出不满时，就只能放松管制了。

基于其乐观的信念，即经济的内生力量将逆转通胀走势，政府于 1946 年初采取了一项信贷扩张措施，推动工业和贸易复苏（表 4–2）。国家银行当年的贷款增幅是总体物价涨幅的 2.6 倍。为了抵消货币的快速扩张，政府决定基于市场价格确定的官方价格出售黄金。从 1946 年 3 月恢复黄金销售到当年年中，这种做法似乎对物价起到了稳定的作用。但当年下半年货币供应的快速增长远远超过了出售黄金的紧缩效应。政府意识到国家银行信贷扩张的冲击不断增加，于是在 9 月份就银行放贷采取了一系列新的限制措施，但基本没有什么实效，信贷扩张仍在加剧通货膨胀，政府遂于 1947 年 2 月通过紧急措施宣布中止所有贷款。政府最终也发现，在货币供应持续高速增长的情况下，出售黄金只是在消耗宝贵的储备，因此同时停售黄金。

在发布紧急措施之后不久，政府推出了一项新的银行政策。政府现在的看法是，不增加主要消费品和生产资料的产出，就无法维持价格和工资上限，而产出上的这种增加需要有足够的信贷支持。于是被中止的信贷业务又可以做了。为防止私营银行贷款流向投机套利者，政府规定只有向获得许可的借款人发放贷款的私营银行，才可以同国家银行操作转抵押贷款和重贴现业务。

几个月之后，政府试图通过控制信贷来挽回公众对货币的信心。1947 年 8 月，国家银行只能对五类最重要的行业发放贷款；12 月，禁止国家银行向私营银行放款，同时严惩违反核定利率规则的机构；政府还成立了金融管理局，以示控制资本外逃和规范货币市场的决心。管理局的成立标志着政府放弃了间接的统制手段，转而采取更具强制性的措施。到 1948 年 1 月初，物价每两个月翻一番，货币供应的增速大约是这个幅度的一半。慌乱之中的蒋委员长本人亲自干预银行系统，命令暂停所有信贷业务。因为这项命令正好遇上中国春节——传统的债务结算时间，货币市场因此陷入混乱，常规的工商业业务也受到了影响。

表 4–2 1946—1948 年国家银行贷款、存款和发钞量的增加

（单位：百万法币）

年份	存款增量[1]	对私贷款[2]	给政府垫款[2]	纸币发行增量[3]
1945	431 616	121 661	1 043 257	842 400
1946	4 893 940	1 073 483	5 513 670	2 694 200
1947	20 413 953	16 119 751	27 075 033	29 462 400
1948（1~6 月）	161 101 894	156 496 326	166 185 674	163 332 800

1 基于中央银行数据记录。

2 基于财政部统计处编制收入数据，见前引张维亚著作，244~245 页。

3 基于中央银行统计数据。

政府的信贷禁令维持了 3 个月。部分缘于政府的措施，2 月份的物价涨势稍稍趋缓，但其效果显然是临时性的。财政赤字的结果是不断向公众投放着新货币，限制银行信贷根本无法遏制投机活动，而投机活动正吸引着各行各业的人参与（表 4–2）。即便是金融管理局也无力阻止银行根据货币市场情况确定贷款利率。银行为满足客户的需求设立了匿名机构，通过暗账来掩饰其业务。

政府意识到其严厉措施无效后便在 3 月底撤销了信贷禁令，并再度寻求在既有货币市场形势下操作的政策，努力争取金融稳定。1948年4月，中央银行的短期存款利率由前一年8月份确定的水平提高到与黑市利率平行。同月，中央银行成为政府唯一的财政代理人，以防止其他的国家银行利用政府账户结余支持投机交易。中央银行还开始出售年息近24%的一月期国库券，以吸纳公众手中的购买力。所有的国家银行更普遍地采取预付款的方式增加对工业企业的信贷。

在通胀如此肆虐之时，这些措施收效甚微，而且货币需求的持续上升抵消了这些措施的作用。黑市利率很快超过了中央银行给出的短期存款利率水平，后者在资金竞争方面毫无优势可言。

1948年5月底，行政院做了改组，财政部部长和中央银行总裁也换了新人，而通胀还在持续。6月和7月，上海批发价格指数分别上涨了260%和45%，市场上的美元兑法币汇率则分别升值了98%和181%（表4–3）。黑市黄金价格涨了两倍，这两个月月底的货币流通量分别比前一个月翻了一番。这些可怕的货币崩溃预兆迫使政府在1948年进行了后来流产的币制改革。

表4–3　1946年1月—1948年7月汇率和国内物价

1947年1~6月价格指数＝100

时间		汇率		批发价格（上海）[3]
		官方法币汇率（法币/美元）[1]	市场汇率（法币/美元）[2]	
1946年	6月	2 020	2 665	378 217
	12月	3 350	6 063	681 563

（续表）

时间		汇率		批发价格（上海）
		官方法币汇率（法币/美元）	市场汇率（法币/美元）	
1947 年	3 月	12 000	14 000	1 386 593
	6 月	12 000	36 826	2 905 700
	9 月	41 635	50 365	4 635 700
	12 月	77 636	149 615	10 063 000
1948 年	3 月	211 583	449 620	32 576 900
	6 月	1 273 000	2 311 250	197 690 000
	8 月	7 094 625（8 月 18 日）	8 683 000（8 月 9~10 日）	558 900 000（8 月 19 日）

1 1947 年 8 月—1948 年 5 月系平衡基金委员会汇率；1948 年 6 月 ~8 月为结汇证书汇率。

2 来自中央银行经济研究处编制数表。

3 1946—1947 年基于主计处编制数据（简单几何平均）；1948 年基于中央银行经济研究处编制数据（加权几何平均）。

流产的币制改革和表面上的稳定：1948 年 8 月 19 日

1947 年和 1948 年间，金融界有影响的人士一再敦促政府紧缩财政，指出这是经济总体恢复稳定的第一步。虽然有着这些警告，但新任财政部部长仍然认为，在实现总体经济稳定之前，无法重新整顿政府财政。他坚信通过改变货币本位可以恢复经济稳定，且预算平衡将随之自动实现，于是提出用一种新币取代法币的改革计划。计划得到了蒋委员长的积极支持。金融专家在该计划实施之前指出，即便法币贬值了，但起码为公众认知且广泛接受，新钞可能没有这种优势。他们的反对意见被驳回，理由是对于中国复杂的环境而言，他们的观点太过书生气。改革于1948年8月19日实施[①]：新钞称为“金圆”，每金圆含纯金0.22217克，一金圆合300万法币；新钞发行有十足准备，其中40%为黄金、白银和外汇，新钞发行依法不超过20亿金圆[②]；所有物价以8月19日的价格按等值金圆予以冻结，没有政府部门的许可不可调整；禁止持有黄金、白银或外汇，私人持有的黄金、白银或外汇都要兑换成金圆券。伴随货币改革的还有一系列的其他措施，涉及改善税制、控制信贷、降低利率以及抑制囤积居奇。在上海、天津和广州这三个重点区域，还专门任命了高级别官员赴当地负责这些管控措施。上海的管制措施最为严格，动用了秘密警察来执行。

威慑之下，上海货币市场有6周时间处于稳定状态。除易腐货物外，商品价格维持在限价范围内，外汇和黄金黑市消失了。中央银行收集了价值约1.7亿美元的黄金、白银和外汇。政府高调地宣布改革成功了，但公众并没有被通货膨胀的暂时停滞所欺骗。基于官方固定价格公告，批发商暂停了交易，短缺形势加剧，大众也没有真正相信物价将保持稳定。虽然上海的通胀被临时控制住了，但内地的价格上涨得更厉害了，政府刚一颁布货币兑换令，内地物价就

---

① 当日发布了《国民政府颁布之财政经济紧急处分令》。

② 原文为2亿金圆，应为作者笔误。

上涨了。

与此同时，为维持赤字开支，政府继续向流通中投入货币。财政部部长曾在币制改革时承诺，预算赤字占政府支出的比重将从70%下降至30%。尽管这一比例在10月份下降到了50%，但在11月份又重新上升到75%。9月份的赤字是1.38亿金圆，11月份是5.03亿。10月份上海突然爆发了一次抢购潮，使得物价冲破了固定上限。零售商不再按官方价格出售商品，而是囤起来，甚至饭馆也关门歇业。在内地，那些对中央政府的指示要么置若罔闻要么推三阻四的地方官员，正好以上海物价上涨为借口，拒不执行所有监管措施。到10月底，通胀再度抬头，政府别无选择，只得放弃价格管制。因为发钞支持军费开支，流通中的金圆券数量到10月底时已经接近规定上限的8倍。如此一来，币值稳定的两个主要保障——稳定价格和工资，以及控制发钞量都不存在了。

币制改革时即有一个观点，认为政府不应该拿着声誉去赌币制改革的成功，而应通过发行更大面额的纸币继续流通旧钞。不过有趣的是，如果政府能够阻止货币供应的进一步大幅度扩张，它就可以允许金圆券自由兑换成金条，对货币的信心可能已经恢复了。就在币制改革之前，流通中法币的真实价值已经大幅下跌，中央银行的黄金和白银储备完全可以支持新发行的纸币价值。1937年6月，流通中的纸币总量是14.1亿法币，到1948年6月，按官方汇率计算，货币供应总量的真实价值已经缩水到3.14亿美元。而同期中央银行持有的外汇储备规模接近1.3亿美元。另外，根据货币改革法令交到中央银行的外汇、黄金和白银总值1.7亿美元。因此，中央银行对金圆券有十足储备，实际操作中是能够做到可兑换的。

美国经济援助：1948 年

中国 1947 年底的政治经济形势引起了华盛顿的密切关注，美国国务院宣布考虑向国会提交一份“中国经济援助计划”。美国政府重申，如果中国想从外国援助中充分获益，就必须采取全面的经济稳定措施，同时指出这样做将极大提高美国国会批准美国经济援助中国的可能性。中国政府基于美国的建议在 1948 年 1 月公布了十项改革方案。有两项关键措施是减少政府开支和改善税收体系，而就在 6 个月前，中央银行建议这两项措施时却被财政部以“不可行”为由拒绝了。恰恰在这个时候，通胀加速、内战形势也恶化了。政府讨论了重组军队和公职人员的计划，但不愿意让前线的军人复员，因为担心他们复员后会加入共产党。鉴于声望已经严重受损，政府也没有冒政治风险去大幅缩减公职人员队伍。因此，作为美国援助条件的改革方案并没有付诸实施。

美国国会于 1948 年 1 月通过了《援华法案》，同意援助中国 2.75 亿美元，用于购买棉花、石油、粮食、建筑物资和其他商品，同时提供 1.25 亿美元的军事援助，在 12 个月内到位。国内许多观察家对援助的规模很失望，他们认为鉴于中国的战略意义，援助的数额应该更大。关于这一观点，应该注意到，对华经济援助的规模，是基于中国工业需要的原材料、交通体系向内地转运物资的运力以及中国国际收支赤字的大体规模这些数据做出的。对于运抵更多的物资到中国是否能根本改变国民党军队在北方的困局是值得怀疑的，因为没有足够的运力来转运收到的物资。美国的援助对中国起到了立竿见影的作用，因为一些主要城市的基础物资供应如棉花、燃料和食物增加了，一些重要行业也得以维持既有的就业水平。但美国的援助并没有遏制住通胀势头。

货币体系崩溃

在1948年10月底放弃限价时，通货膨胀再度加速。物价在一周之内上涨了11倍，这是中国此前从没有经历过的上涨速度。东北和华北的军事形势正在恶化，政府的声誉跌至新低。政府手中只有200万盎司[①]黄金、2 500万盎司的白银和价值7 600万美元的外汇可以用于对抗通胀。政府内部讨论因此集中在如何最好地使用剩下的这点真金白银，因为当局已然放弃了直接或通过强制手段控制通胀的所有希望。11月，政府决定将金圆券贬值80%（相对黄金），并让其同黄金自由兑换。

几天之后，中央银行宣布，在该行存一年期金圆券的储户可以（在到期时）将等值的金圆券兑换成金币，或者，在金币发行之前，可以兑换成银块或银圆。这一措施等于让金圆券进一步贬值了50%，对应的黄金价值只相当于其8月份时的1/10，其目的旨在保护中央银行的黄金库存。然而，因为11月份发行的金圆券为10月份的10

① 1盎司约为28.35克。——编者注

倍以上，即便是如此大幅的贬值也使得中央银行无法保证自由兑换。金圆券的发行持续增加，中央银行面临着金银储备枯竭的威胁。公众很快对央行的兑换安排做出反应，大批有组织的失业工人用金圆券兑换黄金再在公开市场上出售。为制止黄金外流，财政部部长下令所有金圆券兑换申请必须得到官方许可，每人每 3 个月限兑换 1 盎司黄金和 49 个银圆。当 12 月初首次发放兑换申请表格时，约有 6 万人聚集在上海的各国家银行周围争抢，从而引发了一场严重的骚乱，数十人死伤。政府借机临时中止了兑换，并在 12 月底推出了一个新的操作方案。之后，又基于中国银行的海外汇兑汇率（该汇率反映了国内市场的黄金价格）来决定兑换率。简而言之，中央银行随后是按市场价格来出售黄金，同时也放弃了通过完全或部分可兑换来提升货币价值的努力。

为了挽救濒于崩溃的货币市场，财政部孤注一掷地于 1949 年 1 月 27 日推出了一项措施：以 200 万盎司黄金做准备发行两年期的短期债券，按月偿付黄金。债券发行价格由中央银行根据市场美元价格确定。其时，共产党正挥军南下，北平面临威胁，大众已经对国民政府完全失去了信心。到 2 月中旬，政府卖出了约等值于 4 万盎司黄金的债券。尽管这些债券的价格远低于黑市上的黄金价格，但购买者寥寥，发行遂告终止。

2 月的第二周，蒋委员长辞职，黄金被运到了台湾和厦门。代总统李宗仁领导的政府考虑用剩余的白银储备恢复银本位制。2 月 24 日，恢复白银作为价值标准，同时恢复流通 1935 年停用的银圆。新钞发行至少以 50% 的白银储备做保证，政府开支使用银圆。这个最后的权宜之计的弱点在于，按 320 元法币合 1 个银圆的市场价格计算，约 600 亿的流通纸币需要 6 000 万盎司白银的法定准备，而政府实际持有的白银储备只有 2 500 万盎司，向美国提出的白银贷款想法也被拒绝了。与拒绝金圆券的方式相同，公众拒绝使用银圆券，银圆券高峰期的流通总量因此也只有 2 000 多万。在国民政府于 1949 年 10 月撤到广州时，流通中的银圆券约为 2 500 万元，在共产党到达前几乎全部回收了。

其时，上海的批发价格继续疯狂上涨。1949 年 1 月上涨了 3.6 倍，2 月份 7 倍，3 月份 4.5 倍。3 月份涨幅下降是纸币印刷不足造成的。纸币流通速度从前一年 10 月份的 1.6 上升到 2 月份的 17.85（2 月份是纸币有可能实现正常流通的最后一个月份）。在共产党进入上海的 5 月份，美元汇率比 3 月底时升值了近 40 倍，同期的大米价格上涨了 451 倍。

金圆券崩溃的内在因素是 1948 年最后几个月的政治经济不稳定。随后接连采取的措施同样注定要失败，而徒劳的币制变革只是凸显了政府的软弱。在通货膨胀的最后阶段，大众对货币的最终拒绝，不过是对国民政府即将倒台的经济反应。表 4–4 记录了这一过程。

表 4-4 1948 年 8 月 31 日—1949 年 7 月 31 日上海金圆券发行、汇率及批发价格指数

时间		发钞量		汇率（金圆 / 美元）		批发价格指数（上海，1948 年 8 月 =100，加权几何平均）[3]
		金圆券（百万）[1]	折算成法币（万亿）	官方汇率	市场汇率[2]	
1948 年	8 月 19 日	—	604.0	—	—	—
	8 月 31 日	296.8	890.4	4	4	100
	11 月 30 日	3 204.3	9 612.9	28	42	1 365
1949 年	2 月 28 日	59 663.5	178 990.5	2 660	2 980	48 195（4 月 15 日）
	4 月 25 日	2 037 105.7	6 111 317.1	205 000	813 880	112 490
	7 月 31 日	125 124 637.2	375 373 911.6	—	—	—

1 基于中央银行统计数据。

2 金圆券以月底报价代替月度平均报价。

3 来自中央银行经济研究处编制数表。

第五章

中国 1937—1949 年通胀的综合分析

发展中经济体的通胀隐患

货币在发展中经济体中的作用，以中日战争前的中国为例：城乡二分法

货币流动和货币发挥出的作用反映了一国经济发展的阶段。在一些发展中经济体中，非市场部门的存在及经济系统的孤立切割，制约了货币的作用。生产专业化程度较低、分配和运输设施缺乏，可能会严重制约商品和生产要素区域间的流动。在这种情况下，货币只在相对有限的区域内促进交易，市场往往是高度本地化的。中国处于这个阶段时，正值抗日战争前夜，高度本地化市场的繁荣并没有影响更大的周边市场，更没有影响全国市场，这是当时中国的特点。现代运输方式无法企及的边远地区，商品的供应、需求和价

格状况通常是千差万别。比如，在相距几英里的市场上，粮食供应有过剩有不足，而由此产生的价格差异很少能通过商品流动来填平。[①]

战前的中国经济大致可以视为二元结构，城市部门通过引进西方技术和投资提升了生产专业化，农村则是众多地方化的自给自足式小微经济组织，几乎没有区域性的专业化。到1937年，因为内地一些地区将农产品商品化，这种情况才稍有改变。但总体上，基本的二元经济结构仍在持续。农业生产主要面向城区需求的商业化区域，也只不过是城市部门本身的副产品和外延。因此，组织生产以满足现代工业需求及与其相关消费模式的区域 / 领域，构成了城市经济或现代经济部门。地理上，这类经济部门位于或靠近沿海港口城市。相反，农村部门的生产主要是为满足家庭消费式的小型本地化市场需求。这类经济活动围绕农业生产展开，落后的技术不允许区域或经济单位实现大规模的专业化生产。因为相对于土地和资本供给而言，劳动力非常丰富，未在农业生产中充分就业的劳动力就从事手工制造业，满足家庭或当地需求。

鉴于这种二元结构的经济活动，货币在两个经济部门间发挥着完全不同的作用。这些部门之间相互依存度不高，因此两者之间的实物和货币流动量都很低。在城市里，投入产出关系主要决定于部门本身和对外贸易。长期就业于城市的工薪阶层是主要的工作群体；原材料要么进口，要么是自附近的商业化农业区域购买；几乎所有

---

① 张培刚，*Agriculture and Industrialization*（《农业和工业化》），麻省理工，剑桥，1949，198~199页。——作者原注

的资本品都来自进口。金融资源也主要来自城市部门本身或来自海外。外资占了现代工业资本存量的2/3；中国的实业家主要依靠商业和工业利润支持企业发展，但也会从中国新式银行获得一些帮助，这些银行的活动也集中在城市。尽管有一小部分的银行资金用于工业投资，甚至为工业提供营运资金，但大多数资金都被用在大城市中心区（特别是上海）的商业和投机活动上。因此没有太多银行资金进入农村部门。

农村部门的经济活动主要也是满足部门内部的需求，其生产、分配和交换实际上也都集中于狭小的内部市场。生产是为满足当地对粮食和本地产品等必需品的要求。除自耕农以外，农业上的收入主要归这个部门中的高收入群体所有，多是向地主或乡绅支付地租、归还借款。农业生产工具及所有的消费品均来自当地，这些产品和物资的交易区域取决于这一部门中间商的收入。即便这些商品流出本地市场，也主要是进入附近市场，因为远距离运输的成本太高。对华南地区所产大米外运情况的研究表明，很少进入中心大城市。交通和分销渠道不足以大批量地运输粮食。①

货币在发展中经济体中的作用：相互依存及部门间关系

尽管两个基本经济部门之间的相互依存关系越来越强，但其发

---

① 张培刚、张之毅，*The Grain Market in Chekiang Province*（《浙江省食粮之运销》），上海，1940年；张培刚，*Food Economy in Kwangsi Province*（《广西粮食问题》），上海，1938年。——作者原注

展过程却面临长期的障碍。总的来说，城市部门的需求所产生的拉动作用不足以产生大规模的货币或实物要素流动。交通运输及市场渠道发展滞后，使得这种拉动力量无法将经济上的相互依存变为可能。另一方面，现代的城市部门可以利用外国市场渠道和海外经济机会，且有着位于沿海港口的海运便利。由于这些优势并没有延伸到城市之外，因此城市部门需要的大部分原材料，甚至消费品都是通过本部门的生产或外贸来满足。在供给一侧，因为土地上的人口压力及技术落后等原因，农村部门的农产品结余并不多。即便有结余，要出售到城市部门也受制于交通运输和市场成本（这些成本要高于来自国外的同类商品价格）以及其他障碍。农村地区对来自城市部门的工业品需求极少，因为农村部门的人均货币收入低，而这一形势又因为收入分配的极度不平均而恶化。因此，需求因素也往往限制工业品自城市部门流出。

在这种情况下，部门间的货币和实物流动的影响不大。部门间的主要往来是城市购买农产品再出口或用作城市部门的原材料。但即便是这一流动，也有赖于外国企业建立的市场组织，而这些组织并没有深入中国内地。[①] 市场组织从自身结构上阻碍了要素流动变成农村的收入。每一种出口产品通常有一个主要的市场通路，该通路一般能够利用其买方垄断地位以低价收购农业出口品。而且，购买价中的大头又留到了中间供应商的手里，后者是传统的农村部门贸

① 张培刚, *Agriculture and Industrialization*，麻省理工，剑桥，1949，197~199 页。R. H. 托尼（编著），*Agrarian China*（《中国农业》），芝加哥，芝加哥大学出版社，1938，171~175、179~183 页。——作者原注

易商。这些群体积累了货币财富，又以银行储蓄的形式再度回流到城市部门，从而减少了货币以收入分配的形式在部门间的有效流动。这一过程在1935年之前的几年里加速了，因为国际高银价导致白银流出了农村部门。高收入群体得以储蓄并将货币转移到城市部门，而低收入群体则几乎将其所有的货币收入用于消费。

1927—1937年间，国民政府财政未能引导部门间的货币流动。各省征收农业税，而中央政府的税收体系则基于城市部门经济，从外贸和工业品生产中获得收入。

整体观察战前中国的农业部门，这种流动在量级上显然是微不足道的，而且仅限于沿海附近的城市区域，中国大部分地区并没有出口农产品。

发展中经济体的通胀压力

如果既有经济产出中出现了新需求，那就会导致通货膨胀。这些需求可能缘于政府支出增加，也可能来自投资或消费支出。价格面临的通胀压力是不可避免的，除非支出被下列某一因素或所有这些因素的组合所抵消：减少其他开支项；增加税收或储蓄；按现价计算加上乘数效应，增加的产出足以满足新开支的购买力。因此，通胀压力问题实质上是总需求相对于总供给扩大的问题。

不同经济体对通胀的反应是不同的。控制通胀的效果同样也因为经济结构、基本经济倾向、制度安排和统制部门的权力这些因素而千差万别。在欠发达经济体中，各具体部门间没有通过大量的资金和实物要素流通紧密联系起来，其对通胀压力产生的反应就可能不一样。

与发达经济体相比，发展中经济体的三大支出部门之一（消费者、投资者或政府）如自主增加开支，在通胀压力释放的那些部门中产生的价格反应要更快且更剧烈。这是有原因的。首先，边际消费倾向和平均消费倾向往往更高，新的支出将主要反映为对消费品的需求增加。其次，因为经济被分割成自我封闭的部门，供给对总需求增加的反应要比发达经济体缺乏弹性。低效和寡头式的市场结构使得供给僵化。部门分割及部门之间货币和商品的低水平流动，往往把通货膨胀压力的冲击局限于其起源的部门。因此，通常出现在城市经济部门的政府支出增长，主要是在城市中产生影响，因为支出可以转移到其他部门的渠道是有限的。总需求增长的转化，即便是有，也往往是严重滞后且效果不彰。出于同样的原因，供给反应多发生在城市部门，对外汇的影响非常显著。增加的进口供给可能暂时应付新的支出，但持续增加的新支出最终将导致国际收支失衡，从而降低进口能力。出口商品要经由经济中的城市部门，因此会受到该部门成本的明显影响。除非不断调整汇率，价格和成本的上升将导致出口收益下跌。但如果通胀压力很大，即便调整汇率也无济于事。这的确限制了经济赚取外汇的能力，无法满足急剧扩大的进口对外汇的需求。

发展中经济体控制通货膨胀的效果常常难如人意。首先，税收体系的管理受制于经济碎片化，要通过大幅增加税收来尽可能满足新开支是极其困难的。另外，税收通常是间接的，政府收入对于居民收入增加的反应要比发达经济体迟缓。同样出于管理上的原因，直接统制价格和工资相对无效。除了政府在辽阔的疆域内执行这种控制政策的权力问题（在发展中经济体这是极其令人怀疑的）之外，统制的成功很大程度上取决于能否以某种形式锁定新支出产生的额外收入。只有有效实现这一目标，统制措施才可以说是成功的。具体手段可以是：禁止私人消费者购买某类消耗品，号召他们购买政府证券收集闲散资金，或者引导他们把额外收入花在官方认为对通胀影响不大的商品上。[①] 如果统制措施在这几个方面都没有成功，即可被视为无效。政策失效接着可能表现为商品黑市兴起、政府无法抵制物价上限向着黑市水平提高的压力，抑或政府给予特殊群体的利益发生歧视性变化。[②]

但如果政府能够维持限价，无论时间长短，效果将大为不同。如果政府能够将节余的收入吸引到政府债券上，或至少进入储蓄账户，那就真是求之不得的成功了。第一种情况下，政府不需要从银行借款来维系其更高的支出；第二种情况下，政府可以从银行借贷，而不需要新增货币发行。如果统制措施导致消费者个人仅以现金或活期存款的形式处理闲置资金，那么政府要维持其新的开支水平，就必须自银行借款且增加货币供应。[③] 这一过程导致流动性持续增

---

① 威廉·费尔纳，*A Treatise on War Inflation*（*1942*）《战争通货膨胀论（1942）》，17 页。——作者原注

② 同上，17 页。——作者原注

③ 此处的“货币供应”不是现代银行理论上的“货币供应量”概念，而是指印发现钞。

加并形成了一股游资力量，统制力度稍显不足，后者就会冲击市场。在行政能力相当薄弱的情况下，这些流动性的增长即可视为直接统制的完败。

在发展中经济体，控制通胀充其量仍只是引导以现金方式留存节余的收入。通常很少有将现金或存款换成债券的；公开发售政府公债也鲜有成功。储蓄的形式一般是有形资产、贵重物品，至少是现钞。这一优先顺序可能带来的结果是，公众想方设法将需求从被统制货物转向可作为价值储藏的商品。如果由于供应限制或全面的消费控制而做不到这一点，那么储蓄就可能会以现金或准现金的形式保存，目的在于未来可以尽早变为商品。当放松控制时，比如紧急状态结束，或者供给受限期间开辟了新的供给渠道时，这会造成特别严重的后果。在中国，后一种情况就在进口于封锁之后恢复时出现了。

通胀缺口

一国经济发生通胀的可能性主要取决于与统制成功相关的通货膨胀压力的大小。问题在于，这两者并不是独立的变量，统制是否成功本身就取决于通货膨胀压力的大小——一个通常被定义为“通货膨胀缺口”[①]的变量。如果缺口相对较小，政府（即便是发展中经济体的政府）可以通过出售债券的方式来吸纳多余的可支配收入。

① 通货膨胀缺口可以定义为，可支配收入或可用于消费的货币超出原价或计划价格基础上的商品和服务供给。——作者原注

但随着缺口扩大，消费者不仅不愿意将可支配收入买成债券，而且可能更努力地将闲置资金变成囤积物资。

这些都表明，发展中经济体的通胀隐患要远远大于发达经济体的通胀隐患。换句话说，在一个落后经济体中，通胀缺口占到国民收入的 10% 就可能导致通胀螺旋，而同样的缺口在发达经济体中却可能通过增加产出、提高税收和直接的统制而解决。

如果统制、税收或储蓄没有解决通胀缺口，那物价的上涨压力就出现了。我们这里的讨论做两个假设，一是这些政策没有抵消政府新增加的国防开支的影响；二是在落后经济体中，释放的压力将不受约束地增加可支配收入。

如果经济是像 1949 年之前的中国那样明显的二元结构，那么政府新增支出将主要影响城市经济领域，因为增加的军需支出（粮食给养、军服和武器）会首先消耗城市部门的库存。反过来，这些支出中的大部分又外溢到外贸部门，因为国内无法供给武器和其他的工业产品。如果支出导致军事力量扩张，而军队的消费水平又高于普通市民的话，那么对基本必需品的需求就会增加，这在发展中国家是常态。这些必需品的供应很可能要满足城市主要市场上的大量购买需求，这将导致这些市场的短缺，因为政府的需求导致库存下降。通过提高来自农村的粮食及城市部门国产必需品的购买价格，贸易商会来努力补充库存。同样，政府对进口物资的需求将传导到海外供应商那里。鉴于国内市场渠道和农业生产自身反应迟缓，传导到农村部门的新购买力不会太大。但传导到海外市场的可能会很大，从而导致对外汇需求的大幅增加。

在这种情况下，政府提高支出将最先导致城市部门的收入几乎同比例扩张。结果，可支配收入将超过按预期价格提供的商品和服务总价值。这样一来，可支配收入与所提供的商品、服务（按供应商最初准备接受的价格）价值之间便出现了差异缺口。这一缺口可以通过下列一种或几种调整（组合）来解决：

> 部分或全部商品可能按原定价格销售，这样一来，最初的供给无法满足新的有效需求。这种情况下，部分有可支配收入的消费者将被迫储蓄。
>
> 商家可能根据需求的提高相应提高其商品售价。这一群体将因此获得暴利，因为他们受益于商品原定售价同实际售价之间的差额。
>
> 商家可能比原计划出售更多的商品，方式是消耗原本用于补充下一个经济周期的库存。在没有新的政府开支的情况下，这会提高消费总量并缓和价格涨幅。
>
> 消费者如果发现价格涨幅远远超过最初的预期，他们可能花费更少的可支配收入。这一将导致更高的自愿储蓄率的选择，很大程度上取决于消费者对未来价格走势、供给情况及时间偏好等的预期。

这些反应能否在给定的环境中实现某种特定组合，主要取决于对未来收入增长、商品供给及价格上涨等因素的预期。如果通胀过程还可能持续，消费者将无视价格、尽快花钱，而生产者则倾向于留住商品库存待价而沽。中国现代财政政策的特点是，屡屡利用赤字来解决紧急状况，在这样的传统背景下，我们也会看到，在政府支出随抗战爆发而扩张的情况下，这些调整组合的结果将是恶性通胀。总的来说，因为中国经济在 1937 年中期的通胀压力非常大，在扩大货币供应和总需求方面应极其谨慎。政治因素强化了这一判断的经济基础，正是政治因素影响了供给能力，并进一步引导了消费者和生产者的通胀预期。

中国的通胀情况

上述分析在解释通胀压力对中国的影响及不同条件下的经济反应方面，提供了一些重要视角。我们描述的发展中经济体中抽象的通货膨胀模型现在可以应用于 1937—1949 年间的中国实际情况。很明显，我们描述的至少是两种，也许是三种截然不同的情况。

第一种情况：战争初期的通胀，1937—1939 年

从淞沪会战（1937 年 8 月 13 日）到国民党军队自主要的贸易港汉口沿长江内撤（1938 年 10 月）这段时间里，政府增加的支出主要用在了军队给养、制造武器的原材料及部队运输方面。这些支出多发生在大城市或进口品上，交通运输支出则遍及各地。银行贷款给企业用于支持企业自沿海迁往内地，在数额上并不大；大部分资金实际上是用作了交通费，而并没有增加库存——部分原因在于交

通运输不确定性大，成本高。

在此期间，通胀压力主要是在经济中的城市部门，影响也限于城市，尤其是沿海地区的城市，而且通胀压力相对温和，可以通过简单易行但代价不菲的经济政策来缓解。

政府意识到，货币的对外价值很大程度上影响着城市部门对通胀压力的反应。因此，在战争初期，政府通过不断向上海市场注入外汇来维持汇率。这一举措降低了国内货币供应量的增长速度，增强了大众对货币的信心，缓解了通胀压力。更重要的是，通过增加国内市场的商品供给，通胀压力竟得到了部分抵消。当然，这样做的结果是大量外汇流失，成本不菲。

但通胀压力还是在加剧。政府赤字在1937年下半年上升了42%，在1938年上半年和下半年又分别上升了58%、30%。到1938年底，现钞发行数量超出了1937年7月份时的65%，整个后方同期的批发价格指数则上升了55%。

除了向市场大量注入外汇之外，（此间）将严重的通胀隐患控制在相对温和范围内的有利因素还有：通胀抬头的时间还不长；政府在赤字融资对经济的综合影响显现出来之前便撤离了沿海大城市。根据前述的模型，可能造成的影响也相对温和。

政府接着从汉口迁到了重庆。重庆处于“代表现代经济部门的城市”同“现代工业、交通设施尚未触及的农村”的结合地带。迁都最初似乎抑制了通货膨胀的发展。基于上述理论分析，就此期间的通胀过程而言，迁都的影响可以概括为几点：第一个影响是，政府和主要的消费群体离必需品的供应——位于种植和生产它们的农村地区——更近了。几个因素综合在一起，使得迁都在控制通胀方面取得了阶段性的成功。

首先，后方的心脏迁到了富饶的农业地区。比如，战时首都所在地四川的大米产量占全国产量的 13%，邻省湖南占 15%。

其次，后方大米主产区的农业产出（尤其是四川）在抗战初期获得了大丰收。而且，因为战争导致的省间贸易困难，当地的余粮无法外运。这使得 1937 年 12 月份重庆的粮食价格实际上低于战前水平，比 1938 年 6 月低 13%。战时初期，粮食价格的下跌对稳定总体物价水平发挥了巨大作用。

再次，这一位于农业经济区的特殊区域的交通状况有所改善。新建的湘桂铁路、滇缅公路，以及四川和湖南间、贵州和云南间的公路网，方便了后方同香港、印度支那和缅甸之间的物资运输。这样至少还可以进口一点外国商品，从而缓解一些重要物资极度紧缺的局面。

最后，战争的紧急状态将许多商品吸引到了这一区域，从物资的区域间流向的角度，这一趋势独特且不合常理。这些商品集中于一地的目的在于等待高价。从时间和数量上，它们满足了蜂拥至本地的数百万难民的需求。如果不是这些额外的供应，在新工厂建成之前即涌进来的难民带来的需求增加将超过供给存量，价格水平会被急剧推高。

基于理论分析，（迁都的）第二个影响是，新增的收入主要是在消费倾向相对较低的群体间分配，原因在于，对他们来说，很多商品供给被暂时切断了，而如果他们还留在有进口消费品的沿海城市地区的话，他们会对这些商品有需求。

相对低的消费倾向，部分缘于战乱带来的不安全感，部分出于真正的爱国动机。新的战时指挥中心远离对汇率敏感的沿海城市（或这种敏感度越来越低），无疑对消费有一定的抑制作用。因此大部分的新增收入有着很强的留存倾向，有利于控制通胀。但留存闲置资金是通胀隐患，到后来释放出来时就成了后方的通胀加速器。

尽管有这些稳定因素，但这个新的经济区域内的货币供应却飞速增长。1939 年的政府赤字为 1938 年的 124%，而现钞发行则在前一年已经增长了 48% 的基础上又上升了 86%。整个后方的物价指数在 1939 年上升了 67%。

第二种情况：抗战期间的通货膨胀，1940—1945 年

随着时间的推移，货币供应和收入持续增长，迁都到农村地区的最初优势消失了，通胀越发严重。而且，后方涌现出了一些新城市，这些城市处于发展初期且相对孤立，抗通胀的能力极弱。

1939 年底的四川农业歉收，催生了恶性通胀的爆发。恰如沿海地区的货币内在价值通常以汇率来测算，农业部门的货币价值则多以米价来衡量。米价的突然上涨，使得通胀压力爆发性地释放。政府无视了这一点，再加上希望进一步加强军事力量的想法刺激，为扩张军备、提高生产水平、改善交通，便持续投入新货币，增加信贷投放，其间却并没有采取措施抵消货币投放和新收入增加的影响。政府、企业和消费者个人均要求越来越多的商品和服务，而日军加

紧封锁、农村地区工业基础的先天薄弱以及人们对日益紧缺的商品的期待等因素则限制了几乎所有商品的有效供给。由于农村地区分布零散、市场间缺乏商品流通，因此任何商品的供求往往都在向新发展起来的城市区域集中。买方持有货币等待需求被满足，而这些资金却成了投机活动的工具。这样一来，对商品的投机需求就叠加到真实的商品、服务需求上，加剧了通胀压力。以上通货膨胀模型的正确性逐月得到验证。新兴城市部门创造了新的收入，并很快成为这个部门对商品和服务的有效需求。有趣的是，对通胀形势的反应差别很大——内地各个城市的价格并不是同步上涨的。

农村经济部门的供给对总需求的增加缺乏弹性。当地缺少工业，传统的自给自足使得商品流通没有先例，以及城市、农村部门的分割且缺少互通，这些因素共同造成了这种结果。价格对本地化开支的反应非常剧烈。一个典型的例子发生在战时的云南昆明。在国民政府迁入内地之前，昆明人口很少，没有驻军，居民的平均消费水平不高。当政府（造成需求急剧增加）的建筑工人进入该地修建滇缅公路和昆渝铁路并新建工厂时，因为昆明同外界物资往来少，即便居民的收入稍有增加，也让这个城市难以应付。从那时开始，战时昆明的物价指数一直领先于所有其他城市。1942 年上半年，当地的批发物价指数是重庆的 3 倍，在 1945 年时仍然是重庆的 2 倍。

在大部分公共和私人支出增加的城市里，供给对总需求增长的反应更具弹性。本地生产的扩张和外部商品流入的增加支持了供给，价格对支出加速的最初反应相对温和。在这一方面，重庆的经历就是个例子。尽管其作为战时首都，政府组织众多，开支庞大，但其价格指数始终低于昆明（虽然重庆的水平高于其他城市）。重庆新建了不少工业，而来自许多其他城市的供给可以水运至重庆。

那些因交通不便而与外界隔绝的城市，公共和私人开支增幅不大。还有一些城市，尽管没有陷入隔绝状态且具备了交通条件，却缺少衍生投机的市场机构。这两类城市对通胀压力的反应都不敏感。甘肃兰州属于前一种情况，其价格指数在后方中一直是最低的。

虽然对通货膨胀的反应因城市而异，但新兴城市价格的普遍上涨表明，政府无法通过财政政策、抗通胀借贷及最终的价格和工资控制等措施来抑制通货膨胀压力。这一时期的历史证明了这一点。所有这些努力均着眼于内地的新兴城市部门。即使是在极其有限的范围内，政府的反通胀措施也是失败的，因为相对于政府执行统制措施的能力，通胀压力的力度更大。

第三种情况：战后时期的通货膨胀

本章第一部分的分析最符合战后中国的情况。战后不久，政府还都南京，并将沿海经济更发达的城市部门作为其政权基础。以往就偏好沿海和城市的政府官员们喜欢回到更现代、更富裕的沿海城市，放弃了战时在内地新发展的城市部门，也放弃了丰富的农村资源，这些区域在他们眼里好像一文不值。这部分原因是共产党成功挫败了国民政府恢复南北交通的努力，融合南北两地经济的努力也因此失败了。

随着局势的发展，城市几乎一度变成了自给自足状态，只能指望国际市场。甚至是原材料和粮食都主要来自海外而不是中国国内。在这种情况下，政府启动了一项释放通胀压力的措施，但最初几乎没有考虑抑制通胀压力对价格水平的影响。在经济碎片化的情况下，这些通胀压力几乎完全释放在沿海、城市部门，这反过来又给国际收支造成了很大的负面影响，因为外贸已经成为城市部门得以增加供给的主要渠道。最终的结果是，沿海地区的价格波动与国外商品的供应和外汇的多寡息息相关。

随着时间的推移，城市和农村这两个主要部门间的通胀反应越发乖离。沿海城市市场的高物价同内地低物价之间的鲜明对比即是写照。参见 1947 年 9 月（国民政府最后一次发布的主要城市批发物价指数）的物价指数（表 5–1）。

表 5–1　1947 年 9 月的批发物价指数[1]

（1937 年 1~6 月＝100）

沿海城市	指数	内地城市	指数
上海	4 635 700	重庆	2 590 240
天津	4 574 905	长沙	3 481 400
青岛	6 304 000	兰州	3 636 300
广州	4 169 327	昆明	2 444 775
福州	4 529 710	贵阳	1 564 323

1　基于国民政府主计处编制统计数据。

就反通胀措施而言，除非对全国经济进行统合或无限制地供应外汇从而改善供给，否则就意味着那些大张旗鼓的价格控制措施注定要失败。因为统合全国经济几乎是无所作为，此间的反通胀措施主要就是一个外贸和外汇统制问题。

粮食的例子证明，经济统合可以改善商品供应形势。太平洋战争期间，敌占区和后方在粮食供应上完全是自给自足，均没有进口粮食。而战后国内生产却做不到这一点，这是没有理由的。政府只需要通过改善交通状况让农村地区将粮食运输到缺粮地区，再给予市场便利，问题就可以解决。政府没有直接采取改善供给的措施，而是给上海的米商发放了巨额贷款，自内地购买大米。这一措施非但没有促进经济的一体化整合，反而给米商提供了投机资金——这实际上是鼓励大米价格上涨，而不是遏制涨势。

与此同时，政府开支导致现钞发行快速增加，通胀压力持续上升。政府开支期间的影响见表 5–2。

表 5–2　战后通胀压力中的政府影响

时间	政府支出增长	赤字增长	纸币发行增长
1946	3.2 倍	4.2 倍	3.6 倍
1947	5.7 倍	6.2 倍	8.9 倍
1948[1]	30.0 倍	30.0 倍	22.4 倍

1　1948 年支出和赤字增长率基于当年上半年发布数据。

政府也没有考虑到战时积累的购买力压力。如今这一压力开始在沿海地区爆发出威力，公众原以为当地的供应会很充足。因此，供求关系早已经严重失衡，新钞只能导致本章第一部分里讨论的最严重的通胀情况。在价格将继续上涨的预期影响下，市场上越来越难见到商品，消费者则越来越不愿意存储货币。这两项因素加快了货币流通速度。长年战时需求消耗掉的库存，商家几乎没有机会去补足；而价格走势让卖方更不愿意把少得可怜的库存拿出来销售。所有这些现象先是出现在几个大城市，随之波及所有城市。通胀压力最终蔓延至所有农村地区，但因各地具体的供求状况而影响程度不同。偏远地区的农民意识到，货币的贬值不可避免了，囤积农产品或用以交换其他消费品更合算。这样一来，城市部门便受制于一个新的双重压力：来自农业商业化地区的粮食和其他农产品日渐减少，而对消费品的需求却日渐增加。粮食短缺导致物价和工资上涨，轻工业原材料的不足造成该行业消费品价格上涨。

因为未能通过影响国内经济走势的措施来控制物价，政府至此不得不依靠进口粮食和原材料来平抑物价。政府试图以不切实际的低汇率或者限价来配售这些物资。1946 年之后对棉花进口及 1947、1948 年间统制大米进口，是个极其鲜明的例子。进口粮食主要是用于满足上海、天津、北京、南京和广州这五个沿海城市约 1 100 万人口的需求，而进口棉花则供给了沿海城市部门 80% 的棉纺业。

低价的进口粮食和棉花一定程度上缓解了城市部门的供应短缺，同时也抑制了国产同类商品的价格。这使得农民更倾向于囤积农产品，甚至在沿海农业地区也是如此，如此一来，城市部门的供给问题进一步恶化。而且，不断的入超耗尽了中国日益下降的外汇储备，最终不得不削减国内工业需要的原材料和资本品进口。结果是国内工业生产无法恢复到战前的水平。

在这种情况下，城市中的投入产出关系就解体了，城乡之间的货物流动也处于停滞状态。国民党政权所依赖的经济，被挤压在货币扩张和工农业产出萎缩两者的夹缝中。

基于以上的回顾，我们可以得出结论，政府一方面高估了城市部门吸纳新增货币供应的能力，一方面又低估了农村地区对维持国民党政权的力量和贡献。正如我们看到的，通胀压力不可能自城市顺利转移到农村并在农村化解；相反，通胀压力在城乡之间平添了新的经济交流壁垒。

政府原本希望以城市经济作为战后政权基础，而城市在通胀风暴面前却危若沙堡。与此同时，农村则越来越向古老的自我封闭的物物交换经济状态回归。

第二部分

2

总需求的增长

1937年抗日战争爆发后，中国政府并没有就战争开支问题制定出合理的政策。政府也没有通过削减其他开支来抵消军费的增长；虽然管辖区域缩小导致既有税源下降，但政府却并没有在后方建立合理的税收体系以减少日军占领工业城市造成的税收损失；战前的过度发行严重破坏了政府债券的信誉。

从1937年到1941年，中央政府的开支总额上升到1937年时的5倍，收入则是1.6倍，赤字为6.83倍。这一趋势在1941—1944年间有短时逆转，主要是因为政府在田赋征实之外又实施了粮食征借和鼓励储蓄等措施。1944年的政府收入是1941年的29.38倍，相应的支出是17.17倍，而赤字则是15.32倍[①]。

不幸的是，抗日战争结束后，政府不仅未能平衡预算，甚至进一步扩大开支，导致赤字继续增加。1945年第四季度，政府开支突然跳升至第三季度的15.47倍。自1946年开始，通胀压力使得政府开支继续增加，而这反过来又加剧了通胀压力。1946年的政府开支比上一年上升了261%[②]，1947年同比又上升了473%。1946年的收入

---

① 原文为153.23倍，应为作者笔误。

② 根据书中相关表格中的开支余额测算，该比例应为223%。

增长幅度是131%，1947年则是388%。由此导致的财政赤字占总支出比例由1946年的62%上升到1947年的67%。几乎所有的赤字均依靠银行垫款来解决。

抗战爆发后，对商品和服务的总需求随着货币供应的爆炸式增长而疯涨。需求的增长给物价造成了强大的通胀压力，而政府开支严重依赖银行借贷、内地省份原始状态的经济无法快速提供产品和服务，更是加剧了这种局势。

随着战争的继续，面对不断上涨的价格，工商业者非但越来越不愿意销售他们的商品，而且努力将现金换成实物。手持现金的人也开始参与商品投机，收到实物地租的地主也手握粮食持观望状态。这样一来，政府赤字导致的每一轮价格上涨均创造了更多的货币收入，同时也造成了市场上商品和服务供给的进一步减少。因此，即便要维持一个相对低水平的实际支出，政府也不得不加大开支比例。这使得政府开支本身成为通胀的主要内在动力。政府的财政政策对总需求进而对通胀的影响，将在下面三个章节（战前政府财政、战时财政及战后财政）里讨论。

第六章

战前政府财政

战前财政的缺点

中国战时财政金融危机的根源可以溯及战前的公共财政结构。如果要实施赤字财政，那战时军费开支就不可避免地增加了货币供应。考虑到军事需求，战时财政的对偶问题是，要避免货币相对民用商品和服务产出的过量供应，同时均等分配战争财政负担。虽然合理的财政政策本身并不能解决这两个问题，但却可以发挥关键作用。在不破坏经济稳定的前提下，为战争成功融资的必要条件是合理的支出模式、公平的税收制度和公债式融资上的便利。不幸的是，中国战前的财政金融结构中不具备这些元素，而后也没有出现。具体来说，政府财政的不足表现在三个不同但相关的领域：战前政府开支模式、对间接税的依赖，以及国内公债市场管理不善。

自 1911 年共和制建立到 1937 年抗日战争爆发，中国中央政府的财政每年都是赤字状态。1927 年之前，连年内战将政府财政搞得一团糟，政府预算也因中央政府合法收入被地方军阀截流根本无法制定。国民党于 1927 年执政后，中央政府试图实行税收直接集中收缴。但在抗战全面爆发前的 10 年间，政府支出的增幅远远快于收入增幅。比如，在 1928 年至 1935 年间，政府财政收入增长了 103%，而同期支出增长了 156%，赤字则增长了 379%。见表 6–1。

表 6–1　中央政府收入和支出[1]

（单位：百万法币）

时间	收入	支出	赤字	赤字财政[2]	
				公债和国库券销售	银行垫款
1928—1929	332	412	80	69	11
1929—1930	438	539	101	91	10
1930—1931	497	714	217	193	24
1931—1932	553	683	130	125	5
1932—1933	559	645	86	26	60
1933—1934	622	769	147	88[3]	59
1934—1935	745	941	196	196	0
1935—1936	674	1 057	383	54	329

1　贾士毅，*The Financial History of the Republic of China*（《中华民国财政史》）（中文），商务印书馆，1946 年，第 16 页。

2　公债和国库券销售数据很难获得，因为政府公债几乎都不是公开发售，同时，银行垫款以公债做抵押，后者对银行出售时价格又并不一致。

3　含价值 830 万法币的美国对华棉麦贷款。

战前格局

战前时期，因为军费开支和偿债这两项在总开支中的比例过大，政府认为需要进行赤字融资。共和时期的军费开支史也凸显了这一问题。

自 1911 年开始，政府即认识到削减军费开支的必要性，但这一目标从未真正实现过，尽管在接下来的 30 年里军费持续地影响着政府财政乃至经济。1912 年在役军人约 90 万，维持其给养的开支非常庞大，沉重的费用负担引发了裁军至 50 万的共同呼吁。1913 年 2 500 万英镑的“善后大借款”中，有 300 万英镑是计划用于遣散 33 万军人的。但钱又被花在了其他方面，遣散一事再度推迟。

尽管 1919 年南北和谈时有代表报告说，全国军人数量已经上升到 129 万，但一项裁军至 50 万的提议还是被否决了。

1925 年，在北京召开的代表中国各方力量的军事会议上，中央政府代表指出，全国军人数量已经上升到 150 万。这一次，中央政府下令各省军队的规模应根据省级财政的能力来确定，且要按照这个原则进行减员。地方军阀对这一要求置若罔闻，到国民政府于 1927 年秋在南京成立时，全国军队总体规模已经高达 200 万人。

在 1928 年 6 月召开于上海的财政经济会议上，与会的工业界和银行界人士呼吁政府遣散部分军人，将部分军事开支用于经济重建，以及让退役军人到生产性行业就业。他们提出军队数量应该限于 50 个师、约 50 万人。1929 年，中央政府召开了一次全国军队领导人会议，讨论具体裁军措施。会议最终决定军队人数应降至 80 万人（不包括海军和空军)。不幸的是，地方军阀怀疑中央政府的意图，并没有真正执行会议决定。在役军人合计接近200万，军费开支对经济而言一直是一个沉重的负担。1928—1936年的中央政府军费开支见表6–2。

表6–2　中央政府军费开支[1]

时间	金额(百万国币)	占总支出比例(%)
1928—1929	210	48
1929—1930	245	45
1930—1931	312	44
1931—1932	304	45
1932—1933	321	49
1933—1934	373	48
1934—1935	368	34
1935—1936	366	34
平　均	**312**	**43**

1　1928—1935年数据基于前引贾士毅著作第700页内容整理；1935—1936年数据基于李超英著 *The Comparative Financial System*(《比较财政制度》)(中文)附录内容整理。

财政部强调，年度报告中的开支低估了军事上的真实开销。中央政府通过补助和未做记录的税收分配来补贴地方当局的军事开支，而这两项并没有列为军事开支。就在抗战爆发前，中央政府账户列有大量未指定用途的资金，这些资金显然主要用于军事。因此，公开的数据并没有充分反映战前军费开支对财政的压力。

1911 年，中华民国继承了清政府的巨额债务，其中包括：外债计 6.25 亿国币，庚子赔款计 18.7 亿国币，内债计 1 600 万国币。1931 年之前，民国中央政府的大部分开支是通过不断借款来维持的。1912—1926 年，中央政府合计借入外债合 5 亿国币、内债 6.3 亿国币。这些债务中有 2/3 左右由中央政府特定税收担保，所以相关税收收入通常要先行偿还债务。在国民党执政之后，政府借债的力度较之前有过之而无不及。1927—1934 年间，国民政府发售了价值约 19 亿国币的国内公债和国库券，同时举借了约合 1.2 亿国币的外债。到 1934 年，未清偿债务总额约折合 25 亿国币，这还不包括外国铁路借款和无担保借款（合计 2 亿国币）。

自 1911 年共和初创之后，历届政府均以公债或国库券做抵押自银行贷款，待贷款到期时，则按低于票面价格 40%~50% 的市场价格出售担保品以偿还债务。如此大幅的折价使得利息成本几乎提高到名义收益率的两倍，国债负担因此急剧增加。债务支出也变成了政府支出中仅次于军费开支的大项（见表 6–3）。

表 6–3　1928—1936 年中央政府债务支出 [1]

时间	债务支出（百万国币）	占总支出比例（%）
1928—1929	160	37
1929—1930	200	37
1930—1931	290	41
1931—1932	270	40
1932—1933	210	31

（续表）

时间	债务支出（百万国币）	占总支出比例（%）
1933—1934	244	32
1934—1935	356	33
1935—1936	217	20
平　均	**243**	**34**

1　1928—1935 年数据基于前引贾士毅著作第 700 页内容整理；1935—1936 年数据基于前引李超英著作附录内容整理。

1932—1933 年，债务支出占政府支出总额的比重下降到了 31%，原因在于债务整理有效降低了政府未清偿国内债务的利率。但这些费用在接下来的几年里又上升了。

在抗日战争爆发前的 20 年中，平均约 80% 的政府支出用在了军费和债务支出上，剩下的则大部分用于维持日常行政服务，公共事务方面几成无米之炊。战前的赤字融资同样以军费和债务支出为主，政府财政也因此有着强烈的通胀趋势。如果军费开支在和平时期无法控制，那要在战争期间限制其增长就更不可能了，更何况中间还有浪费。另外，战前的开支模式使得政府无法在国家资本形成过程中发挥有效的支持作用。尽管政府领导人一再重申经济重建很重要，尽管也建立了无数社会团体来推行这项工作，但没有钱便一事无成。因此，通过发展经济来提高商品供给潜力并成功抑制通货膨胀的愿望从来就没有实现过。从开支的角度，当时的支出格局使得政府无法通过支持资本积累的方式来促进经济发展。经济产出的长期停滞，同政府合理开支措施所遇到的政治和经济掣肘有很大关系。我们必须认识到，中国经济未能在20世纪上半叶实现增长这一基本经济事实，是导致战时通货膨胀及引发社会革命的重要因素。

间接税

民国建立后不久，就有人提议在中央和地方之间分配税源，以取代以往那种中央政府依靠随意划拨地方收入来维系的制度。但直到国民政府执政前，中央政府权力所及的区域都非常有限，很大一部分法定收入遭地方军阀截留。1928年之后，地方当局插手关税、盐税和统税这三项最重要税收的情况才得以遏制。此举之所以比较顺利，原因包括：关税征收限于沿海港口，盐税在可控的几个产区，大部分支付统税的工业位于上海和其他几个由中央政府控制的沿海城市。这几项税收便利使得政府在陷于财政困境时更加对其予取予求，也让政府疏于设计一项更公平和有效的税收体系。表6–4中的数据表明了关税、盐税和统税在战前税收体系中的重要性。

表6–4　1928—1936年间中央政府主要税收收入[1]

（单位：百万国币）

时间	关税	盐税	统税	征税成本	三税净收入	占总收入比例（%）
1928—1929	179	30	—	10	199①	63
1929—1930	275	122	—	46	351	80

① 此处作者原数据为209，疑为作者笔误。——编者注

（续表）

时间	关税	盐税	统税	征税成本	三税净收入	占总收入比例（%）
1930—1931	313	150	53	63	453	91
1931—1932	370	144	89	80	523	95
1932—1933	325	158	79	55	507	91
1933—1934	352	177	104	68	565	91
1934—1935	353	172	108	61	572	77
1935—1936	272	192	115	61	518	77

1　1928—1935 年数据基于前引贾士毅著作第 699~700 页内容整理；1935—1936 年数据基于前引李超英著作附录内容整理。

对许多进口品（尤其是纺织品、煤油、针和烟草）的关税，对国产棉质服装、面粉和火柴征收的销售税及盐税，都是针对低收入群体日常必需品的税收。因此，战前几种主要税收就税制而言是非常落后的，而它们到了 20 世纪 30 年代居然还在逐年增加，就越发显得不公平了。不少人也曾提出征收直接税的建议，但遇到了政治和经济因素的阻挠。清政府末期曾计划建立一个所得税体系，而民国早在1912年便颁布了一部真正的所得税法①，可惜内战的爆发使得该法未能实施。当中央政府尝试在 1921 年开征所得税时，又因为地方政府和行会的反对而放弃。1930 年，国民政府通过对 1912 年法律文本加以修改，终于出台了一部所得税法。但这部税法因甘末尔顾

① 即《所得税条例》。

问团（受中国政府之邀研究财政改革问题）的反对而再度搁浅。

本质上，所得税制度要求行政体系强干、评估方法可行，同时还需要纳税人一定程度的配合。中国缺少必要的行政机制，而中央、省级和地方政府部门则腐败、低效。正如当时人们普遍认同的那样，在最初运作的几年里，培训和维持一支政府官员队伍的费用将超过税收收入。收入和财产评估方面的技术问题同样艰巨。商业企业采用的会计方法极其原始，大多数国民是文盲。而且，中国人对征税者的诚信没有半点信任，同时担心，如果他们提交了详细真实的个人信息可能会招致政府的骚扰。因此，个人的收入声明是不足信的。因为这些考虑，甘末尔顾问团认为，改进旧税的征收方法比征收新税种更可取。政府因此直到 1936 年才再度考虑所得税的问题，根据当年发布的一项所得税规定[①]，自当年 10 月 1 日起，公职人员的薪给报酬及证券持有者的所得须纳税。征税范围逐渐扩大到涵盖全部主要收入阶层，但随着 1937 年抗战爆发，这一计划又停顿了。

抗战爆发前，全国性征收的直接税就只有古老的田赋。在关税和盐税成为中央政府的重要税源后，田赋于 1928 年划归省政府。因为田赋高低是基于几个世纪前为征租目的而划分的土地肥沃程度确定的，所以田赋相当于所得税。但自清朝以来，土地造册就没有修订过，土地所有权已经发生了无数次的转让变更，土地面积、收成以及税负根本无法明确认定。

与腐败官员勾结的大地主可以利用这种乱局逃税，但对自耕农

① 即《所得税暂行条例》。

和小地主来说，田赋就是一个沉重的负担。1928 年之后，省级政府曾竭力编制新的土地清册，号召所有者主动登记各自的土地规模，但应者寥寥，到抗战爆发时，全国登记的土地量不及一半。据估计，如果根据收成对土地分类、土地清册完成且保持更新，地方政府从土地上获得的收入将提高两倍。但实际情况是，1935 年从土地上获得的税收总额大约只有 1.5 亿法币，还不及中央政府的盐税收入高。

如果政府在日本入侵之前彻底整理了田赋，那将为建立一个全面的直接税制奠定基础；而不管建立必要的行政体系所涉及的初始成本如何，开征所得税都会使政府收入更有保证，且能够编制有价值的统计数据、鼓励商人采用更为健全的会计方法。在没有所得税收入的情况下，当日本侵占东部省份时，政府便因失去了大部分的关税、盐税和统税收入而陷入困境。

政府过于依赖间接税且在推行所得税问题上的迟疑，不仅失去了巨额的潜在收入，而且挫伤了既有纳税人的积极性。虽然公平且有效的虹吸可用资金和暴利的唯一方法是实行累进所得税，但在缺乏有效的行政体系而纳税人经久以来又没有合作习惯的情况下，要在战时有效征收直接税实际上是不可能的。不直接征收所得税意味着，在中国经济中发挥着关键作用且在政府内迁后越发受到倚重的大部分农村地区，并没有给政府收入做出太多贡献。即便是抗战后期实施了田赋征实，情况也没有发生根本性的变化。这一古老的税制并未能以公平合理的方式自农村众多个人和商号手上取得更多收入。

国内公债市场

在国民政府之前，公众对政府发行的所有还本付息债券都不信任，即便对可兑现的银行钞票也是心存疑虑，因此导致后者流通不广。1921 年发行了 1 亿元国币的国内公债，但卖出数量仅为 700 万。1914 年和 1915 年曾分别发行了 2 400 万，都很成功，原因在于年轻的共和制获得的爱国支持，以及政府策略性地邀请外籍海关总税务司担任新成立的国内公债局协理。

但随着政府财政状况恶化，公众对公债的热情迅速消失。后续发行的公债用于清算政府同国家银行间的债务，后者随后在市场上以很大的折扣卖出这些公债。到 1920 年年底时，共发行了十种公债合计达3.15亿，其中7种发行没有明确的收入保证，利息和本金不断拖欠。

整理国内债务越发迫切。政府早在 1921 年便采取了一系列改革措施，并由中国银行实施。外籍海关总税务司被安排继续参与管理国内公债事务，由他和政府及北京银行公会的代表共同管理一个 2 400 万美元的偿债基金，基金的资金则来自海关收益及盐税、酒税和烟草税。一些市场价格已经低得可笑的公债亦同时作废。

这一举措给公债挽回了一些信心，市场价格趋稳。1921—1926 年间又发行了 17 种公债，票面价值 3.1 亿国币，从而使得总发行次数达到 27 次，到 1926 年的未清偿债务余额为 1.86 亿国币。国民政府在于 1927 年巩固了其在上海的地位后，便通过发行按月还本付息的短期债券方式筹措资金。内债管理被委托给了一个新的偿债委员会，海关总税务司亦被上海银行公会及商会代表取代。国民政府发行的第一期公债额度为 3 000 万元国币，30 个月内还本付息，月息 8‰，按低于票面价格 20% 的价格在市场上出售。公众对新政府给予了很大的信任，同时也被公债的高收益所吸引，而银行则通过折价买进再高价卖给公众的方式赚得了不菲的利润。但政府仍把大笔资金用到了军队建设上，而且继续通过不断地发行公债和国库券来弥补后续的赤字，终为债券市场酿成恶果。

除了前几届政府留下的公债余额 1.86 亿国币，国民政府到 1931 年底时发行了至少 25 种公债，面额总计 11.08 亿国币，未清偿余额达 7.53 亿国币。

政府在公债发行上有两个错误代价高昂，即公债期限过短、利率定得太高。1931 年的最后几个月，日军占领东北使得政府失去了大量关税和盐税收入，而同日军在上海闸北的战斗又使得支出大幅增加，政府财政状况因此持续恶化。

到 1931 年底，政府明显无力支付每年约 2 亿元的公债本息，这些公债有国民政府发行的，也有前几届政府发行的。1932 年 1 月初，政府曾试图暂停支付公债本息，但这一极端做法遭到了上海银行界的反对。银行家们最终同意降低利率、延长偿债期限。

政府提出，每月先从海关收入中给内债偿还基金拨款 860 万元，然后再偿还以海关收入担保的外债；同时表态信守还本付息的承诺以维持投资者的信心。从 1932 年 1 月到 1935 年 1 月，政府又发行了 15 种公债，面值共计 9.6 亿元。到 1935 年 1 月时，国内公债余额为 12.8 亿元，政府年公债还本付息额超出了 4 年前预期的上限，达 4 000 万元国币之多。到 1936 年 2 月，政府发现无法免除自身对国内公债的偿还责任，随即宣布对公债进行二次整理，放弃此前的还款安排。政府发行了 14.6 亿元的强制转换和统一公债，替换已有 33 种计 12.8 亿国币的未偿还公债，新公债收入结余则用于支付政府 1936 年的赤字。新发行的统一公债按旧公债的还本付息年限分为 12、15、18、21 及 24 年期 5 种。公债的名义利率下调，同时不再按月还本付息。

1932 年第一次公债整理已经严重打击了公众的信心，年度偿债收益率自 1928 年的 20.6% 上升到了 1932 年的 27.7%。但九一八事变和中日在 20 世纪 30 年代初的交恶打击了国内工业投资，而大萧条和法币对外升值则恶化了这一趋势。可选投资渠道的不足，使得政府债券在市场上很受欢迎，公债价格指数稳步上扬，到 1935 年，平均的年度偿债收益率已经下跌到 15.9%。第二次整理给市场造成了极大冲击，公债价格快速下跌。见表 6–5。

表 6–5　1936 年整理前后公债价格 [1]

关税作抵六厘（年利率）统一公债	报价（单位：法币 / 百元票面值）	
	1936 年 2 月统一公债发售前	1936 年 6 月
12 年期统一公债	76.46	63.80
15 年期统一公债	71.33	61.15
18 年期统一公债	64.26	57.75
21 年期统一公债	61.00	57.60
24 年期统一公债	61.00	57.65

1　数据来自 1936 年 6 月《银行周报》。

大部分公债为银行购买，所以，市场价格的下跌让银行很是被动。据估计，在 1936 年 2 月，28 家大银行持有 4 亿元公债作为投资，另外尚有 2.5 亿元作为其发钞的部分准备，市场价值合计 6.5 亿元。按票面价值计算，也就是说，银行持有的公债数量占公债发行总量的 2/3。市场价格的下跌，降低了银行的偿债能力，同时让其资产质量大打折扣。在这种情况下，政府继续发行公债就很难再获得银行的积极支持。

银行按大折扣买入公债，且主要将其用作发钞准备。这种做法一方面增加了政府的资金成本，提高了偿债支出在预算中的比例；另一方面则既未能培养公众认购公债的习惯，也使得那些无发钞权的银行不会购买公债。更可怕的是，政府在将发债作为获得纸币捷径的同时，却罔顾其信誉因在偿债问题上的出尔反尔而日益恶化的事实。当战争爆发时，战前这种短视政策的弊端就显露无遗。公众对公债销售几无反应，这样一来，公债不仅在政府急需时筹不到资金，而且也无法从流通领域吸纳加剧通胀的现金。

第七章

政府战时财政和开支

预算

战时财政基本情况

抗战爆发之际，靠举债勉强维持了25年的中国政府面临着筹资抵抗军事强国的任务。要武装和保证战斗力、在内地修建公路铁路、把沿海工业转移到内地，还要动员占领区的资源参与抗战，需要的资金是天文数字。而在政府的资金需求日渐增加的情况下，日军入侵华北及随后占领华中和东南沿海地区，使得政府失去了大部分盐税、关税和统税。20世纪30年代初的事件暴露了日本帝国主义的野心，可以预见，日军占领沿海省份或封锁主要港口将使得中国政府丧失大部分收入。战争一旦打响，就不要指望从内地寻找收入来源了。因为农民和小地主普遍贫困，缺少发展成熟的第二产业，内地省份的纳税能力极其有限；至于政府战前可以利用的上海那样的资本市场，在内地就更谈不上了。在收入下降、支出不断攀升的情况下，国民政府正面临着前所未有的财政危机。

在战时紧急状态时期，关于中国应采取何种财政政策才算合适，各方观点大相径庭。大多数经济学家主张效仿西方国家“一战”时的做法，他们建议了三项主要财政措施，使得政府能够在维持经济相对稳定的同时支付战争费用。[①]第一，他们认为应该征收战时所得税，从而分得因战争原因产生的暴利。在他们看来，政府开支带来的过度需求尤其会让加工业者、商人和投机者获利，因为他们能够受益于涨价。另外，沿海的封锁严重影响了进口品的流入，同时也关闭了常规的原材料出口通道。因此，此前出口的原材料价格将下跌，而制成品价格将上涨，这一升一降让加工业者两头获利，利润暴增。比如，来自海外的纺织品供应严重受限，而棉花出口则陷入停滞。经济学家们因此强烈建议，应该征收过分利得税，从而抵消盐税、关税和统税上的损失，抵消通胀对收入分配的负面影响，同时对受益于战争特殊因素的行业暴利征税。

第二，经济学家们针对公债市场提出了具体的政策建议。鉴于发行公债是政府进行赤字融资的唯一途径，而通胀趋势正在持续，他们提出应该基于黄金价格指数或生活成本指数调整公债的赎回价格。其重中之重是维持公众对公债的信心，而实现这一目的又以消除通胀造成资本损失的可能性为上策。他们同时意识到，公债市场中心上海也有可能被日军占领，因此建议政府开始在内地销售公债。富人阶层对公债投资从来就不感兴趣，经济学家们认为有必要强制

① 上海《银行周刊》，1937 年 10 月 19 日，第 41 期。——作者原注

他们认购公债。

第三，为了补充政府的外汇储备，他们建议强制公众将持有的黄金、白银、银圆和外汇兑换成纸币。在此过程中，应给予兑银、白银圆者 10% 的溢价，黄金的溢价为 20%~50%。另外，政府应说服公众将其在外商银行的存款转到中国的银行，同时将持有的海外流动资产转移回国内。

关于适合战时经济的财政措施，官方观点同上述建议可谓差之千里。政府认同加税会对生产效率产生负面影响的顾虑，但同时认为对“战争财”征税受制于评估过程中的技术障碍，而且会挫伤公众的士气，因为商人会认为这一做法是对其私人事务的无端干涉。而且，强行摊派公债或上缴黄金、白银和外汇还会被视为独裁，会降低政府在公众心目中的声望。因为这些因素，任何新的财政措施都将削弱抗日的斗志，因此不能实施。官方的最终态度是，尽管为适应战时局势变化可能要对税收政策做一些调整，但解决政府赤字的正确方式是举借外债，并向能够增加发钞量的银行出售公债。

因此，经济学家们的主张是，政府应该将现代（对中国而言是全新的）财政金融方法作为支持全面战争的融资手段；而政府领导们则坚持，内外部借款这些传统的赤字融资方式是唯一适用于中国落后的政治和经济环境的。经济学家们的建议的确合理，但应该在中国的政治环境里考虑、权衡这些建议。政府清楚采用新的不受欢迎的措施的困难，因此倾向于保守，选择了其传统的财政手段。

抗战的头几个月里，公众对政府的忠诚感非常强烈，以至没人敢质疑政府的财政计划。政府领导人认为，将政府财政的弱点告知公众是不明智的，他们担心这样做会影响军民士气。另外，事后来看，缺乏合适的财政政策还有两个更深层次的原因。第一，负责战时财政的政府领导们对军事开支的可能规模缺乏清晰的认识；第二，他们一直有一个心态，认为财政方面出现任何问题，政府都能应对。这些态度造成的结局就是预算赤字不断增长，总需求随之快速扩张。表 7–1 清晰地表明了政府漠视财政问题、未能开发新的收入来源并合理控制预算的严重后果。

表 7–1　1936—1945 年政府支出和收入 [1]

（单位：百万法币）

时间	预算支出	实际支出	收入	赤字（盈余）
1936—1937	—	1 894	1 972	（78）
1937—1938	1 001	2 091	815	1 276
1938[2]	856	1 169	315	854
1939	1 705	2 797	740	2 057
1940	2 488	5 288	1 325	3 963
1941	4 610	10 003	1 310	8 693
1942	17 311	24 511	5 630	18 881
1943	36 236	58 816	20 403	38 413
1944	79 501	171 689	38 503	133 186
1945	263 844	2 348 085	1 241 389	1 106 696

1　1936—1937 年和 1945 年数据基于前引张维亚著作第 140~144 页内容整理；1936 年新发统一公债未使用余额形成了 1936—1937 年的少量盈余；1937—1944 年数据基于《财政年鉴》第三编第 129—150 页中财政部统计处和国民政府主计处统计数据整理。

2　仅含当年 7~12 月数据；1938 年，政府收支财务由财政年度变更为公历年度。

预算失衡

抗战刚爆发时，因为全国奋起抗敌，军费问题并没有引起重视。但当政府于1938年底内迁至西南地区时，中国已经失去了政府曾赖以获取其大部分收入的广大地区，毫无疑问要进入持久战了。这是重新审视支出模式的时候了，以确保基于可用资源量入为出，同时减少或消除预算赤字。加上政府这个时候已经迁离了城市经济部门，这项工作做起来就更容易了。而由于1935到1937年间的扩张政策，城市地区的物价早已经上涨，通胀已然来了。不过，内地农村省份尚没有通胀趋势迹象，政府的紧缩政策和预算平衡原本是可以发挥作用的。但政府开支非但没有下降，还在收入没有增长的同时进一步扩大。预算越发失衡就再自然不过了。

1937—1945年的政府开支增长

鱼与熊掌不可兼得。如果不想造成通胀，那政府开支就不能超出后方的经济资源，但政府的政策却是军事抵抗和经济重建两手抓。在1940—1945年间，军事武装几乎翻番，为满足军事和社会需求而开发的项目成本又极其高昂；政府机构和雇员的数量更是快速增加。没有轻重缓急，也没有任何规划，这种随意且无计划的经济刺激造成了严重浪费。

抗战期间，军费始终排在第一位，接下来是发展开支和债务的还本付息。这种情况一直持续到1940年。1941年之后，田赋征实发生的费用、提高公职人员薪给，以及因向中央政府转移实物田赋而给予地方政府的补偿，均增加了一般性行政开支的总额。中国政府战时支出构成缺乏可靠的估计。因为没有考虑到计划外的价格上涨，且官方从未就真实支出发布统计数据，因此政府预算没有多少实际意义。更重要的是，抗战的最后几年，“紧急开支”占到了总支出的1/5到2/5，也没有包含在公开的预算当中。因此，鉴于可用的数据不完整，只能对不同支出项目的百分比做大致估计，见表7–2。

表7–2　1937—1945年中央政府各项支出占比

（%）

项目	1937—1938	1938（下半年）	1939	1940	1941	1942	1943	1944	1945
军费[1]	66	60	66	78	51	48	49	51	69
发展建设[2]	8	12	13	11	10	10	8	12	11
债务[3]	18	21	16	7	5	6	6	3	1
行政及一般性	8	7	5	4	34	36	37	34	19
合计	100	100	100	100	100	100	100	100	100

1　军费支出中含有“紧急开支”，其占比系基于财政部统计处和政府主计处编制数据整理；军费支出包括三项：国防开支、国防建设开支、作战和紧急开支，其1939—1943年数字系基于1944年和1945年数据估算得出。

2　包括建设和紧急开支，但不包括行政费用；年占比已根据财政部统计处编制数据做了调整。

3　债务支出数据系基于财政部统计处编制1937—1945年政府支出报告；不少人公开撰文就1941年和1942年占比给出了更高数字，但均未对这种出入做出具体解释。

军费开支

在抗战的最初几年，政府的军费开支还算适度。1937 年底，国内局势突然转入战争状态，军费在政府开支中的比例自 1935—1936 年的 36% 急剧上升至 1937—1938 年的 66%。虽然华北和东部沿海地区落入敌手，大部分的中国军队也因为日军的进攻而失去了机动性，但 1939 年的军费开支仍然维持在同样的水平。考虑到后方的物价在抗战前两年上升了 50%，按不变价格计算，1939 年的军费开支大约只占 1937—1938 年间的一半。

1940 年，战备扩张在规模上进入了一个新的阶段。蒋委员长发布了一个雄心勃勃的长期抗战方案，事后看来，这一方案对中国经济实力的估计太过乐观。新成立了许多战地司令部，导致行政机构叠床架屋、快速膨胀；为了尽可能地扩大军队规模，地方征兵速度也在加快。虽然军队具体人数没有可靠数据，但其规模似乎自 1940 年的约 250 万增加到了 1941 年的近 450 万。1944 年初，军队总人数号称 570 万，不过普遍认为这个数字比实际规模多出了 1/4。

要建设一支庞大的军队，势必导致巨额的政府开支。1940 年的军费开支占到了政府总支出的 78%。自 1941 年开始，田赋征实和向纳税人征借粮食的做法，对政府的军队给养产生了一定的经济影响。征集到的粮食 88% 被用来供给军队，1941 年到 1944 年的军费开支因此有所下降。但 1941—1943 年间征集粮食所产生的费用占了政府开支的 12%~14%，因此，如果这些费用被加到军费开支中，后者占比早就接近 60%。1944 年曾尝试通过重整军队、将在役军人数量限制在 450 万以下的方式降低军费开支。1945 年的军费开支没有达到政府预想的节约效果，占政府总支出的比例达到了 69% 的高点。

单靠增加军人数量无法提高军队战斗力，军队规模的扩大反而导致了效率的下降。征自南方省份的新兵缺少北方人的战斗传统——后者曾是中国军队的骨干力量。中国还缺少能够指挥 500 万军人的将帅之才。庞大的军队规模几乎成了影响指挥效率不可逾越的障碍。另外，军事装备的配给跟不上军人数量的增加，军事上，这是军力扩张最忌讳的。装备不足在和平时期就是中国军队的一个明显缺陷，抗战期间，因国内外军事物资供应的下降，这一问题越发严重。基于这些因素，军队并不具备快速扩张的军事基础，大量的军费开支都被浪费掉了。

政府的军事政策对通货膨胀有着直接影响。1940—1944 年征募的 200 万 ~250 万新兵来自边远地区，他们成编制地集中在各战区司令部所在的各省大城市周围。在相对狭小的区域内集结如此庞大的人口，势必产生过度需求，给城市带来难以承受的压力，同时也造成了交通运输问题。政府即便花费再大的成本，也解决不了所有这些问题。而更偏远的农村地区仍然是以货易货，很大程度上没有受到通胀的影响。

军队在食物和服装上的配给要高于大多数新兵入伍前的水平，这加剧了军队给养的难度。每个士兵每天配给 25 盎司大米（或 26 盎司面粉）、1 盎司花生、1 盎司肉、0.5 盎司盐、0.2 盎司豆制品、0.9 盎司植物油、10 盎司蔬菜、21.3 盎司燃料；每年一套夏装、一套冬装，外加两套内衣。相对于中国人的普通生活水平，这样的标准是很奢侈的，其结果是，军队对消费品的需求自 1940 年起随着新兵招募的增加而上升，从而给各省市造成了很大的通胀压力。除了来自需求方的通胀因素，过度的征兵也由于造成农村劳动力的短缺而为供应带来了负面影响。后方因此在1940—1943年间出现了农业减产和农业工资上涨问题。供需两方面因素的变化导致了粮食和原材料价格的上涨，尤其是在四川省。

中国政府以通货膨胀这种极其高昂的代价，建立了一支借数量优势掩盖了真实战斗力的军队。1944年下半年，在卷土重来的日军面前，中国军队溃不成军，全面抗战的努力跟着遭遇威胁，这一政策的短视后果显露无遗。

经济建设支出

中国政府主要推动了三类经济建设规划：振兴经济，重点关注内地制造业和采矿业的发展；振兴农业，包括灌溉和与农林有关的其他项目；发展交通事业，包括建设和维修铁路、公路并发展通信业。这些项目在经济建设总支出中所占比例，参见表7–3。

表7–3　各项经济建设支出占比[1]

（%）

项目	1937—1938	1939	1940	1941	1942	1943	1944
振兴经济	62	33	16	22	21	15	13
农业	4	2	4	6	6	8	7

（续表）

项目	1937—1938	1939	1940	1941	1942	1943	1944
交通	34	65	80	72	73	65	73
开发西北	—	—	—	—	—	12	7
经济建设总支出	100	100	100	100	100	100	100

1 各项占比系根据财政部统计处编制建设支出数据计算得出。

经济建设支出在抗战初期快速增长，占政府总支出的比例自1937年的8%上升到1939年的13%。此间，政府花费了大量资金将工厂和设备转移出受战争威胁的地区、装配采矿业和制造类企业、为内地的交通运输体系打基础（最终目的是开通印度支那和缅甸的交通线）。因此，在抗战初期，振兴经济和交通业的支出占政府总支出的比重超过1/3。因为获得设备和材料的难度增加，自1940年到抗战结束，民用工业和交通项目的步子慢了下来，所有建设活动的真实工程量下降了。考虑到日本可能继续进攻川滇地区，政府自1943年开始对开发西北各省投入了更多的精力，也为此拨出专款。

债务支出

抗战第一年，尽管中国丧失了很大一部分关税和盐税收入，但以这两种税收做担保的国内外债务仍在按期还本付息。但政府于1938年9月中止了以盐税担保的外债偿付；1939年1月，以关税担保的外债偿付也中止了，原因是大部分关税已经收不到了。中止偿付外债为政府节约债务本金负担 40%，自 1937 年到 1940 年，债务支出在政府开支中的比重从 18% 下降到了 7%。国内债务的偿付还在继续，目的是鼓励市场购买更多的政府公债。

除抗战刚一爆发即发行的“救国公债”外，政府自公众那里筹资的努力越来越见不到效果，国家银行最终成了公债的最大持有者。虽然政府开支总额随着通胀趋势逐渐走高，但对历史债务的还本付息额在金额上仍保持不变。这种格局表面上有利于政府融资，长期来看只会挫伤公债持有者的信心，使其很难再继续参与政府未来的公债筹资活动。不过短期而言，债务支出在政府总支出的比重越来越小，这部分抵消了战争期间接连发行新公债导致的未清偿债务增加的影响。1940—1943 年间，债务支出占政府总开支的比重保持在 6% 左右，抗战最后两年降低到了 3% 和 1%。

一般性支出

在抗战的头三年里，部门支出和一般性支出（补助金、抚恤金、救济金等）在政府总开支中的比重不高。政府的行政体系因为匆忙向内地撤退而被打乱，部门改革、招募新员都来不及落实；税源的丧失，一方面严重影响了政府收入，另一方面也降低了征税过程中的开支。政府在 1940 年的一般性支出只占总支出的 4%，在 1937 年这一比例为 8%。但从 1941 年开始，因为田赋征实及补贴省县政府导致费用增加（补贴的原因是中央政府在 1942 年独占了所有实物田赋），政府一般性支出快速上升。见表 7–4。

表 7–4 各项行政开支占比[1]

（%）

行政开支	1941	1942	1943	1944
部门	5.4	7.9	5.5	8.9
征租、征借	14.6	12.3	14.5	8.1
对省、县政府补贴	2.3	7.5	5.8	3.7
公职人员补贴（中央政府）	0.7	2.2	2.3	—
其他	1.1	6.1	8.9	13.4
行政和一般性支出合计	34①	36	37	34

1 各项行政开支占比基于财政部统计处编制支出报告计算；合计占比数据基于表 7–2。

因为征租、征借费用增加，行政开支的比重在 1943 年继续提高，在政府总支出中占比 37%。整个抗战期间，公职人员收入越来越落后于生活成本，他们的普遍不满于 1944 年公开化，进而要求全面调整薪俸。另外，部门费用也增加了。

政府拒绝就通胀期间公职人员真实收入的下降做出调整，这表面上降低了行政开支，但在战争后期则严重降低了部门办事效率。抗战刚一爆发，许多经验丰富的商人、技术专家和知识分子为政府服务、为国效力。这些人员的加入明显改善了政府行政效率，但这种效应很快因为政府工作人员生活水平的下降而被破坏，消极怠工、

① 数据合计应为 24.1，疑数据有误。——编者注

腐败随之而来。

据估计，1937—1943 年间，尽管公职人员有大米配给作为补偿，但他们的真实收入平均下降了 85%。与此同时，因为政府新的战时工作增加，比如田赋征实、实施价格和其他经济统制，公职人员数量快速增长。有分析认为，包括参与建筑工程人员在内的政府雇员数量，在 1945 年 3 月从战前的 8 000 人上升到了近 20 万人。毫无疑问，公共服务的规模在抗战期间大幅增加。为此，政府在 1945 年 3 月宣布，为改善行政系统的财务状况，政府一次性裁减了 21 027 名雇员。由于公职人员薪俸太低，吸引不了高层次的人员，大部分新雇员的素质都不理想。

这种情况下出现了很多令人不满的现象：官员身兼数职，利用职权将家人安排进政府部门；许多人利用职务之便经商。政府可能因为没有为雇员提供合理的薪给而节省了大量的行政开支，但行政系统却在这一过程中变得无效、腐败。

预算外开支

珍珠港事件后，美国向中国派出了一个军事代表团和一支特遣部队。中国政府要负担其部分生活费用，如粮食和住房，同时要为他们完成一些工事。1942 年 9 月到 1944 年 2 月之间，这方面的开支合计约 100 亿法币。1944 年之后，在华美国军队的所有开支均由中国政府以法币先行垫付，到抗战结束时，垫付款合计 2 000 亿法币，占 1944 年 1 月到 1945 年 8 月间中国军费开支总额的近 1/3。美国在华军队的开支没有出现在官方的预算中，而是做了挂账处理，因此将其视为预算外支出。

政府收入

战线退缩导致政府收入的三大根基——关税、盐税和统税一一流失。为增加收入，政府付出了艰苦努力：所得税扩大到企业领域，推行累进所得税、过分利得税和遗产税，提高印花税；统税、关税和盐税从价计征，代替了以前的统一税率，实施战时消费税；试行盐、糖、烟草和火柴的政府专营；田赋征实和粮食征借也贡献了不少的收入。但这些直接税的征收效果很不理想。尽管这些税收占政府收入的比重在 1942 年（不包括统税）高至 27%，但其份额在 1943 年下降到 25.1%，1944 年则掉到了 19.7%。政府采用的消费税本身有着严重缺陷。部分商品的政府专营最终也是得不偿失。

在收入构成中，盐税是最重要的收入来源，而田赋和粮食征借排名第二。总体上，这样的税收结构无法为政府征得足够的收入，也替代不了赤字融资筹集到的大量可支配资金。它无法满足战时需求，主要是因为在非战时期没有加强税制。在后方的农村地区，新措施的无效和基本改革的早期失败尤为明显，原因在于这些区域太过偏远，政府此前关注度不够。即便实施了田赋由货币征收改变为实物征收这一根本性变化，税制公平、征收高效的机会也失去了。

随着间接税收入的下降，非税收入在总收入中的比重逐渐上升（表 7–5）。非税收入主要由出售黄金、外汇和其他资产（因为缺少相关信息，不能从收入中剔除）收入及公用事业盈余、中央政府基金获得的捐赠构成。1940 年，非税收入占政府全部收入的比重超过了 3/4，这主要是因为外汇销售量增加。1940—1944 年间，非税收入的比重下降，但其占总收入的比重在 1945 年又回升到了 80% 以上。有报道称，美国政府因驻华美军费用向中国政府支付的外汇的升值，导致非税收入大幅增加且超过了税收在总收入中的比重。

表 7–5　1937—1945 年政府收入构成 [1]

（单位：百万法币）

时间	税收收入		非税收入		公债收入		总收入
	金额	%	金额	%	金额	%	
1937—1938	451	55.2	108	13.4	256	31.4	815
1938（下半年）	211	67.1	85	27.2	18	5.7	315
1939	483	65.3	232	31.4	25	3.4	740
1940	267	20.1	1 050	79.3	8	0.6	1 325
1941	666	50.8	517	39.5	127	9.7	1 310
1942	4 163	73.9	1 104	19.6	363	6.5	5 630
1943	15 326	75.2	1 191	5.8	3 886	19.0	20 403
1944	34 651	90.0	1 863	4.8	1 989	5.2	38 503
1945	102 253	8.2	1 076 313	86.8	62 823	5.0	1 241 389

1　基于《财政年鉴》（1948 年）第 129~150 页中财政部统计处编制收入报告数据；1945 年非税收入基于前引张维亚著作第 140~145 页数据。

间接税

关税。随着日本侵略者的快速推进，政府在关税、盐税和统税上的收入急剧下降。1938 年，65% 的关税落到了日本人手中，1941 年这一比例更是高达 90%。当时，出口实际上已经停止，少得可怜的一点儿进口则通过印度支那、缅甸和印度进入中国。为弥补这些损失，政府实施了一项新的战时消费税。

战时消费税。抗战初期，省级政府便开始在其辖区内针对商品运输征收各种名目的过境税；随着中央政府也涉足这一税收领域，万恶的"厘金"又死灰复燃，一单货物运抵目的地前经常会被多次课税。1942 年 4 月，中央政府推行了一种从价征收的战时消费税，取代中央转口税和各省间的过境税。税率安排为：大部分日用品抽 5%，非必需物品 10%，准奢侈品 15%，奢侈品 25%。该税种由海关关务署连同关税一同收取，内地因此新建了许多海关机构。应税货物以其进口到岸成本作为其完税基础；国内产品则以前一个月的市场平均价格作为纳税依据。该税种本质上与统税没有区别，多是转嫁到最终消费者身上，而没有考虑后者的支付能力。随着通胀抬头，政府意识到商品流通需要也应该畅通无阻。虽然该税种收入不菲，但最终还是以 1945 年的取消收场。

盐税。在日本人于 1938 年后期占领四个沿海产盐大省（河北、山东、江苏和广东）后，政府盐税收入下降了一半以上，其后，政府在西部地区努力开发新的产盐区以便恢复盐业收入。自 1941 年 9 月开始，盐税同关税及统税一道从价计征。1943 年 10 月，每担盐加征 300 元法币的战时附加税，1944 年 3 月，每担的附加税又增加了 1 000 元法币。这两次新增的附加税，使得消费者买盐的价格上涨了 25% 以上。1944 年，盐税在间接税中的比重占到了 60%，此前一年是 40%。这一税种对政府收入的贡献显著，却让勉强维持最低生活水平的低收入群体雪上加霜。

统税。统税在 1941 年 9 月之前一直不是从价计征，这部分导致了此前物价虽上涨但税收收入却下降的结果。除了调整征收方式，统税在战时没有其他变化。纳税商品目录里增加了饮料和糖，其他商品则包括卷烟、棉纱、火柴、面粉、酒、烟叶、刺铁丝和水泥（洋灰）。

国家专营

为努力提高收入，国民政府开始效仿日本在甲午海战和日俄战争期间实行盐和樟脑（油）专卖以增加收入的成功做法。经过 1941 年 5 月的综合研究后，政府于 1942 年对盐、糖、烟草和火柴实施专营。

有意思的是国家专营支持者的理由。他们认为，国家专卖这些商品可以确保收入，且能消除市场体系中出现的税收流失现象。在实际操作过程中，国家专营比统税更有利于提高政府收入，因为此前中间商赚走的利润都将归政府。与此同时，商人的投机活动将不会导致物价上涨。支持者们还相信，国家专营情况下，可以避免实行固定税率的特定税种所导致的内在不平等，比如同类商品中，相对于高品质商品，低品质低价商品就得承担不合理的税负。最后，他们认为，政府总是可以把专卖商品价格上涨的原因归咎于供求的变化，从而可以回避因提高税率不时出现的一些反对意见。

国家专卖要在不失去民心的情况下提高收入，依赖于一系列条件：政府必须控制所涉及商品的生产和流通；专卖的负责人必须有丰富的商业经验，这在短期内是无法获得的；专卖商品的价格千万不能涨得太高。中国国家专营的试验从一开始就注定要失败。因为缺少机制，专业人员也不足，政府只得将专营范围限制在四个行业，控制糖的生产、接管了一小部分盐的生产，但烟草和火柴的生产销售仍然完全由私人控制。

这样一来，除了糖以外，国民政府的“专卖”名不副实，即便是在糖业，国家企业也只限于生产阶段。因为相关商品的生产者向政府支付了官方出厂价同政府销售价之间的差额，总体而言，国家“专营”同统税并无二致。零售价由个体商户自行确定，正是这一安排，导致了作为增加公共收入手段的国家专营后来的失败。因为价格在零售阶段不受控制，政府提高盐、糖、烟草和火柴出厂专营价的所有尝试，都会提高消费者的购买价，这随即招致了公众对政府的不满。

虽然执行着严格的国家专营，但政府一直面临各种困扰。四种专营品带来的收入提高了，但原因是货币贬值并非真实收入上升。在初始阶段，专营的开支占到了专营收入的 60%。高昂的费用比率、糖价上涨以及政府自银行借款购买专营品导致的通胀，对政府的专营做法造成了三重打击。因担忧公众对该政策的反对，政府于 1944 年年中中止了糖业专营，并在当年晚些时候用旧的统税代替了其他专营。因此，政府不要说通过采用所谓的专营来提高资源收益，该政策在公众中引发的不满使得政府连合理提高专营价格都做不到。

间接税在政府财政中的作用参见表 7–6。在政府于 1941 年采取从价税后，间接税带来的收入开始恢复其此前作为重要收入来源的地位。

表 7–6 1937—1945 年政府间接税收入[1]

（单位：百万法币）

时间	关税	盐税[2]	统税	战时消费税	间接税总额	占税收总收入比例
1937—1938	239	141	47	—	427	94.9
1938（下半年）	128	47	25	—	200	94.8
1939	346	61	44	—	451	93.4
1940	38	80	72	—	190	71.6
1941	15	296	189	—	500	75.2
1942	160	1 180	783	399	2 522	60.6
1943	377	3 026	3 335	718	7 456	48.7
1944	494	14 528	7 576	1 838	24 436	70.2
1945	3 321	53 507	24 372	304	81 504	79.6

1 本表数据基于财政部统计处编制收入报告。

2 盐专卖收入包含在盐税栏中，火柴、糖和烟草专卖收入则包含在统税栏中。

直接税

前文提及，中国政府在战前不太依赖直接税。但因为间接税损失得太过严重，政府随即开征了一系列直接税。1938 年 8 月，政府将 1936 年和 1937 年就已经开征的针对公职人员薪给报酬及证券存款利息的所得税范围扩大到营利事业，并施行累进所得税。该税种并非以收益的绝对值为征收对象，而是根据利润对名义资本额的比率进行相应征收。营利事业所得税税率在 3%（公司收益占资本的比例为 5%~10%）至 20%（公司收益占资本的比例为 70% 或以上）之间，按总利润计征。1938 年 10 月开征过分利得税，房租收入和财产租赁收入也开始纳税，但后两项一直拖到1939年9月份才真正执行。

与营利事业所得税一样，这些税率也因利润对投入资本占比不同而存在差异，但并非针对所有利润征税，而是针对不同收入水平实行累进税率。利润占资本比例在 20%~25% 之间的，执行 10% 的最低过分利得税税率；利润占资本比例超过 60% 的，税率提高到 50%。房租收入和财产租赁收入的税率稍高，税率从收益的 10% 到财产估值的 15%~20% 不等。表 7–7 给出了拥有 1 万法币资本的公司在不同利润水平下的所得税和过分利得税负担情况。

表 7–7　所得税占利润百分比

利润（元）	万元资本投资回报率	所得税		过分利得税		纳税总额（元）	纳税总额（占利润百分比）
		税率（%）	纳税额（元）	税率（%）	纳税额（元）		
1 100	11	4	44	0	0	44	4.0
2 100	21	8	168	10	10	178	8.5
3 100	31	12	372	20	145	517	16.7
4 100	41	14	574	30	355	929	22.9
5 100	51	16	816	40	665	1 481	29.0
6 100	61	18	1 098	50	1 075	2 173	35.6

因此，工商业税负从较低层级的 4% 到较高层级的 36% 不等。对于利润占资本比例在 60% 以上的企业，总税负逐渐上升至占利润的 50%。

除了上述直接税，1940 年年中还推出了遗产税。由于缺少给遗产定价的有效方法，再加上逃税严重，因此在 1943 年之前，遗产税对政府收入谈不上什么贡献。

最后，印花税和所谓的营业税也从省级部门转移到了中央政府。印花税于 1940 年 6 月份回归中央政府，税率亦随之提高。营业税则在 1942 年由中央政府接手，且存在两种征收方式：对银行、典当行和保险公司每年按资本的 4% 征收；其他所有商业组织按营业额的 3% 征收。各省征收营业税期间，平均每年的征收总额为 1.6 亿法币，因为物价总水平上升，中央政府通过营业税获得的收入跟着水涨船高。战争期间没有再就直接税进行重大调整。1942—1945 年间，直接税收入占政府收入的比重平均为 1/5 左右，而战前的比例则可忽略不计。

在努力推行这些财政举措的过程中，政府遭遇了甘末尔顾问团在 20 世纪 30 年代不建议推行直接税时预见到的所有行政和评估难题。最终，政府参照了西方的自我评估方法来征收所得税和过分利得税。工商企业需要完成一份详细的利润报告，并须以资产负债表、损益表和其他反映其商业活动的文件为依据；地方税务局在审查申报的真实性之后，计算应纳税额。但实际操作中很快出现了问题：因为文盲比例很高，没有几个商人能完成官方要求的文件；同时大多数人都谎报利润，一是为避税，二是避免让官员知道他们的秘密，而这在他们看来是原则问题。

为迎合官方的要求，投机商和战争暴发户谎报利润并不断地做假账。商业领域几乎见不到系统性的财务规范，因此不可能正确地评估大多数企业的利润和税负。1944 年，税务局对没有完整会计资料的企业不再使用自我评估方法，而是基于前一年的记录计算利润和纳税额，再根据价格变化进行调整。评估随后交由当地的商会和行会来把关。但这一安排并没有解决评估这个棘手的问题，因为在基本的财务评估技术方面，税务官员大多缺乏训练，非常业余。

基于利润占资本的比例及物价水平测算这种方式，使得所得税和过分利得税的管理变得异常复杂。即便经济环境相当配合，利润估算也是一件困难的事，更不要说在通胀情况下了。由于折旧免税额无法反映急剧上升的重置成本，严格执行中国当时的相关税法将极不公平。部分出于这个因素，税法并没有被严格执行；另外，鉴于普遍未执行法律中的利润 / 资本比例，所得税遂按总的纯利润累进测算。

通过税收从工商业获得的总收入微乎其微，并在战争结束时快速下降。随着通胀的加剧，逃税更加普遍。囤积物资成为企业最赚钱的方式，登记的纳税企业数量也在下降。1942 年到 1945 年间，直接税收入占政府开支的比例从 5% 下降到不足 1%。按战前货币计，通过这种方式获得的收入在 1943 年达到最高值 3 500 万元，而在抗战的最后一年则是 1 000 万元。

田赋征实

战时采取的所有财政措施中，最立竿见影的就是田赋征实。

1940 年，后方最丰产的大米产区四川农业严重歉收。当政府试图按官方价格为军队购买大米时，地主囤着粮食不卖，商人开始操纵黑市。这导致正规市场上大米稀缺，价格飞涨。四川 1941 年 6 月的米价飙升至 1940 年 9 月的 30 倍还不止，商品价格普遍随之上涨。政府于是在 1941 年 6 月召开了一次财政会议[①]，并通过以下措施：

> 中央于三十年度内成立各省市县田赋管理处（以下简称省市县管理处），接管田赋及土地陈报。所有省市县管理处经常事业等费，概由中央负担。但省预算内原列土地陈报经常事业等费未用部分及田赋经征经费之一部，应划归中央，在中央补助款内转账。
>
> 自民国三十年下半年起，各省田赋战时一律征收实物（稻麦或杂粮）。
>
> 田赋征收实物以三十年田赋正附税总额，每元折征稻谷二市斗（产麦区得征等价小麦，产杂粮区得征等价杂粮）为标准。其赋额较重之省份，请由财政部酌量减轻。[②]

此次调整田赋政策，恢复了早已于 1436 年（明朝）终止的古老的实物地租。在 500 年后的 1936 年，各省从田赋上获得的收入占到

---

① 即 1941 年 6 月 16 日 ~6 月 24 日召开的第三次全国财政会议。

② 此处措施系摘引自《第三次全国财政会议议案及决议（节略）》，与作者原文略有出入，见《中华民国史档案资料汇编》，中国第二历史档案馆编，江苏古籍出版社，1997 年 9 月。

了地方政府全部收入的36%，比中央政府统税收入还要多。1941—1942年，国民政府在其管辖范围内征收的实物田赋估计在7 000万蒲式耳左右，另有约4 500万元的货币收入。但因为征收来的粮食满足不了政府军队和市民的需求，1942年7月，政府决定向地主征购与征实等量的粮食。征购价款按此前30天的市场均价计算，其中30%的征购款用现金支付，剩下的则用“粮食库券”支付。

一年之后，农民可以用库券及1/5的利息支付部分实物田赋，最后的库券以实物偿付。因为官员中间腐败横行，有些支付的现金并没有到农民手中；而且，因为“粮食库券”以（担）大米为单位，无法在市场上自由流通，许多小的纳税人被迫将其库券打折卖给了大的地主。政府最终在1943年7月放弃自农民手中直接现金征购的方式，同时在各省实施直接征借制度。根据新的模式，政府承诺自征借之日起5年内分期实物偿还农民。

上述措施比较成功，主要是因为田赋制度很完善，而农民也根深蒂固地认为交租是天经地义的事。征集的大量粮食保证了军粮供应，同时也适当满足了公职人员和城市工人的需求。此外，政府对粮食直接支出的减少，极大地抑制了纸币发行的增长速度，因为政府积累的农产品的市场价值远远超过了征集费用和给地方政府的补偿支付总额。在物价上涨时，尽管粮食部征集粮食的费用占征得粮食的货币价值的比例很小，但占政府开支的比例很高；再者，中央政府需要向省、县政府返还部分田赋；战时交通状况的恶化以及各省缺乏足够的仓储空间，使得征粮费用大幅增加；不诚实的征粮人员通过少报征集量、掺假及谎报道路、河道事故等方式，中饱私囊。

这些因素导致的粮食损失可能占到征集粮食总量的5%，表7–8、表7–9因此夸大了政府可处置的粮食总量。但必须承认，如果没有这项措施，那么1941—1942年及1942—1943年的政府开支总额将比实际情况分别高出30%和80%，1943—1944年和1944—1945年则会分别高出80%和85%。

政府对地主征税的最终目的是解决军队的给养问题，但却造成了自耕农和小地主的沉重负担。因为几个世纪都未修改过的旧有土地卷宗既不真实也不公平，这就使得自耕农和小地主支付的税负远远超过了其财产对应的名义税率。政府在推行田赋征实之后曾宣布准备重新评估土地，但由于太急于收粮，政府并没有对土地数据真正做出修正。原有的不公平加剧了，对小地主尤其如此，因为他们要自费将粮食运送到最近的产粮集中地点，而且运输过程中的粮食损失要自己承担。在粮食征集过程中缺少标准的农产品评级方法，也没有完善的统一计量手段。如果征税官员不接受自耕农们所交付粮食的质量和数量，后者只能在自己的田地和纳税地之间往返来回，直到官员满意。在社会其他阶层免征直接税或能够轻易避税的情况下，自耕农却发现他们的税负及债务负担逐年增加，且不可能规避掉。很多自耕农自然就认为，因为国家的原因，他们相比其他阶层被迫在真实收入上做出了更大牺牲。政府于是在农民阶层中变得越来越不受欢迎。因此，长期的政治和社会后果远远超出了眼前以低成本供应军粮的好处。

表 7–8　1937~1945 年政府直接税收入[1]

（单位：百万法币）

时间	所得税	过分利得税	遗产税[2]	印花税	营业税	田赋[3]	直接税合计	占总税收比重（%）	剔除田赋后占总税收比重
1937—1938	19	—	—	5	—	—	24	5.1	—
1938（下半年）	8	—	—	3	—	—	11	5.2	—
1939	27	—	—	5	—	—	32	6.6	—
1940	44	25	3	7	—	—	76	28.4	—
1941	80	70	—	16	—	—	166	24.8	—
1942	197	291	1	26	610	516	1 641	39.4	27.0
1943	761	884	15	355	1 842	4 013	7 870	51.3	25.1
1944	1 445	1 189	50	1 063	3 076	3 392	10 215	29.8	19.7
1945	2 009	1 833	111	3 140	7 330	6 326	20 749	20.4	16.1

1　基于财政部统计处编制收入报告。

2　1942 年之前遗产税极少，忽略不计。

3　田赋（下文将讨论）没有归为所得税，尽管其类似于所得税；表格中田赋数据并不包含征购和征借数据。

表 7-9　1941—1945 年田赋征收情况 [1]

（单位：担）

财政年度	作物	征实	征购	征借	征收总额	军粮供应
1941—1942	稻米（糙米）	38 416.0			38 416.0	26 397.0
	小麦	9 201.7			9 201.7	43 817.6
1942—1943	稻米	45 957.1	41 355.6		87 312.7	29 288.1
	小麦	20 120.9	14 173.5		34 294.4	32 248.8
1943—1944	稻米	46 248.0	18 145.9	22 773.6	87 167.5	27 456.0
	小麦	19 650.0	5 376.0	6 912.7	31 938.7	34 705.5
1944—1945	稻米	36 941.3		40 492.7	77 434.0	23 196.3
	小麦	16 736.4		11 006.4	27 742.8	23 308.4

（续表）

财政年度	作物	产量[2]	征粮占产量比重（%）	征粮货币估值（百万法币）[3]	征粮费（百万法币）[3]
1941—1942	稻米	783 000	4.90	2 731	1 458
	小麦	408 000	1.87		
1942—1943	稻米	793 000	11.01	19 712	3 040
	小麦	610 000	5.62		
1943—1944	稻米	567 000	15.37	46 446	8 590
	小麦	579 000	5.51		
1944—1945	稻米	948 000	8.16	147 133	13 869
	小麦	722 000	3.84		

1 1941—1942 年数字基于中华民国 1947 年《统计简报》公布数据；1942—1945 年数字及军粮数字基于财政部编制《财政和货币情况简报》的数据。

2 基于表 10–6。

3 货币估值根据稻米市场均价（比稻谷价格高 34%）计算，小麦价值则按米价 80% 折算，各财政年度米价分别为：1941—1942 年，180 法币 / 担（合 2.91 蒲式耳）；1942—1943 年，400 法币 / 担；1943—1944 年，1 200 法币 / 担；1944—1945 年，4 300 法币 / 担。田赋亦包含在货币估值中。征粮费基于财政部统计处编制支出报告数据。

外援的影响

外援是影响中国战时经济的一个重要因素，不过其主要形式是军需品供应。苏联以军火、卡车和其他军需品的方式给中国提供了两次贷款，合计 2.5 亿美元。美国进出口银行提供了 4 次贷款，用于购买卡车、汽油、火车机车、其他铁路设备及基本的工业装备和材料，合计 1.2 亿美元。英国也给中国提供了两笔同样的出口信贷，价值 5 300 万[①] 英镑。这些贷款对解决预算赤字几乎没什么积极的影响。

另一方面，另外两笔外国贷款主要是对抗通胀的。英国 1939 年的 500 万英镑平准基金贷款的目的就是维持法币的对外价值。通过出售英镑，法币退出市场，并增加非税收入，从而逐步降低赤字。美国财政部的 5 亿美元贷款也部分发挥了这一作用，有一部分资金也是在抗战时期使用的。第三部分的反通胀政策中将详细讨论这些贷款的使用情况。战时具体的外国贷款额见表 7–10。

表 7–10　战时外国贷款

时间	贷款来源	数额	贷款用途
1938	第一笔苏联贷款	5 000 万美元	购买战争物资
	第二笔苏联贷款	5 000 万美元	购买战争物资
1939	第一笔美国进出口银行贷款	2 500 万美元	购买战争物资
	第三笔苏联贷款	1.5 亿美元	购买战争物资
	英国平准基金贷款	500 万英镑	稳定汇率
	英国卖方信贷	304.7 万英镑	购买战争物资

① 原文为 300 万英镑，应为作者笔误。

（续表）

时间	贷款来源	数额	贷款用途
1940	第二笔美国进出口银行贷款	2 000 万美元	购买战争物资
	第三笔美国进出口银行贷款	2 500 万美元	购买战争物资
1941	第四笔美国进出口银行贷款	5 000 万美元	购买战争物资
	英国卖方信贷[1]	5 000 万英镑	购买战争物资，并被作为内债担保
1942	美国财政部贷款	5 亿美元	强化货币储备，并作为内债和发行储蓄券的担保
合计		8.7 亿美元 5 804.7 万英镑	

1　实际使用数额仅为 8 163 576 英镑；基于财政部统计处编制支出报告数据。

赤字财政

正如上文讨论的，开支无节制地扩张，而收入却未能同步增长，最终导致了赤字财政。到 1945 年（见表 7–11），赤字占政府开支总额的比例已经超过了 80%，这是再明确不过的经济崩溃指标了。

表 7–11　战时赤字财政[1]

（单位：百万法币）

时间	赤字（盈余）	银行给政府垫款增量	货币发行增量
1936—1937	（78）	0	0
1937—1938	1 276	1 194	397

（续表）

时间	赤字（盈余）	银行给政府垫款增量	货币发行增量
1938（下半年）	854	854	666
1939	2 057	2 310	1 982
1940	3 963	3 834	3 580
1941	8 693	9 443	7 266
1942	18 881	20 081	19 227
1943	38 413	40 857	41 019
1944	133 186	140 090	114 082
1945	1 106 696	1 043 257	842 471

1 赤字数据基于表 7–1；银行给政府垫款增量基于财政部统计处编制收入报告数据。

1937 年抗战甫一爆发，政府就发行了面值 4 亿元的救国公债。同此前发行的公债相比，这批公债的利率更低、期限更长。政府预期，公众将在爱国热情的支持下踊跃认购。但其时债市正处于下跌中，战争更是令其雪上加霜，这使得公债的销售极其困难；而早已经给政府过多垫款的银行也不愿意持有更多的公债。政府急切又真诚的呼吁，加上公众最初的爱国情怀，最终也才销售了一半。即便如此，这也是中国政府长期借贷史上最大的国内单笔公债，之后的发行都没有这么成功。

1938 年发售了两次数额庞大的公债，额度总计超过 14 亿法币。这两次发行加起来有 3/5 左右是以各种外币计价的，目的是吸纳公众手中的黄金和外汇并吸引华侨认购，可最终认购量不足 4%。第二次发行总额是 5 亿法币，但由于公众几乎没有反应，结果派给了国家银行，用作政府借款的保证。这是银行以公债为保证（不管其市场流动性如何）向政府提供垫款的开始，其后便年年续作。

1940 年，政府又发行了一次公债，以外币标价，可以以外币、黄金购买，也可以按固定汇率折算成等值法币购买。政府原本考虑其作为一个保值产品，并将此视为对认购者的一个特殊卖点。政府以往在偿债问题上的言而无信让公众谨慎有加，且眼见公债的发行毫无节制，政府的公信力已然无法服众，这次发行仍以失败收场。

政府认为，公众不认购公债缘于宣传推广不力，于 1941 年成立了蒋委员长领导的战时公债劝募委员会，各省成立由省政府主席牵头的分会。委员会也开展了不少工作，但 1941 年的总认购额也仅仅是公债发行总额的 5% 多一点，计 24 亿元法币。

1942 年，政府又设计了一种从不情愿的投资者手中获得资金的方式——派购公债。要求不动产拥有者、企业经营者、商人和专业人士必须根据他们的收入认购数量不等的公债。此举招致各省级政府的反对，他们认为在农村地区实行这一措施面临很多障碍，派购因此只限于城市地区。个人财产或年收入在 25 万 ~100 万元法币之间者，须认购相当于其财产或收入 5% 的公债；在 100 万 ~200 万之间者的认购比例提高到 8%；在 200 万 ~300 万之间者提高到 10%；在 300 万以上者，财产或收入每增加 200 万，认购比例提高 5%，直至达到 50% 的上限。

这一措施在刚开始的时候似乎颇有成效，那是因为公债收入占政府总开支的比重自1942年的仅1.5%上升到了1943年的6.6%。但缺少充分评估个人和公司收入及财产价值的方法（这已经导致了直接税的夭折），使得公平分派认购份额无法实现；很大一部分公债额度由省、市级政府的公共基金认购，最终买单的实际上还是公众。推广公债的最初热情过后，地方政府的财力已近极限，而民众对派购不公平的不满则日趋增加，千方百计规避认购任务，公债收入占政府开支的比例最终于1944年降低到了1.3%。

中国政府在1937—1944年的债务情况见表7–12。

表7–12　战时公债发行[1]

年度	公债名称	名义发行额	公众认购
1937	救国公债	500 000 000 法币	256 184 000 法币
	广西货币调整公债	17 000 000 法币	
1938	国防公债	500 000 000 法币	18 402 000 法币
	黄金公债	100 000 000 关金[2]	
	救济公债	10 000 000 英镑	
		50 000 000 美元	
		30 000 000 法币	
1939	军需公债	600 000 000 法币	24 812 000 法币
	复兴公债	600 000 000 法币	
1940	军需公债	1 200 000 000 法币	7 615 000 法币
	复兴黄金公债	10 000 000 英镑	
		50 000 000 美元	

（续表）

年度	公债名称	名义发行额	公众认购
1941	军需公债	1 200 000 000 法币	127 290 000 法币
	复兴公债	1 200 000 000 法币	
1942	同盟胜利美国黄金公债	100 000 000 美元	362 720 000 法币
	同盟胜利公债	1 000 000 000 法币	
1943	同盟胜利公债	3 000 000 000 法币	3 886 167 000 法币
	（各省公债的）调整公债	175 000 000 法币	
1944	同盟胜利公债	5 000 000 000 法币	1 988 900 000 法币
1945			62 823 335 000 法币
	合计	15 022 000 000 法币	69 495 425 000 法币
		20 000 000 英镑	
		200 000 000 美元	
		1 000 000 000 关金	

1 Wartime Bond Issues（《战时公债发行》）发表于 1937—1945 年 China Hand book(《中国年鉴》) 第 209 页；公众认购数据基于财政局统计局编制收入报告。

2 关金（Customs Gold Unit，CGU），北洋政府和国民政府时期海关税收计算单位。1 关金等于 20 元法币。

除了微不足道的公债发行收入（占 1937—1945 年政府累计赤字的 5%）之外，政府赤字依靠银行垫款维持，后者导致了货币发行的持续攀升。抗战最初几年，政府发行公债给各银行作为担保。但在中央银行于 1942 年初被赋予唯一的货币发行权之后，同其他银行间的抵押公债贷款的方式便结束了，银行给政府的垫款均改由国库券作为保证。

从表 7–13 的战时政府收支概览中，可以从总体上看到银行借款的相对重要性（对比来自“税收和其他收入的非通胀性借款和融资”）。战时开支的 50.1% 依靠通胀性的借款来维持，税收只贡献了 6%。中国战时财政可谓捉襟见肘、举步维艰。

表 7–13　1937—1945 年政府收支构成

（单位：百万法币）

战时总开支	2 626 343
税收收入	158 471
非税收入	1 082 463
非通胀性借款	69 495
通胀性借款	1 315 914

第八章

战后政府财政

预算

战后财政基本情况

抗战结束时，中国的财政已处于完全崩溃的边缘。对政府而言，必须认真考虑严峻的通胀形势所带来的危险，必须采取强有力的措施平衡预算，同时避免货币继续扩张。但不幸的是，政府领导人们认为抗战胜利可以自动解决通胀问题。政府将接管东北和台湾的财富，以及此前敌占区内那些有价值的日伪资产。

同时，抗战胜利提高了中国在国际事务中的地位，国民政府也暂时实现了全国的统一。政府认为，这些因素本身足以构成发行货币的潜在条件：如此庞大的财富不仅给流通中的货币提供了支撑，而且即便再发行几倍数量的货币都不成问题。这种危险的过度乐观情绪，促成了国民政府在胜利之际推出了不现实的财政政策，而正是这些政策将中国推向了经济解体、政治灾难。

在抗战即将结束的1945年7月底，后方以未动用的美国财政部借款（针对中国政府为美国军队的开支，美国给予的第二笔大额信贷）及中国中央银行持有的外汇、黄金和白银为保证，发行现钞4 623.27亿法币。每美元（等值）储备对应538元的流通中法币。到1945年底，纸币发行额已经达到了10 319亿元法币，每美元（等值）储备对应1 200元法币。敌占区银行此前发行的“中储券”41 993亿、“联银券”1 420亿元，分别由华中和上海的4亿美元敌伪财产（即每美元对应10 498元“中储券”）和华北的2 000万美元敌伪财产（即每美元对应7 100元“联银券”）担保并继续流通。

通盘考虑法币和伪银行券，储备的问题并非不能解决；如果政府能够实现预算平衡的话，重新安排币制也未尝不可，而实现预算平衡并非遥不可及。胜利伊始，因为战时囤积的物资都涌到了市场上，物价压力暂时缓解。通胀趋缓让政府开支有了一定的腾挪空间。与此同时，主要工商业中心所在的沿海地区经济开始复苏，关税、盐税和统税将恢复到战前的水平。为了充分利用这些机会实现财政平衡，政府的确应该实施快速复员计划，这也是所有政治派别所呼吁的。

1946年1月，由国民党、共产党和其他小党派参加的政治协商会议召开，最终通过了一项和平重建计划[①]，有三项内容是关于财政

① 此计划即《和平建国纲领》，又称政治协商会议施政纲领或共同纲领，1946年1月24日《新华日报》全文刊印，下述财政和货币改革内容相关译文亦直接摘引于此。但关于军队复员的内容实际出自此次政治协商会议结束后于1946年2月25日签署的《关于军队整编及统编中共部队为国军之基本方案》第四条第一、四节，系国民党代表张治中、共产党代表周恩来、美方马歇尔三方参加的整军谈判成果，并非《和平建国纲领》内容，参见《政治协商会议纪实（下）》，重庆出版社，1989年10月第一版。

和货币改革的：

> 财政公开，厉行预算决算制度，紧缩支出，平衡收支，划分中央与地方财政，紧缩通货，稳定币制，并公布内外债之募集及用途，由民意机关监督之。
>
> 改革税制，根绝苛杂与非法摊派，归并征收机构，简化稽征手续，以资本及收入定累进税则，并厉行国家银行专业办法，扶助工农事业之发展。
>
> 征用逃避及冻结之资产以平衡预算。

两项内容关于军队复员：

> 本协定公布后十二个月内，政府应将九十师以外之各部队复员，中共应将十八师以外之各部队复员，复员应立即开始，并大致每月裁撤总复员人数十二分之一。
>
> 在上述十二月之时期完毕之六个月内，政府军应更缩编为五十师，中共更应缩编为十师，合计六十师，编为二十军。

各政治派别形成的这些决议，也反映了商界人士的共同诉求，他们认为必须进行大刀阔斧的改革，否则通胀还将继续，财政金融改革将无从谈起。

但国民政府的领导们没有认识到经济形势的严峻性，各级政府部门则是变本加厉地延续着入不敷出的格局，更没有通过所得税或鼓励储蓄等手段来有效地抵消货币供应增加带来的影响，更没有充分认识到这些光复地区的实际问题：产出水平低；因为日本人遗留下的通胀，公众对官方管理货币不信任；战时藏匿的货币如今进入流通领域。

在胜利消除了战争给人们造成的身心压制之后，巨额的货币流通量，加上人们普遍急于脱手手中的伪银行券，这导致对商品的需求大幅增加。此时正需要实施紧缩政策。但政府的开支、收入和举债政策再度无视其对加剧需求的影响。财政政策带来的过剩可支配收入的影响并没有被化解或减轻，局势持续恶化，直至中国的货币体系崩溃。

政府支出

1945 年的政府支出预算是 2 638 亿法币，但当年的实际支出接近预算的 9 倍，达到 23 480 亿法币，其中的 60% 是在抗战胜利之后的 8 到 12 月份花出去的。1946 年的支出预算是 25 249 亿元，但到 5 月底已经花掉了 15 000 亿，全年的实际开支达到了 75 747.9 亿法币，接近预算的 3 倍，是战时开支总额的 2.9 倍。

政府战时开支主要花在军事上，但胜利之后，除了用于针对共产党以外，大笔的支出用在了善后和社会经济重建方面。政府事务及相应费用随着通胀的加剧而增加，开支因此大幅上升。1947 年的开支几乎是 1946 年的 6 倍；1948 年上半年的开支预算是 960 000 亿，几乎比前一年的全年实际开支翻了一番。到 1948 年 7 月底，即货币本位调整的前一个月，实际开支已经达到了 6 554 710.87 亿，接近预算数字的 7 倍。战后政府收入也在增加，但因其持续大幅落后于开支增幅，赤字便成了天文数字（见表 8–1）。

表 8–1　1945—1948 年中央政府支出、收入和赤字 [1]

（单位：百万法币）

时间	开支	增长	收入	增长	赤字
1945	2 348 085		1 241 389		1 106 696
1946	7 574 790	2.2 倍	2 876 988	1.3 倍	4 697 802
1947	43 393 895	4.7 倍	14 064 383	3.9 倍	29 329 512
1948（1~7 月）	655 471 087		220 905 475		434 565 612

1　1946—1947 年收支数据基于前引张维亚著作第 243 页数字；1948 年 1~7 月收支数据基于中央银行国库账户信息。①

单一资料源无法给出战后政府支出构成的细节。综合不同数据报告，表 8–2 列出了 1946 年、1947 年和 1948 年上半年政府支出的具体项目构成。

① 作者在计算增长倍数时没有扣减前一年的基数，即原文表格中将 1946 年的开支增长倍数测算为 3.2 倍。本书中多处测算增减比例 / 倍数的内容均存在这一问题，翻译时全部做了修正。以下不再赘述。

表 8–2　中央政府 1946—1948 年支出构成估计[1]

（占总支出比重，%）

开支项目	1941—1944 年平均占比	1946 年	1947 年	1948 年（1~7 月）
1. 国防开支	60	59.9	54.8	68.5
其中：军费	50	53.6	48.4	64.1
粮食征集费	10	6.3	6.4	4.4
2. 债务支出	5	0.6	1.2	2.6
3. 经济发展	10	11.0	14.3	5.2
4. 一般行政开支	25	28.5	29.7	23.7
其中：部门开支	7	13.2	17.8	13.7
对省级政府的补贴	5	6.4	6.4	7.2
公职人员津贴	2	—	—	—
善后救济	—	8.0	4.9	—
其他	11	0.9	0.6	2.8
合计	100	100	100	100

1　军费和经济发展开支基于财政部统计处和主计处编制数据；其他开支基于财政部统计处编制收支报告。

军费开支

1946 年的政府预算将军费占政府开支总额的比例降低到 43%，几乎相当于战前的比例水平。政府宣布其计划在此间削减军费开支，行政院院长1946年3月8号的一项声明中也做了表态：

> 战争期间，我们必须为胜利而战，政府根本无法减少士兵数量。政府财源枯竭在所难免，也寻找了每一个可能的军事资金来源。而今，战争已经结束了，必须坚决削减军费开支。在最近召开的军事会议上，政府决定将军队的规模从253个师减少到90个师。这项任务完成之后，政府的负担就减轻了，但落实这项决定需要时间。今后的任务很艰巨，需要付出很大的努力。政府同时将为军队缩编提供一部分资金。

此次讲话发表不久，国共谈判破裂，不少地区爆发了军事冲突，政府再一次开始军事动员，军人数量维持在战时的450万到500万之间，1946年预算中的10 950亿军费开支总额在5个月之内花完了。按照财政部的一个官方说法，1946年的实际军费开支占政府支出总额的比例达到了60%。随着战事扩大，军费开支的比重更大了，到1948年上半年时已经上升到占政府开支总额的68.5%。

善后救济

政府支出在1945年第四季度增幅较大的部分，是对原敌占区的善后开支，包括在原敌占区重建中国管理机构、遣返日军士兵、接管并运营日本企业以及没收日本财产所发生的费用。这些项目总计花去了政府5 000亿法币，占1945年最后一季度开支总额的65%，占当年开支总额的比例超过20%。因为这方面的开支在最初估算时并没有标准，计划中的预算无法约束政府官员，后者便肆意挥霍善后开支。1946年和1947年的另外一项新开支是联合国善后救济总署的项目费用。这两项开支占总支出的比重分别为8.0%和4.9%。尽管其在政府1945年后开支中的比重不高，但在政府财政已经严重入不敷出的情况下，却是额外负担。

行政开支

如前所述，战时中央政府部门的激增导致公职人员人数大幅度增加，战争结束时中央政府工薪簿上的人数达20万之多。因为公职人员对收入水平极其不满，政府依据生活成本指数对公职人员薪给按季度调整，但幅度不及指数的全部涨幅。1947年初，转为每月调整一次；1948年4月，则变更为完全按照生活成本上升幅度自动调整。

这些不同的调整方式，导致工薪货币支出大幅增加。比如，1947年4~8月，政府每月开支的工薪增加了1 250亿法币；1947年9~12月为852亿法币，而到1948年1~4月则增加了8 718亿法币。这一手段可能对维持公职人员的士气很有必要，但却自动助长了工资–物价的上升螺旋。结果是，行政和部门开支在政府支出中的比重越来越大，在1947年占到了17.8%，1948年上半年为13.7%。

政府收入

政府增收受挫

抗战刚一结束，政府便计划通过改善直接税和间接税体系及处置敌伪财产来恢复收入增长。行政院院长在 1946 年 3 月的一项声明中表示，政府认为出售敌伪财产将带来大笔收入，但最终收入却远低于预期。销售黄金和外汇带来的非税收入短期内大幅增加，但随着储备下降且处置敌伪财产变得困难，非税收入也开始下降。非税收入没有跟上物价上涨的步子，而因为通胀危机和半战争状态的社会经济，政府又无法提高、扩展直接税。结果是，政府收入在 1946 年令人鼓舞地恢复之后，又越来越落后于物价和政府支出的增长（见表 8–3）。

抗战结束不久，财政部即宣布了税收政策的三个重要目标：（1）按实际价值（不变价格）计算，税收收入要恢复到战前水平；（2）在确定税率、决定评估方法时，要考虑到物价上涨水平；（3）应考虑利用税收作为确保收入分配更公平的手段。

乍看起来，关税、盐税和统税恢复到战前水平（按不变价格）似乎很容易，但这三个目标均依赖于一个完善的征税体系，而这个体系恰恰被忽略了。因为通胀给政府雇员带来的困难严重恶化了其服务质量，税收系统毫无效率可言。彻底的行政改革应该先于新的税收计划，且是将间接税恢复到战前水平的先决条件。

关税基于到岸批发价从价计算，税收收入随价波动。盐税和统

表 8–3　战后政府收入[1]

（单位：百万法币）

时间	税收收入			非税收入	公债销售	总收入	收入占总支出百分比（%）
	间接税	直接税	合计				
1945	81 504	20 749	102 253	1 076 313	62 823	1 241 389	52.8
1946	961 450	256 191	1 217 641	1 657 333	2 014	2 876 988	38.0
1947	7 133 910	2 012 129	9 146 039	4 330 000	588 344	14 064 383	32.4
1948	不详	不详	不详	不详	—	220 905 745	34.8

1　1946 年税收收入和公债销售收入（不包括外国专项贷款）数字基于主计处编制数据；1946—1947 年非税收入、1947 年税收收入及公债销售数字基于前引张维亚著作 244 页；1948 年（1~7 月）收入数字基于中央银行所记载政府收入信息，不可视为总收入确切数字。

税也是从价征收，但两者收入却明显滞后于物价总水平变化。盐价由政府规定，其中难免存在自说自话，使得盐价远低于总体物价水平，而物价水平涨幅是盐价涨幅的两倍。统税基于前三个月的平均市场价格，但在通胀加速期间，为定税目的的市场均价同当期市场价格之间的差距却越来越大。比如，1947 年时的市场价格每三个月翻一番，统税收入要比按当期市场价格测算的税收收入低 1/3。在这种情况下，政府根本无从实现其将间接税恢复到战前水平的初始目标。1946 年，从这些税种上获得的真实收入是战前的 41%，到 1947 年下跌到了战前的 34%。

直接税的情况要稍好一些，其占税收总收入的比重在 1946 年有所上升。但直接税体系仍然效率低下。评估方法落后、良好受训人员不足，一方面导致逃税严重，另一方面政府完成征税的时间大大延长了。一个例子足以说明烦琐的行政系统导致政府真实收入的损失。税务局估计，上海某公司 1945 年的所得税应该是 600 亿法币，但行业公会的评估结果却只有 130 亿法币。税务局和商会经过长时间的沟通谈判后，当局将其评估数降低到了 450 亿法币。该公司拒绝接受这一评估结果，并一再强调特殊时期的经营困难，最终仅在 1946 年底实际缴付了 45 亿的税。此间，商品价格上升了 9 倍，政府所获税收的不变价值降低到了 5 亿法币，也就是其最初评估值的 1.1%。

为解决直接税存在的这些问题，政府做了很多努力，但收效甚微。根据 1946 年初公布的一项规定，政府保留了税负自我评估制度，要求赢利企业在财务（也是公历）年度结束后一个月内申报其应纳税所得额。但税款是在税务部门核实申报真实性并通知纳税人其税负情况后才由后者缴纳。专业人士的个人所得税首先由其各自的行业公会认可，然后再转交税务部门评估。税务部门每年有权对5%~10% 的公司进行调查，以确保其收入没有错报、瞒报。1947 年初又颁布了一项新的条例，规定在税务部门做出最终评估前，先付一部分暂缴税。有所得税纳税义务的公司和个人均须暂缴税款，具体数额由税务局基于纳税人申报所得测算。

这些措施取得了一定效果。按不变价格计算，来自直接税的收入在 1947 年下降了 13%，远低于间接税 18% 的幅度。但直接税收入仍大幅滞后于收入和物价涨幅，1948 年 1 月，政府最终推出了一项预缴所得税的方案。到 4 月中旬，纳税人需要预缴的税款是 1947 年的 6 倍，在最终完成全年的评估之后，预缴税从其总税负中扣除。由于此间通胀势头迅猛，政府被迫于 1948 年下半年再度预征税款，这一次的规模相当于 4 月份时的 40 倍，是 1947 年全部税款的 240 倍。

各类税收在政府收入中的百分比变化见表 8–4，其中也给出了战前的相关数据。

表 8–4　政府税收构成 [1]

（%）

	1936—1937 年	1945 年	1946 年	1947 年
关税	47.8	4.1	25.9	26.9
盐税	25.8	52.7	19.1	13.9

（续表）

	1936—1937 年	1945 年	1946 年	1947 年
统税	25.8	23.0	34.0	36.9
间接税合计	99.4	79.8	79.0	77.7
直接税合计	0.6	20.2	21.0	22.3
总计	100	100	100	100

1 该百分比数据基于主计处编制 1946 年和 1947 年上半年收入报告（未公开）中的数字测算得出。

值得注意的是，国民政府犯了一个严重的错误，就是在抗战胜利后继续施行田赋征实和粮食征借。自耕农们在抗战期间认为，抗战一胜利，加在他们身上的特殊负担就会取消，他们因此满足了政府对农产品的需求。而政府本已在 1945 年底亲口宣布对原敌占区的纳税人免除 1945—1946 年的田赋，后方的则免去 1946—1947 年的田赋。言犹在耳，风向就变了。虽然税率被砍了一半，但后方的地主还是被要求用实物缴纳田赋、支付征借。在 1946 年 7 月的财政会议上，考虑到同共产党的全面战争迫在眉睫，政府再度改变了决定，延长这些饱受批评的税收，且是全额缴纳，不再减免。这一举措使得政府在 1945 年节约了 8% 的开支，1946 年和 1947 年分别节约了 8.2% 和 7%，见表 8–5。另外，中央政府同意将这些实物的 70% 按市场价格拨付给省县级政府，而不是向后两者归还征税权。

政府再度恢复征兵，这同抗日期间一样造成了农业劳动力的短缺，增加了农业生产成本。战时损毁严重的交通设施并没有修复，农业地区相对于沿海地区仍然处于半封闭状态，内地的基础原材料

表 8-5 1945—1948 年田赋[1]

（实物征收、征借，单位：蒲式耳）

农事年		田赋	征借	征购	合计	田赋征实货币估值（百万法币）
1945—1946	稻米	11 899 102	13 236 602	—	25 135 704	188 604
	小麦	2 817 627	1 311 428	—	4 129 055	—
1946—1947	稻米	25 501 156	11 897 148	—	37 398 304	624 675
	小麦	2 907 967	1 553 809	—	4 441 776	—
1947—1948	稻米	5 417 250	—	12 300 250	17 717 500	3 015 899
	小麦	637 162	—	1 953 377	2 572 539	—

1 田赋征实数字基于财政部《财政金融简报》信息编制。货币价值根据中央银行编制上海粮食价格指数测算。大米价格：1945—1946 年，19 300 元法币 / 担；1946—1947 年，44 390 法币 / 担；1947—1948 年，443 800 法币 / 担。大米收购价格按市场价格的一半计算，小麦价格是大米价格的 80%。

和加工消费品价格快速上涨。成本和价格的上涨，使得自耕农身上的田赋和征借负担越来越沉重，他们认为，其苦难源于政府对农业人口的歧视和压制性政策。

处置敌伪资产

1946年的预算中，预计出售敌伪资产收入6 200亿法币，约占预估总收入的1/3，只比预估的税收收入略低。预算收支之间有一个6 200亿元的缺口，政府一再强调将通过出售敌伪资产获得的额外收入来弥补。据信，敌伪资产市场总值12 000亿法币，按当时汇率折算为6亿美元。其中物资及原材料占26%，工厂37%，不动产11%，金银珠宝14%，码头仓库8%，其他杂项4%。

如果政府按照政治协商会议决定的方案落实了出售这些资产的想法，那平衡预算的目标可能就实现了。这些资产的出售一方面能为政府带来可观的收入，另一方面还能从总需求中吸纳大量现金和信用，从而抑制通胀压力。但事实证明，在不同的处置方案中做出选择是困难的，恰如利用收入来平衡开支的难度。

最有价值也是最便于市场化处理的资产，是日本人在中国开设的棉纺厂，这些工厂被转为了国家控制的企业。码头和仓库给了官办的中国轮船招商局，大部分库存物资拨给了国防部，原材料被国家工厂据为己有，金、银给了中央银行。这样一来，大部分的敌伪资产被政府或其下属企业留用了。截至1946年底，向公众出售敌伪资产共收到5 000亿法币，为原来估计价值的4/5，按不变价格计算则为 1/3，因为年底的批发价格翻了一番还多。另外，出售资产收入仅够当年开支的 6.6%，而不是预算中估计的近 1/4。

1947 年的预算中，预期出售敌伪资产净收入 8 000 亿法币，占预计开支总额的 8.5%。尽管当年该项收入约 9 000 亿法币，但占实际开支的比重只有 2%。在通胀于 1947 年的前几个月加速时，中央银行强烈建议政府出售工厂、码头和仓库。政府成立了一个处置资产的计划委员会，但其就处理这些资产的适当方式问题争论了一年也没有形成一个结论。1948 年春，政府将 2/3 的前敌伪棉纺厂（价值 2 亿美元）及其手中所有的仓库码头（价值 1 亿美元）划给了中央银行，让后者出售这些资产从而为发钞筹集储备。但此时的政治经济形势极不稳定，私人投资者对固定资产几乎没有什么需求。即便这些资产经由中央银行处理了，其对舒缓通胀压力的作用也微乎其微。

财政部认为另一项有希望的收入来源是出售美军在太平洋小岛上留存下来的物资，这些物资被中国政府按初始成本的 17% 购得。可供出售的剩余物资总值约 5 亿美元，但真正交割价要低得多——仅 7 000 万美元。在 1947 年的预算中，政府期望通过出售这些物资实现 11 200 亿元法币的收入，相当于预期支出的 12%。实际的出售所得为 11 910 亿法币，约为实际支出的 2.7%。至少有一半的资产拨给了自身缺少收入来源的政府部门。两年后，通过公开出售获得的账面收入仅是向中国政府交货值的 36%。

出售黄金和外汇是政府的第三项主要非税收入来源。后面的章节将讨论黄金公开市场操作和政府的外汇政策，这里只是简单提及。大量出售黄金和外汇，加上处置敌伪资产，使得 1946 年的非税收入高出税收收入30个百分点。出售黄金和外汇的净收入为5.12亿美元，约合12 000亿法币[①]，相当于支出的15%。1947年初停售黄金，卖出外汇的数量也下降了，当年出售这两项资产的收入为2.6亿美元，回收了约31 290亿法币，占支出的比例为7.2%。

前面的讨论反映了一个重要信息，即政府在这段时间严重依赖非税收入，特别是出售资产。这种做法不可能无休止地重复，政府也无力承受。尤其值得一提的是，如此随意出售的黄金和外汇，原本可以用作支持货币改革的压舱石的。没有一个实现财政稳定的扎实而全面的政策，这些出售行为只会浪费中国的资源，削弱政府的生存能力。

普遍的看法是，在重新控制整个中国之后，政府应立即利用其战时财政方面的经验，彻底改革税收制度。然而，政府不是通过全面的税收制度改革来彻底地解决公共开支问题，而是仍然固守20年来已被证明不合时宜的间接税模式。未能重整税制以遏制总需求的扩张，是战后通胀压力持续存在的根本原因之一。

赤字财政

1947年5月，中央银行最后一次敦促政府夯实基础、整理财政。时任中央银行总裁[②]认为，除非马上实施预算改革，否则通货膨胀将失控。他吁请蒋委员长限制政府每月从中央银行的提款额，限定的

① 原文为12亿法币，应为作者笔误。
② 即作者本人。

额度应该是中央银行不用诉诸继续印钞就能努力满足的。

中央银行之所以提出这一建议，是因为其抱有这样的希望，即如果政府能够在一定程度上实现财政稳定，中国在推行货币改革方面将获得美国的支持。政府当时每月的赤字数大约是 15 000 亿法币，中央银行建议将其控制在每月 10 000 亿以内。中央银行通过储蓄存款、出售美元公债和短期国债可以解决一部分赤字，其余的赤字由财政部通过增加税收或减少开支的方式来解决。

由蒋委员长、政府总理、财政部部长、主计长和中央银行总裁参加的几次会议讨论了这一建议。唯一的反对意见来自财政部部长。他坚称，只要物价持续快速上涨，就无法控制预算，而且他作为财政部部长不可能拒绝军费开支的要求。他的意见得到了政府领导人的默许。结果是，这份可以从根子上解决通货膨胀问题的计划就被搁置了。

因为预期其方案将被采纳，中央银行在预算改革方案仍处于会议探讨阶段时，便开始千方百计地筹措资金，以便在不增加钞票发行的情况下给政府提供垫款：公开发售价值 1 亿美元的美元公债，外汇认购、美元归还；同时发售 3 亿美元等值的国库券，按到期日官方美元汇率用法币归还。虽然这些公债 4 月初刚面市时公众反应尚属正面，但公众一得知政府无意缩减自银行的借贷规模、新钞再度充斥市场，黑市上的外汇汇率随即变得远高于官方牌价，物价亦跟着上涨，公债和国库券的认购快速萎缩。待 1947 年 8 月结束认购时，美元公债的认购总数仅有 25 819 550 美元，相当于计划募集额的 1/4，而主要认购者则是大的商业银行和棉纺厂。

这是自抗战之初发行救国公债以来首次重大主动募集。在通胀时期，这些外汇资产是持有者最有价值的资产。不幸的是，财政形势的发展很快导致政府违反了用外币偿付债务的义务，公债变得一文不值。认购者不会忘记这种无耻的违约行为。1947 年 4~8 月间，国库券的认购额是 5 142.25 亿法币，相当于 30 834 680 美元；1948 年一季度的认购净额是 33 555.16 亿法币，相当于 11 635 660 美元。由于外汇大幅升值，3 月份之后，用法币计价的新短期国库券代替了此前发行的国库券，并大幅折价发行。市场对这次发行的反应极差。公债发行收入占总支出的比重约为 4.3%。

从 1947 年开始，政府赤字几乎完全依赖增加纸币发行来维持。到 1947 年底，政府信贷需求数额巨大，以至于银行不得不停止对私人业务提供融资服务，纸币发行量的增加亦完全源于政府的信贷需求（见表 8–6）。

表 8–6　1946—1948 年政府赤字、银行垫款和增加的发钞量 [1]

时间	赤字（百万法币）	银行给政府垫款（百万法币）	纸币增加量（百万法币）
1946	4 697 802	4 697 802	2 694 200
1947	29 329 512	29 329 512	29 462 400
1948（1~7 月）	434 565 612	434 565 612	341 573 700

1　政府赤字基于表 4–1；政府垫款和纸币发行量基于中央银行记录。

战后时期（1946—1948 年 7 月）政府通货膨胀性财政的总体情况如下：

战后政府开支，70 878 785 700 万法币；

税收及其他收入，23 725 675 800 万法币；

非通货膨胀性借款，59 035 800 万法币；

通胀性借款，46 971 762 200 万法币；

虽然获得了1.3亿美元的外国贷款，但这些资金被指定用于购买船只、设备和原材料，并不会带来法币收益，所以赤字也无法因此减少。除极个别情况外，这些罗列出的财政模式同此前描述的战时痛苦经历很相似。显然，从过去吸取教训是困难的；即便很好地吸取了教训，有勇气去善用教训同样也是困难的。

1948年降低政府财政赤字的努力

1948年8月，在货币本位改为"金圆"时，财政部就未来12个月的收支情况发表了预估报告。这些数字给人的印象是，预算情况将奇迹般地改善：在政治经济形势没有改变的情况下，要把赤字占开支的比重从70%降低到30%。预计的开支和收入额分别是36亿金圆（相当于1.08亿亿法币）和24.6亿金圆（相当于7 380万亿法币）。这样一来，在1948年8月—1949年7月的一年内，支出是1948年前7个月的16.5倍，而收入则不得少于同期收入的33倍。

政府将开支限制在计划数字以内的能力，取决于控制物价和工资的成功率。随着物价和工资上限方案在1948年11月彻底失败，政府已经无法将开支控制在规定限度内。财政部对收入的估计同样是不现实的。预计的收入构成情况是：关税 4.8 亿金圆、统税 7 亿金圆、直接税 3.6 亿金圆、盐税 2.2 亿金圆、其他税收及政府企业盈利 2 亿金圆，以及出售美国剩余物资和前敌伪资产的收入 4 亿金圆。因为可供出售的美国剩余物资和敌伪资产已经被政府卖光了，对这方面收入的估算，至少可以说是偏乐观了。幻想收入将恢复到战前水平（按不变价格）同样是不切实际的乐观。

外汇短缺导致进口下降，再加上出口规模有限，关税收入远不及预期。同样，通胀肆虐导致工厂产出和销售均大幅下降，统税收入也受到影响；盐税则是一项低效的增收手段，原因在于官定盐价因定税目的而极其低廉；直接税也不可能增加，且逃税情况日趋严重。

政府计划通过两方面收入来解决赤字问题，一是出售基于 1948 年《援华法案》获得的美国物资的收入；另外是通过发售金圆公债。说到出售的物资，因为是在美国备货，等它们被运到中国已然耽搁了太长时间，所以其收入远远低于政府的预期。而公众对于公债的信心早在几年前就丧失殆尽，中央银行几次公债和国库券发行连遭失败便说明了这一点，因此，金圆公债的发售情况并不比此前的情况好。这些因素使我们很难理解政府的想法，即在不采取稳健的财政措施的情况下可以解决赤字问题。

1948 年 9~12 月的政府收支情况（表 8–7）表明，除了 10 月份赤字占开支的比重降低到 49% 以外，8 月份的货币改革并没能遏制政府财政状况的持续恶化。

表 8–7　1948 年 9~12 月政府收支[1]

月度	支出（金圆）	收入（金圆）	赤字占开支百分比（%）
9	343 414 000	108 854 000	69
10	282 833 000	145 090 000	49
11	674 944 000	172 410 000	75
12	2 649 609 000	446 747 000	83

1　数据基于中央银行记录。

当金圆体系于 1948 年 11 月初开始崩溃时，政府无法对收支情况做进一步的预估。在共产党进占北京和天津后，南京中央政府的权威被动摇了，各省政府开始发行兑付银圆的本地银行纸币，同时截流原本属于中央政府的各项收入。到 1949 年 2 月，政府宣布用关金单位（1 个关金单位等于 0.4 美元）或等值的金圆券征收关税；实物征收统税，或在征收之日以市场价格征收等值的金圆券。军饷则以银圆或等值的金圆券支付。3 月，因为实物征收统税的打算遭到抵制，政府设计了一种新的税金单位，作为计算关税之外所有税负的基础，一个税金单位等于 1/100 盎司黄金。在国民党防控经济崩溃的过程中，这些措施毫无意义，且导致了金圆券的贬值。当政府于两个月后从南京撤到广州时，其在政治经济上已毫无信用可言，任何财政政策都无力回天了。

国民党政府在其从南京迁至广州的那段混乱时间里，并未发布政府收支报告。在短暂驻留广州期间，政府重新启用了银本位。1949 年下半年的政府支出为 255 846 154 银圆；收入为 31 738 420 银圆，占支出的 12%。由此产生的赤字只能靠黄金、白银和外汇来弥补，因为公众已经不接受银行纸币了。

第九章

货币市场和对私信贷

货币市场、对私信贷和总需求

庞大且快速增长的政府开支，加上税收政策的不完善，造成了可支配货币收入的巨幅增加，这是中国总需求增长的一个主要因素。第八章已就此做了概述。本章将探讨总需求的第二个主要推动因素，即对私信贷的扩张。

中国内地的信贷业务在战前少之又少，金融资源和机构几乎完全集中在通商口岸。在这种情况下，当战争席卷中国、政府需要撤到内地继续持久战时，为便于工商业从沿海搬至内地、鼓励内地新建企业和物资的生产运输，政府采取了自由宽松的信贷政策。信贷可以用于支持工商业搬迁、开办新公司、购买成品并将原材料运往内地。这一政策的直接影响是增加了后方的物资总供给，同时也将通胀压力稳定在相对温和的状态。

但到 1939 年底，日本的封锁加上内地落后原始的生产设施对外部刺激反应迟缓，导致后方资本品和原材料枯竭，特殊物资的短缺加剧。工商业很容易获得信贷，政府原本是期望增加商品供应的，而今只是促使竞争者竞相加价；增加的货币供应并没有伴随着真实产出的增长。同时，商人对物价持续上升的预期刺激了他们对信贷的需求，用以购货囤货。这样一来，用于生产目的的信贷就少了，参与投机的多了，且后者更赚钱，因为其不受困扰生产性企业的各种复杂问题的影响，而且借款利率实际上低于物价涨幅。

甚至农村的信贷也未能免于投机诱惑。信用合作社的官员们将他们经手的资金随意截留，用于短期投机，然后再发放给需要资金的农户。这种现象非常普遍。随着通胀的加速，全社会都充斥着投机的气息，实际上每个人都在寻求信贷以博取快速收益。

当原本就不健全的沿海金融机构，移植叠加到内地原始的信贷结构上时，结果难言理想，最终结果自然不如人意。政府在控制信贷总量和流向上遇到的困难，与银行业结构上的缺陷有很大关系。

尽管政府的银行均被赋予了特殊的职能，但其职能划分并不明确，各银行业务间存在着激烈的竞争。比如，尽管有农民银行，但除了中央银行之外，所有的国家银行均开展农贷；反过来，农民银行也发放工商业贷款，同时开展外汇业务。各地商业银行和钱庄（多数资本金不多，只有存款账户）的经营依赖两个渠道的短期资金：高利率吸引来的短期存款；城市和周边省份之间的汇款资金。短期存款体系中最具代表性的业务是四川一些城市风行的“双周拆息”：吸收期限为两周的存款，同时将这些资金用更高的利率放出去，期限与存款期限相同。这种短期的存贷款业务，主要是钱庄在操作，但商业银行也有经营。在通胀加速期间，它俨然成为投机者重要的牟利工具。

不仅内地居民没能通过银行形成储蓄的习惯，更重要的是，纸币持续贬值本身就不鼓励储蓄。另外，发展滞后的内地银行业也无法有效利用已有的储蓄。结果，由银行信贷维系的投资和投机活动，并没有在银行体系内对应产生新的储蓄。伴随普通贷款增长的银行储蓄增加代表着动态平衡，也说明资金进入了流通领域。政府不积极支持对私信贷时，对私信贷也不由其控制，这样一来，对私信贷的扩张（即不包括银行给予政府的垫款）对总需求的影响也随之越来越大。

战时信贷扩张最大的缺点在战后被放大了。抗战结束时，政府没有推行急需的银行业改革，其政策却是要恢复战前状态。但因银行业水准普遍降低、商业银行和钱庄野蛮发展（尤其是在中国的金融中心上海），以及战争期间的过度投机，即便是恢复到战前状态的想法也无从实现。政府收紧信贷的间歇性努力完全是徒劳，信贷扩张实际上仍在加速。到1949年时，对私信贷的扩张超过了赤字融资，成为通胀肆虐的主要推动因素，而主要的责任是在国家银行身上。

战前的货币市场和对私信贷

独立但发展迟缓的货币市场

中国银行业的发展，不像是一棵有干有枝的树，反而像一个树丛，不断地从间隙里长出新树。在这一发展过程中，不同业态之间及同一业态内部的竞争，使得整合极其困难。结果是，等到抗日战争于 1937 年爆发时，中国仍然没有形成统一的银行体系。

像汇兑这样开始于 13 世纪的中国银行业业务，是由民间的货币交易商在操作，其发展到今天就是我们通常所指的钱庄。钱庄的设立基于家庭或家族成员或朋友之间的合伙关系，合伙人须为其承担无限责任。随着通商口岸的开通，外商银行出现了。第一家外商银行于 1857 年在上海开业；后来，每个缔约国均在不同港口开办了银行。除了早期的功能之外，钱庄亦开始在外商银行和中国商人之间扮演中介的角色。作为各通商口岸不同金融机构的代理人，内地钱庄日益在内地城镇、农村和沿海城市之间发挥着关键的纽带作用。因此，外商银行和中国钱庄之间的业务存在互补关系。

然而，中国工商界并不满足于这种状况，同时也出于声誉的原因，一家类似新式西方银行的中资银行于 1897 年成立了，它也是在接下来几年里涌现出的诸多新式银行中的第一家。尽管这些银行的资金无法同那些外商银行竞争，在业务的适应性、经验以及类型上也比不过传统的钱庄，但新式商业银行作为银行业的新生力量，体现了新的商业智慧，也是对中国商界的爱国支持。因此钱庄、外商银行和中国新式银行同时并存，既有着各自独特的业态，同时兼具另外两种金融机构拥有的不少职能，中国的银行体系于是有了雏形。

钱庄的主要功能是接受存款，基于个人担保向中国商人和商号发放短期贷款。钱庄大部分业务限于其所服务的本地市场，其资金来源为活期存款、银行间存款以及外商银行或新式银行的拆借。外商银行给中国大部分的海外贸易提供融资、给中国境内的外资工业提供贷款，同时向钱庄提供拆借资金。外商银行资金充沛，一是这些银行通常用外汇购买中国货币，二是因为中央银行在1928年成立之前，外商银行负责操作对中国政府的外国贷款，同时还是关税、盐税和铁路收入的托管人，因此得以用这些收入作为贷款资金来源。

中国新式银行向中央和地方政府提供垫款，同时向规模比较大的中国企业提供贷款。钱庄无力全部满足这些大企业的信贷需求，而这些企业的商业模式又不被遵循西方标准的外商银行认可。于是，这些新式银行便通过接受钱庄的支票向后者提供短期贷款，并通过在钱庄类机构保留活期存款等方式，为部分国内贸易提供融资。在中国政府开始发行证券时，新式银行成为公债最重要的买方，同时也是公债市场最持久的支持者。随着时间的推移，这些银行通过增加其纸币的流通（这使得它们在最初几年积累了银圆），同时依托政府及私人存款的增长，逐渐提高资金规模。

如前所述，中国银行体系的一个主要缺点早在抗战之前就很明显了。钱庄主导的短期信贷市场，阻碍了有组织的贴现市场的发展。中国的新式银行同外商银行一起，为钱庄提供短期贷款，但这类业务风险很大，因为钱庄的惯例是允许其客户在没有抵押保证的情况下透支。新式银行不想在这种不确定的情况下增加其信贷业务，甚至都不准备继续开办这一业务了；但它们又不想停止给钱庄的贷款，更无意提高对钱庄的贷款利率，因为担心外商银行抢了这些业务。作为替代选择，它们在1936年建立了一个重贴现市场，鼓励有真实业务背景的票据交易，希望杜绝钱庄那种无效的做法，同时通过调整贴现率控制信贷供应。

这些努力并不成功，原因有两个方面。一是公众的抵制，在他们看来，新体系重形式且烦琐；二是钱庄的阻挠，它们认为新式银行正计划蚕食它们的传统领地。此外，对于未能发展起一个强大的贴现市场，三家国家银行也须承担相当大的责任。这三家国家银行未能承诺合力支持这一工程，它们之中也没有任何一家愿意单独承担推广重贴现业务的风险。如果国家银行表现出支持贴现市场的意愿，所带来的心理效应可能会在一段时间内催生一个繁荣的票据市场。就这样，钱庄的无担保贷款仍然是短期商业信贷的主要形式。

未能建立中央银行体系

令人诧异的是，尽管在 20 世纪初即成立了两家国家银行，目的即为落实中央银行职能的中国中央银行也于 1928 年成立，但中国却并未能建立一个中央银行体系，这背后存在多个因素。

中国政府常年赤字，其历史可以追溯到 1912 年共和初创之时，这种国家财政状况在 30 多年的时间里一直主导着银行政策。政府因此将国家银行视为财政事务的附属，而不是经营“支持和规范货币市场”业务的机构。1905 年[①]诞生了第一家国家银行“户部银行”，两年后，该行改称大清银行。其被授予了唯一的发钞权，同时成为政府的财政部门。但与此同时，在邮传部的建议下，另一家国家银行“交通银行”也被授予了同样的特许权。1912 年，大清银行根据

① 原文为 1906 年，疑为作者笔误。

新的则例改组为中国银行，而交通银行也基于一个新则例获得了纸币发行权、代理财政事务的授权。这样一来，中国银行在发钞和代理财政事务方面的地位就同以往没什么两样，很难令人满意。1916年，中国银行上海分行拒绝了政府下达的停兑指示和止付令，而政府那样做旨在将银行的发钞储备转给政府使用。但交通银行则执行了政府的命令。

此次事件之后，公众对中国银行的支持增加，其存款和纸币发行量亦相应提高。不过，尽管中国银行的声望高了，这一声望也使其有机会成为银行业的领导者，但在交通银行强大的政治背景之下，中国银行无法行领导者之实。政府曾于1928年接洽中国银行，提出让后者作为中央银行，条件是让政府获得控制权。如果政府当时的财政状况良好，中国银行毫无疑问将接受这一要求，且可以凭借其长期的银行业经验和社会声望开展中央银行工作。

中国银行在当时意识到，如果放弃其独立地位，那将失去规避政府过度借款的唯一屏障，因此便拒绝了政府的提议。中国银行同意向政府提供一笔贷款，作为成立中央银行的资本，中国中央银行随之正式成立。在中国银行的坚实基础上建立一家中央银行的机会就这样失去了，而新成立的中央银行在获得货币管理经验和声望之前，必须历经发展商业性银行常规业务的漫长过程。

通过向数量众多的其他银行赋予纸币发行权，政府进一步限制了两家国家银行发挥中央银行的部分核心职能。外商银行从一开始就使用自己的纸币，但直到“一战”时，中国新式商业银行和省属官办银行才开始大量发行纸币。

当战争切断了中国的海外资金来源（多年来一直是解决政府赤字的主要手段）时，政府将目光转向了中国新式银行，利用纸币发行权来索取贷款或透支。政府向许多新式商业银行授予纸币发行权，以换得后者未来向政府提供支持。而与此同时，几家国家银行则被威胁——如拒绝配合政府信贷需求，则面临撤销特权或在遭遇挤兑时没有政府支持。外商银行在1914年发行的纸币种类最多，有11种之多，新式商业银行发行的纸币在1927年也多达11种。省属官办银行（在1927年有28家）也发行了几种可以用小铜钱或银币或地方银圆兑换的纸币。

由于在兑换纸币时违约，几家民营商业银行在几年间被陆续剥夺了纸币发行权。省属银行则因为地方军阀强制贷款耗尽了手中的白银储备，其发行的大部分纸币无法兑现且不断贬值。两家国家银行发行的良币在流通中无法与这些劣币竞争，这成为格雷欣法则的一个典型案例，且这些良币的使用也因此受到了很大限制。

随着中央银行于1928年成立，中国银行和交通银行表示愿意放弃纸币发行权，并将在政府偿还了两家银行提供的垫款余额（1亿元，占两家银行合计流通纸币的42%以上）后立即着手回收这些流通的纸币。但政府无法清偿这两家银行的债务，而且也不想失去这两个货币供应者。这样一来，情况没有发生任何变化，这两家银行继续一如既往地发行纸币。

为加强银行间的协调与合作，上海的银行成立了各种协会，但这些协会的影响力均不足以发挥银行业的领导作用。20世纪早期，外商银行公会、上海（新式）银行公会及监督各自成员业务的上海钱业公会成立。在 1932 年中日上海交战期间，中资银行发现自己处于流动性危机之中，因为地产价格急剧下跌，银行无法通过出售其投资品来满足支付承诺，而地产在当时被视为银行资产组合中最好的投资。上海银行公会和上海钱业公会分别组织了“联合准备委员会”，以各成员的非流动性资产为保证，在需要的时候向成员银行提供现金。

渡过危机之后，联合准备委员会仍继续运营，并管理着成员银行的清算机构——上海钱业清算公会及上海清算所。这两个清算机构在 1935 年曾短暂合并，但这种合作尝试并不成功，新式银行和钱庄仍然各自为政。虽然自律方面有了一些进步，但一个为形成银行业政策而生的联合性组织从来不曾存在过。在缺少一个强势中央银行的情况下，三个不同银行业群体的活动是不可能为了公共利益而彼此协调的。

1935 年，中国采取了包括李滋·罗斯先生在内的一些外国顾问的建议，开始进行影响深远的币制改革，从而迈出了建立中央银行体系的第一步。中央银行、中国银行和交通银行发行的纸币被确认为国家法定货币，商业银行和省属银行发行的纸币退出流通。然而，鉴于政府仍不能偿还中国银行和交通银行的剩余债务，战前并没有采纳“发钞应该集中于一个中央银行当局”的建议。

1936 年，政府下令接受农民银行发行的纸币作为法定货币。1935 年的改革计划考虑了中国的银行体系未来的重要变化。中央银行新条例草案的一个关键条款规定，政府持有该银行的股本不得超过 40%，剩余部分分配如下：私人银行 35%，公民个人 20%，省、市政府5%。17个董事中有8个、9个监事中则有5个必须在私人股东中产生。这一旨在确保中央银行独立性的条款，没有获得政府最高领导层的认可，该草案于是未能通过，战前也没有再做决议和行动。该草案还设想，中国中央银行将像联邦储备银行和英格兰银行一样，承担再贴现的功能，以期通过这种方式在一定程度上控制货币市场和信贷供应，同时将负责管理商业银行的法定存款准备金。很不幸，由于未能及时按照新的中央银行定位理念重整银行业，这些建议从未付诸实施。

因此，到1937年抗战爆发时，中国的中央银行仍在争取银行界的认可，但又没有必备的声望来发挥实质性的领导责任，此间主导银行界的是根基雄厚的中国银行和交通银行。中央银行的纸币发行权也是同这两家银行和农民银行共享。由于贴现市场的交易规模很小，中央银行无法通过调整重贴现率来对信贷供应产生大的影响，其甚至无法对公债进行公开市场操作。花费了大量时间才发展起来的政府公债市场，在1927年后因为屡屡改变偿债方式而遇冷，私人投资者于是为其资金寻找其他投资途径，尤其是外国证券市场和房地产。

无法吸引公众认购，政府便按低于市场的价格向银行出售公债。尽管银行在这些公债上可以获得超过10%的可观收益，但其资金却被这些认购行为所耗尽。结果，国家银行和私人银行均不愿意再降低其现金储备比例，也不想为了认购中央银行的公债而继续减少对私业务。在外汇市场上，中央银行同样毫无影响力。作为1935年币制改革的结果，外汇交易控制权从外商银行转到了中央银行。政府同时宣布，中央银行可以无限制地卖出外汇。中央银行被迫根据其他银行的需求按市场汇率卖出外汇，在其他银行条件满足的情况下，中央银行无法停止外汇供应。

掣肘中央银行的最后一个因素，是其董事会由政府提名者主导，而要考虑政治上的各种需要，就无法坚持稳健的财务原则。因此，在抗日战争前夕，中国的中央银行无法有效实施货币管理，这也是中国金融体系在抗战几年间的明显弱点。

银行业集中在上海

中国银行体系最重要的结构性特点，就是货币市场集中于上海。起初有三个货币市场，即华南的上海、华北的天津和华中的汉口，三者的共同背景是外商银行活动的增加、外贸扩张和外国租界的政治稳定，其发展方式也相同。在外汇市场上，各银行就电汇汇率及4~6个月的汇票、跟单汇票的买卖汇率提供报价。汇丰银行（被视为主要外汇银行的英国机构）上、下午的汇率报价，被作为市场其他银行的参考标准；钱业公会下的本土货币市场就国内汇款的内部汇率报价，同时就银行间存贷款利率、外商银行拆借利率、透支及固定贷款利率以及活期和定期利率报价。市场使用的纸币有两种，一种是中国新式银行和外商银行发行的纸币，另外一种则是钱庄发出的现金汇票。上海还有两家股票交易所，一家交易外国证券，一家交易国内证券。

1911年清廷退位之后，当时的中国首都北京经历了短暂的繁荣期，期望建立发展一个有竞争力的货币市场。因为政治不稳定，加上政府以很高的利率过度借贷破坏了正常的市场功能，这一努力非常短命。“一战”结束时，战败的同盟国交回了其在天津和汉口的租界，接着英国亦交回了在汉口的租界，从而降低了这两个城市的国际地位，进一步提升了上海的影响力。

国内外商人都觉得上海可以为贸易提供最好的保护，同时相信西方大国将把这种经济战略地位一直维持下去。内地持续不断的国内战争，将越来越多的中国人及其财富驱赶到了上海，甚至中国的银行也把它们的现金储备存放在上海，以防范军阀的抢夺威胁。1928 年，政府定都南京。新都距上海仅 250 英里，还不到北京—上海间距离的 1/4，这进一步强化了虹吸效应，将更多的金融活动吸引到上海市场。清算所交易额的增长是上海货币市场发展的重要指标，从组建第一年（1933 年）的 22 亿元增长至 1935 年的 58 亿元。1917 年，包括发钞储备在内的上海所有银行（钱庄、新式银行和外商银行）的白银储备合计只有4 700万元，到1935年已经增长到3.3亿元。据估计，这一数字超过了中国所有银行储备总额的一半。在天津的白银库存达到其峰值时（1935 年前的某时），其数量不足上海的 1/4，而汉口的库存则不足天津的一半。

中国普遍存在的一个观点是，通商口岸尤其是上海的银行业增长，是发展一个由中央银行管理且免受外国影响的综合性银行体系的主要障碍。该观点认为，中国新式银行从一开始就唯那些老牌、富有经验的外商银行马首是瞻，缺乏制定本国政策的动力；而中国银行家主动、独立思考的素质亦没有得到提升，他们无法在战时为解决中国金融问题做出更富创造力的贡献。这种观点还认为，中央政府推动银行业改革的希望渺茫，因为在上海的外商银行并不在其管辖范围内。比如，如果政府在1935年币制改革时就决定推行其强化中央银行的计划，上海的外商银行早该被要求遵循拟实施的举措，比如将现金储备存在中央银行。政府和公众越来越接受这一看法，即中外银行应该一视同仁。中国的银行最终并没有被要求推行真正的改革，而这些改革正是外商银行所不接受的。

这种认为外国租界对中国银行业存在负面影响的观点，陈述了很多事实，但平心而论，我们也必须认识到外国影响的有利方面。如果没有躲开各地军阀的掠夺，中国那些新式银行能否在最初几年的发展中存活下来都值得怀疑；如果没有外国租界，中国银行业的发展要突破钱庄阶段，也许只能等待比20世纪30年代之前更稳定、更开明的政治体制的到来；另外，如果没有在外商银行的协助下按西方模式设计内部组织和操作方法，中国新式银行不可能取得中国所有其他企业均无法比拟的效率。

显然，中国银行业的一些主要缺点——集中于上海、缺少独立的思想和视野——并非缘于其普遍的租界出身，而是因为中国政治不成熟，银行一直需要保护。国民政府的出现并没有完全改变各银行的看法，即银行身处上海可以减少政府可能提出的所有不合理的信贷要求。另外，尽管新式银行想将其业务扩张到没有外商银行竞争的内地，但在约束地方政府借款的法律缺位的情况下，它们不想冒这个险。即便是在上海本地，银行业也无法完全免于中央政府的干预，下面的事件就说明了这一点。

1935 年 3 月 28 日，政府在中国银行和交通银行获得了控制权[①]。政府原本仅拥有中国银行 2 500 万元股本总额中的 500 万元，如今又训令中国银行私人股东（同意向政府）再发行 1 500 万元新股份，让其以未上市的金融公债购买。同样的戏码在交通银行再度上演，令政府将该行大股东的地位亦收入囊中。而这两家银行的股东对私营管理方式下取得的进步非常满意，若非面临极端胁迫，他们是不会向政府屈服的。这类消息动摇了公众对新式银行体系的信心，也使得银行本身不愿意冒险远离相对安全的上海地区。

正是出于这几个原因，当时的私营银行才会一直被上海吸引，而这也使得它们在 1937 年难以承担带领中国走出战时通胀这一艰苦时期的责任。当沿海城市落入日本手里、政府回撤到无组织化银行体系的内地时，新式银行的人员和资金根本无法同步转移过来，而当地已有的基本信贷设施并不足以替代上海成熟完善的机构。

内地信贷资源不足

1911 年是农村经济命运的转折点。随后的连年战争使得大部分农村地区遭到摧残，这促使有产阶级撤离到通商口岸这些安全地区，农村土地价格随之大幅下跌，农业领域的主要资产被破坏了。旧的信用体系面临崩溃，但取而代之的新体系却还没有建立。尽管一些新式银行向农民发放贷款，但相比后者的真实需求，那一点贷款就

① 政府也是于当日委任张嘉璈为中央银行副总裁，他本人于次日辞去中国银行总经理职务。后人对这一安排有很多解读。

如同沧海一粟。

内地旧式信贷体制通常包括四类放贷主体：大城市里的钱庄、给小城镇里的小商人和农民赊账的商号、分布在居民密集区的典当行、农村里的个体放债人。因为整个农村地区的贫困状况在 1911 年后恶化，钱庄发现其存款下降但贷款却在增加，而来自新式银行的短期贷款也少了，它们正陷入破产的危险边缘。商号也不再提供足够的赊账额度，因为它们无法从钱庄获得足够的短期贷款。除了受到普遍的信用短缺影响，典当行还发现押在手里的物件的品质正在下降，处理那些未赎回的当物越来越难。它们缩减了业务规模，同时严格评估当物价值，当户只能获得非常少的贷款。信贷机构无法随意放贷，因为它们缺资金；而个人则无法借到款，因为地价跌得太多，土地已不被视为一个安全的抵押品，借款人拿不出可接受的抵押物作为贷款保证。这样一来，以往很好地服务于初级生产者的信贷服务如今只能消失了。

20 世纪 30 年代初的两个变化导致农村地区的形势进一步恶化。富裕的地主在 1911 年后搬迁至沿海地区，分流了农村金融机构手中的白银储备，如果不是内地在同沿海“贸易收支”中的常规顺差弥补了这些资金外流，那形势会更严峻。但当世界粮食价格于 1931 年触及低点时，中国市场上充斥着廉价的外国农产品，内地农产品价格因此下跌。内地同沿海“贸易收支”中的顺差变成了常年的赤字，内地白银储备亦自此迅速枯竭。白银出口价格在 1933、1934 年的上涨，加剧了这一趋势，因为对中国商人来说，在内地收集白银然后卖到国外才是有利可图的。

第二个负面因素是1932年1月中日爆发冲突时，上海货币市场停止活动，银行中止所有交易一周，而混乱的状况又一度持续。当年年底，财政极其困难的农村地区的钱庄，趁机拒不偿还欠上海钱庄的债务，理由是前者无法收回发放给内地商号、农民和贸易商的贷款。此举违背了“在阴历年底清账”的传统惯例，使得上海的货币市场不愿再给内地的钱庄提供融资，这几乎切断了内地和沿海之间最重要的信贷纽带。上海银行的疏远，加上内地白银库存的枯竭，严重削弱了旧信贷体系的存续基础。

储蓄存款增长迟缓

人们世代囤金存银、投资土地的习惯，是他们对银行缺乏信心的映照。新式银行成立之前，钱庄主要的存款来源是政府收入。除了公共资金，钱庄还吸收商人的存款，但后者的存款并非为安全考虑，主要是为了需要时方便透支。这种情况下便少有流动资金存款发生。

外商银行可以吸收通商口岸富裕中国人的短期存款，中国的新式银行则花了很长时间才建立起信誉，其短期存款也相当可观，但长期存款则从未达到可比肩外商银行的规模。

尽管有几家银行在1912年共和建立之时就已经吸收储蓄存款了，但数量都不大。新式银行从20世纪20年代初开始借鉴西方的方法推广储蓄，后来被钱庄纷纷效仿，甚至连国家银行也开始竞争储蓄。专门的储蓄银行和储蓄协会也出现了。到1933年，所有本土银行的储蓄存款占所有存款的比重已经上升到 9.5%，而外商银行的储蓄存款数据则难以查证。到 1937 年底，国家银行包括“邮政和储蓄存款”在内的储蓄存款余额为 1.9 亿元，占存款总额的 9%，而当时活期存款占 60%，定期占 31%。可以推测，当年所有银行的储蓄存款总额亦不足所有存款总额的 10%。

不过，所有的银行都把主要机构设在了大城市，留在内地的机构很少。因此，大部分居民储蓄并不方便。尽管中华邮政接受储蓄存款，并为这一目的专门成立了一个银行部门，但接受培训人员的不足使得这一服务仅限于很少的几个邮政局。

推广储蓄能取得进展，部分原因在于平均每年 10% 的高利率，部分原因是公众对中国新式银行的信心提高。如果政府能够在内地和农村地区提供更多的机构设施，居民到银行储蓄的习惯可能会得到更好的发展。但政府忽视了储蓄的推广，银行的注意力集中在大城市，而控制着本省银行机构的军阀则乱用权力，武断地停止银行纸币兑现，或者强行延期支付存款。因此，当政府在战时希望吸收居民储蓄以回收购买力时却发现多数人还没有学会到银行去储蓄，但却为时已晚。

货币市场对总需求扩张的作用：1937—1940 年

日军开始侵华之后，政府努力加速国营和私营工业从沿海向内地搬迁、支持已成立于内地的公司发展，同时通过由国家银行向生产商和商人提供宽松贷款资金的方式，增加流向西部的进口品或敌占区出产物资。

当战火燃及中国的银行业中心上海时，政府于 1937 年 8 月宣布暂停用户从银行取款，以避免公众情绪不稳引发银行挤兑。此举的目的是限制从活期账户提取现金。这一措施成功避免了上海货币市场陷入恐慌，但同时却对内地货币市场产生了不利影响。首先，因为这一暂停命令，内地无法从上海的银行获得资金，而这些资金此前是内地银行唯一的外部信贷渠道。为解决这个问题，政府便在内地启动了一项极其宽松的对私信贷政策。不幸的是，这一做法事先没有考虑有效的信贷控制，也没有顾及最终需要对冲其对总需求产生的扩张效应的问题。

根据这一政策，国家银行奉命组建了“联合贷款和贴现委员会”，其总部设在上海，分部则分设在主要的商业中心城市，期望通过所有国家银行联合贷款的方式，满足内地的信贷需求。委员会负责确保向基础国防工业和其他战略性企业供应大量的信贷，但其只处理额度超过 50 万元的政府贷款，并有权决定是否同意。鉴于内地贸易因为上海货币市场停摆而处于停滞状态，市场上几乎看不到商业票据，委员会真正操作的贷款，均以工商业贷款的形式办理。

正如表 9–1 显示的那样，政府宽松的信贷政策，导致抗战第一年里提供给工商业的贷款大幅增加。工商业贷款余额由 1937 年底的 22.2 亿法币上升到 1939 年底的 35.92 亿法币。考虑到此间的物价上涨因素，按不变价格计算上升了 19%。1939 年对私信贷增加了 10.92 亿元，是当年给政府垫款总额的 47%。因此，在通胀早期阶段，对私营部门的信贷扩张，是导致收入增加的一个重要因素。但政府信

表 9-1　1937—1945 年国家银行、商业银行和省属银行信贷

（单位：百万法币）

	工商业贷款余额						农业贷款余额[1]		所有对私信贷余额
	国家银行[1]		商业银行和省属银行[2]		合计				
时间	金额	%	金额	%	金额	%	余额	%	
1937	1 471	65.3	749	33.2	2 220	98.5	35	1.5	2 255
1938	1 696	64.8	851	32.6	2 547	97.4	67	2.6	2 614
1939	2 578	69.6	1 014	27.4	3 592	97.0	114	3.0	3 706
1940	2 801	68.1	1 102	26.8	3 903	94.9	211	5.1	4 114
1941	3 095	55.3	2 029	36.4	5 124	91.7	465	8.3	5 589
1942	7 606	67.0	3 111	27.0	10 717	94.0	685	6.0	11 402
1943	15 950	70.0	5 140	22.6	21 090	92.6	1 678	7.4	22 758
1944	29 481	72.9	8 227	20.4	37 708	93.3	2 715	6.7	40 423
1945	151 142	87.6	16 201	9.4	167 343	97.0	5 126	3.0	172 469

（续表）

时间	对私信贷总增加额	给政府垫款[3]	信贷总体增量	所有银行存款增加额[4]	存款增量占信贷增量百分比[4]
1937—1938	—	1195	—	—	—
1938	357	854	1 211	847	70.0
1939	1 092	2 310	3 402	1 905	56.0
1940	408	3 834	4 242	1 777	41.8
1941	1 475	9 443	10 918	5 979	54.7
1942	5 813	20 081	25 894	9 146	35.3
1943	11 356	40 857	52 213	12 784	24.5
1944	17 665	140 090	157 755	69 614	44.1
1945	132 046	1 043 257	1 175 303	432 543	36.8

1 基于四联总处编制报告数据，包括对公办企业和部分非营利组织、政府部门贷款

2 基于前引张维亚著作第 164 页。

3 基于财政部统计处编制收入报告。

4 国家银行存款基于四联总处报告，商业和省属银行存款基于前引张维亚著作第 164 页。

贷政策在 1940 年底的逆转，明显降低了对私信贷扩张，而给予政府的垫款则远远快于对私信贷。

内地增加的大部分对私信贷是国家银行操作的。在 1940 年底前的三年里，国家银行贷款占所有新式银行对私贷款总额的比重，由 65% 上升到 68%。与此同时，商业银行和省属银行占所有贷款总额的比重由 33% 下降到 26%。然而，“联合贴放委员会”无法同国家银行在行动上取得一致，国家银行于 1939 年 9 月组建的“四行合组联合办事总处”① 随即将其取而代之，蒋委员长任四联总处理事会主席，总揽一切事务。

尽管政府一再鼓励信贷向农民流动，但在 1940 年，农贷供应仅占到所有对私贷款的 5%。政府遂于 1938 年 4 月出台计划，促进省属银行纸币在乡镇地区流通，从而扩展这些银行的经营区域。由于相信在平均收入水平极低的农业地区小面额纸币比大面额纸币将更便于流通，政府因此决定允许省属银行从中央国家银行取得 1 元纸币和硬币辅币。这些小面额货币以贷款的形式向省属银行发行，其中 50% 由农产品或加工品、农业票据或厂房契据做担保。省属银行随之以这些资金向当地的生产者或农民发放贷款。但由于内地的工厂和仓库很少，农业票据也很少使用，省属银行无法为这些贷款提供担保，该政策以失败收场。

1938 年 6 月，农贷总署组建，政府和银行各出了一部分资本。其主要作用是代表政府买卖农产品，同时扶植农村金融机构的发展。

---

① 即四联总处。

农贷总署曾认为，内地的消费者和生产者合作社能够发挥基础的信贷推广者作用。然而，国家银行最初为该项目提供的资金少得可怜，因此不得不在1939年底前采取进一步措施为农村地区争取更多信贷。政府指示国家银行将更大比例的资金投入到四川省的初级产品生产上，因为抗战力量的战斗力，很大程度上取决于更充分地开发利用四川富饶的土地和丰富的自然资源。银行同时被指示将其资金尽可能平均地分配到其他省份，简化贷款程序，提高单笔贷款额度。不幸的是，农贷资金要播散到如此广袤的区域，即便其中每一分钱最终都到了农民手中，这些贷款也不可能对生产产生明显效果。实际上，大部分合作社皆由地主或国民党地方分部指定的党员仓促成立。有时候，银行贷款只是被用来购买那些可能因短缺而涨价的农产品，从而谋取私利。这一投机活动给农民树立了一个坏榜样，他们很快效仿，开始囤积农产品而不是用贷款去提高产量。

这样一来，在抗战初期，政府宽松的信贷政策，在其权力和机构所在的新中心城市要比在偏远的农村地区成功得多。因为新式银行在战前还没有到内地农业地区开展业务，而且，内地受制于落后的交通设施，信贷扩张产生的通胀动力，起初只能在城市中心区域感觉到（当然，收入再分配增长带来的影响除外）。即便在一个新的城市中心，物价在1940年前也只是随着利率的上升温和上涨，因为公众仍然愿意持有流动资产，并没有频繁存取银行存款。日本入侵之后快速下跌的银行存款，在1939年翻了一番还多，占政府和对私信贷总额的比重提高到56%。与此同时，重庆仍然在接收本地产品和来自上海的进口品，而内地的生产也取得了增长。所有这些因素使得物价没有跟随货币供应的比例同步上升，信贷扩张对价格水平的全面冲击还没有被察觉。

1940—1945 年的对私信贷和总需求扩张

四川省 1940 年年中的农业严重歉收导致粮食价格突然暴涨，后方的金融和货币稳定状况随后急剧恶化。预期到批发价格指数将全面上涨，城市里的商人迅速囤积原材料，农民则开始囤积农产品。这些对农业歉收的反应导致总体物价水平快速上升。当时，私营银行对私贷款占后者借款总额的比重虽然只有 1/4，但普遍认为，私营银行宽松的信贷政策推动了物价上涨。

在此期间，政府第一次对私营银行的经营加以限制。1940 年最后几个月采取的数量和质量统制措施，短期内约束了银行信贷的扩张。国家银行发放的工商业贷款年增长率，从 1939 年的 50% 下降到 1940 年的 9%，主要原因是发放给公共企业和组织的贷款减少了。同一时期，商业银行信贷增长也从 19% 下降到 9%。

但商业银行 1941 年的贷款再度大幅增长。尽管信贷加速扩张部分是总体物价水平上涨不可避免的结果，但一个更重要的原因则在于银行对其下属企业贷款上升。银行直接参与企业经营的情况增加了，目的是提高收益从而应对不断上涨的管理成本，同时避免其资本和储备贬值。有一些银行则只为投机。政府希望将私营银行贷款限制在生产国防物资和日常必需品的企业上，最终也是徒劳无功。

1942 年，国家银行给予私营部门的贷款也再度急速上升，主要是因为来自私营企业的信贷需求增加。不过国家银行贷款更多的是发放给了盐务署和政府物资供应部门等公共部门和企业，目的是为通过增加生产来稳定价格。

从 1943 年开始，国家银行已经无法再拒绝公共机构的贷款需求，因为政府对后者的拨款更加无规则可言。实际上，国家银行此时发放的大部分对私贷款，与政府拨款无异。国家银行如今也承担起了重要的商业贷款责任，这原本是商业银行的工作，但后者把资金投入了自己的企业，这方面的工作也就力所不及了。不过除了中央银行，其他的国家银行也都拥有各式各样的企业，这些产业起步于各银行最初的使命任务，即促进不涉私营资本行业的发展。但渐渐地，这些银行直接参与的商业活动与投机无异，因为其部分业务就是在通胀时期为存货融资。银行同其公司之间的关系越来越紧密，这使得后者越发依赖其母银行的信贷。

政府曾试图通过划分官方银行的信贷范围，来限定对私信贷的扩张。但中国银行业结构上的内在缺陷，加上不同公共团体施加的压力，使得所有划定银行业务范围或减少信贷扩张的努力都流产了。

整个抗战期间，国家银行是公、私营工商业贷款和非营利组织贷款的主要资金来源。国家银行为此发放的贷款，从 1940 年的 28.01 亿上升到 1945 年的 1 511.42 亿，同期商业银行和省属银行的同类贷款则从 11.02 亿上升到 162.01 亿。后两者的贷款占国家银行贷款的比例在 1940 年是 39.3%，到 1945 年则只有 10% 左右。因此，政府自身是总需求增加的主要因素，一方面是通过通胀性的赤字融资，一方面是通过其不受限制的对私信贷。

根据公开的统计数据，1942 年初，商业和省属银行对私信贷增幅相比国家银行要慢。但这些统计数据并没有反映全貌，因为有一些贷款没有反映在银行的账簿上，目的是避免政府过度干预其赚钱的双周短贷业务以及其他黑市信贷操作。1942 年有一个估计，钱庄的活期存款占其存款总额的 66% 左右，而其 96% 的贷款是短期商业贷款。这些数字充分表明，信贷及其资金来源都是短期的，只适合投机目的。

虽然政府在内迁不久便采取了一些临时措施支持农贷，也在 1942 年尝试将所有的农村银行业务集中于农民银行，但在对私信贷和政府垫款增加的同时，政府并没有找到解决农贷问题的方案。作为衡量重点中心城市以外信贷不足的一个重要指标，农业贷款总量占对私总贷款的比例从 1941 的 8.3% 大幅下降到了 1945 年的 3%。银行设施的缺乏和交通的不便，仍然是在农村地区发展银行业无法逾越的障碍。

不幸的是，战时金融的根本弱点仍然存在：银行给政府提供了太多垫款。1942 年，政府垫款的增幅是银行对私贷款增幅的 3.5 倍，到 1945 年，这一比例提高到了 8 倍。

因此，要抵消政府赤字支出导致的货币供应巨幅增长，限制私人信贷的效果无异于隔靴搔痒。

战时信贷扩张对总需求的影响

前文阐明了信贷扩张在战时通胀发展过程中的作用，以及政府在信贷扩张中的角色。从1937年底到1945年底，对私信贷余额从22.55亿法币上升到1 724.69亿，增加额达1 702.12亿之多，国家银行中增加的601.09亿定期和储蓄存款，为这些贷款增量做了部分贡献（见表9–2）。商业银行和省属银行没有完整的定期存款和储蓄存款数据。然而，考虑到这些银行系短期资金占主导，且投机性使用银行存款，非活期存款很可能没多少增长。因为其他银行的贷款没有记录，这些抵消因素可以忽略，估计银行抗战期间对货币供应的贡献总计近1 100亿（1 702亿减去601亿）。

表9–2　1937—1945年国家银行、商业及省属银行存款

（单位：百万法币）

时间	国家银行存款				商业及省属银行各类存款	所有银行各类存款总额
	活期	定期	储蓄	总计		
1937	1 318	685	188	2 191	1 115	3 306
1938	1 808	928	251	2 987	1 166	4 153
1939	2 408	1 906	312	4 626	1 433	6 059
1940	3 297	2 172	533	6 002	1 884	7 836
1941	6 446	3 382	1 104	10 932	2 833	13 815
1942	15 039	1 782	2 976	19 797	3 164	22 961
1943	22 811	891	7 387	31 089	4 656	35 745
1944	78 887	1 213	15 456	95 556	9 803	105 359
1945	466 190	5 289	55 693	527 172	10 740	537 912

将这个估计的信贷净增加额和战时赤字融资的13 149.41亿法币进行比较，人们马上就会注意到政府垫款在货币供应增长方面产生的压倒性影响。政府的作用甚至比这些数字反映的更重要，因为1 651.23亿工商业贷款增加额中有1 496.71亿来自国家银行，而农贷增量中的大部分也是源于国家银行。另外，如前所述，有一些银行贷款是给了预算拨款不足的政府部门。这样一来，政府只是将部分日常运营贷款从通过预算的赤字融资，即银行直接向财政部垫款，转变为由后者的各个机构单独自银行借款。政府不仅是赤字融资的始作俑者，而且还通过其各个机构，在银行常规操作过程中成为银行体系的一个借款人，同时还利用国家银行，扮演了非政府借款人主要信贷提供者的角色。

战后对私信贷及总需求扩张

货币市场

抗战胜利之后，此前影响中国银行体系的一项主要因素不复存在了，即各缔约国放弃了它们的治外法权，上海的租界也被取消了。这对刚刚经历战时金融混乱痛苦的中国来说，是重新确定货币财政政策、纠正银行体系中一些严重缺陷的好机会，千载难逢。不幸的是，政府支出仍以天文数字的速度增长，政府的精力集中在努力直接稳定国内物价和货币汇率，却忽视了早该进行的银行业改革。

政府希望通过恢复上海货币市场以往的领导地位，从既有金融机构那里获得对其财政金融政策的支持。外商银行重新开张，国家银行的总行也从重庆搬回了上海。国家银行继续从事商业活动、充任政府的财政代理机构和政府企业的银行家。至于战时通胀期间出现的错误做法，则不存在任何纠正的努力。

抗战期间，在国家银行和主要的新式银行搬迁至重庆后，沦陷区货币市场的道德风险和法律风险已然失控。外商银行停业之后，西方银行业的方法和规范逐渐消失，而新银行则快速发展，新式银行和钱庄的数量在1938—1945年间几乎翻了一番。市场被投机者们主导，他们最初从事外汇、黄金和外国物资的交易，后来将目光转向了中国的证券，在交易所挂牌交易的证券数量从1937年的40种左右上升到1945年的199种。与此同时，正如此前指出的那样，后方的银行也在从事一些灰色交易。国家银行开始直接参与工业活动，同时利用特殊的信贷工具支持其下属企业；很多银行在投机性交易中泥足深陷。当要努力恢复上海的战前地位时，这些战时的弊端，加上总体已经下降的银行业水准，却导致了货币市场的不稳定。

形势的进一步发展有可能削弱中央银行在货币市场上的权威。首先，尽管中央银行可以通过四联总处在一定程度上对其他三家国家银行进行管理，但大部分商业银行的业务不受其管控。由于政府战后的政策是鼓励商业银行发展，货币市场中不受监管的范围扩大了。确切的数字是，抗战刚一结束，上海就有74家新式银行和92家钱庄因与日伪政权合作而被停业，但在接下来的两年里，上海新式银行的数量竟从 71 家增加到 145 家，钱庄则从 45 家增加到 78 家。这些新开办的银行资本金不多、存款也很少，它们试图借助短期贷款（按黑市利率）来维系其日益增加的管理费用。这些银行的客户利用其作为投机操作的一个资金来源。直线上涨的物价使得倒卖商品、黄金、美元或港元越来越赚钱，为了拓展投机活动，人们想方设法尽可能多地从私人银行或个体放贷人那里借钱，期限只有一天或几天。公众对这两个渠道中的这种隔日借贷需求非常巨大，以至于正常的工商业贷款资金都在急剧下降。

政治越来越多地插手银行和商业事务，进一步干扰了货币市场。政党的代表或指定代理人自然会发现，他们的行为和观点产生的心理影响远超过这些行为和观点的直接后果。预计到中国战后将颁布新宪法，而新宪法将终止用公共资金支付政党费用的做法，国民党的领导人因此鼓励其党员在银行业中占据主导位置，同时支持经营国民党资金参与的工商企业。自然，经营这些工商企业并期待赚得丰厚利润的政党代理人，会更愿意依赖国家银行廉价且易于得手的信贷，而不是利用传统的商业方式逐步扩展业务。这样的结果，也不可避免地在银行家的职业观点和政党的态度之间产生冲突。尽管政府和政党领导人们一直在减少这种冲突，但其却严重阻碍了中央银行对货币市场的平稳管理。

因此，战时和战后期间快速涌现了大量新的商业银行，这些银行开发的金融手段适合在通胀环境下赚钱，但却没有顾及社会责任。货币市场的这种多元化，加上政府对中央银行政策的密切监督（其他银行会因此猜测政府的意图），削弱了中央银行的统制权。另外，因为政府未能解决通胀问题，公众对其怀有对抗情绪，这导致政府信誉下降，以至于无法获得私营银行的主动合作。这些因素部分解释了为什么政府和中央银行在1948年都无法控制货币市场，且货币市场又回到与抗战快结束时的上海类似的混乱状态。

对私信贷成为总需求增长的主要因素

敌占区光复之后，政府及沿海的工业企业需要大量资金来更新废旧或受损设备，同时补充自珍珠港事件后供应即被中断的原材料库存。因缺少资金，商业银行无法满足这些需求。尽管商业银行1945年底的存款额是战前的9.5倍，但按1937年的价格测算，这些存款的实际价值只相当于战前存款的0.4%。不过三家国家银行的情况要好得多——按1937年的币值测算，其存款相当于战前价值的10%，而且这三家银行可以从中央银行获得资金，后者可以通过印钞来增加其对外借款。战后最初几个月，工商业在信贷供应上几乎完全依赖国家银行。由于国家银行几乎是在无差别地向工业企业发放善后贷款，政府于1946年1月下令，在经济部确定这类企业的真实性之前，不得发放这种贷款。但为了增加某些特定物资的市场供应，政府还是继续向商人发放巨额贷款。向上海粮商提供贷款是商品信贷的开始，目的是让他们从内地采购大米，以平抑沿海地区上涨的粮食价格。为了采购蚕茧、茶叶、盐、小麦、烟叶及其他原材料，后续相继发放了许多同类贷款。政府还尝试通过贷款和技术支持来促进农村重建。

为了减轻国家银行在恢复正常的生产贸易环境工作中的压力，中央银行于1946年5月采取了一些利用商业银行资金的措施。商业银行的贷款中，至少有50%要发放给农业、制造业和采掘企业，以及日用品分销商或者是出口商。另外，中央银行邀约一众商业银行提供贷款资金，由中央银行发放给商人和实业家。中央银行给出的条件是，由国家银行对商业银行这一联合贷款合同额的70%提供重贴现或再抵押。这是1942年实施的统制措施被放松的明显信号，而该措施曾极大地限制了商业银行参与这类贷款活动。

不过，商业银行仍被允许以透支的方式发放无担保的贷款。所以，商业银行对中央银行给出的这一邀约并不感冒，而是继续将资金留待其常规客户使用。满足社会更重要的信贷需求的责任，仍然落在国家银行身上。国家银行发放的对私贷款随即从1945年的1 510亿法币快速增长至1946年的12 246亿。到1946年底，商业银行发放的贷款总额估计为3 530亿元，占所有国家银行对私贷款总额的比例不超过28.8%（见表9–3）。

如果国家的经济状况再好一点，国家银行的一些贷款就没有必要发放。从海外回流的国内资本、外商银行恢复营业带来的外国资本和在国内寻找投资机会的国内资本，都可能成为对私信贷的资金来源。如果经济局势稳定，尤其是在中国传统的金融中心上海，那么振兴工业应该会有足够的资金支持。

因为缺乏上述资本来源，希望通过信贷增加来扩大生产、通过扩大生产来稳定价格的财政银行当局，只能诉诸国内信贷扩张。但人们一旦感受到政府开支快速扩张带来的通胀影响，信贷增加就解决不了问题了。

另一方面，一旦商界普遍意识到国家银行廉价贷款和上涨的物价提供了赚钱机会，他们就越来越依赖这种近乎白给的利润，这在心理上制约着信贷扩张速度的下降。信贷加速扩张总体而言只会加剧通胀螺旋，对产出却没有任何明显的正面效果。

因此，随着国家银行的对私信贷在1946年增长了7倍，物价水平也上升了7倍。到了第二年，尽管政府的信贷政策是“紧的”，但对私信贷又继续增长了13倍，上海的物价水平也上升了13.7倍。到1948年年中，对私信贷增量已经接近银行为政府垫款的规模水平。赤字融资和对私信贷扩张如今对通胀的影响可谓半斤八两。

尽管1946年的对私信贷扩张可能有助于增加产出，但一些不利因素远远超出了这些可能的反通胀效应。政府于1947年颁布了意在打击外汇黑市的紧急措施，但此举引发了一波严重的资本外逃。外汇的减少导致进口原材料和设备越发紧缺；利率和劳动力成本上升，而囤积居奇的蔓延甚至引发了国产物资短缺。贫困阶层的购买力下降了，而共产党正在改变着整个局势。受这些因素的影响，工业企业被迫削减产出。比如，在1948年初，棉纺行业将其作业时间减少了20%；烟草行业有一半企业停工；水泥行业降低产出；橡胶行业将其产量降低到不足此前的2/3；124家化妆品生产商中有50家停产。因此，政府预期的宽松信贷扩张对生产性企业的有利影响，完全被政府赤字融资、政治不稳定和外汇紧缩引发的通货膨胀压力所抵消。

另一个重要的通胀推动因素，是定期和储蓄存款相对活期存款的比例过低，见表 9–4。此外，只有一半多一点的新增贷款派生为存款（见表 9–3）。这是因为整个社会都需要现钞。在大多数西方国家，银行信贷几乎创造了同等数量的存款，但中国却不然，因为只有大城市居民和工商业才有机会接触到银行服务。物价涨得越高，需要现金的人就越多——工商业的薪资主管就需要越多的现金。由于政府严控商品投机及黄金和外汇黑市，这些交易越来越多的是在银行之外直接以现款进行。

因此，不只是信贷扩张本身加剧了中国的通货膨胀，货币流通速度加快的作用同样功不可没，存款向现钞的转移就说明了这一点。国家银行的借款人比商业银行的借款人更倾向于以现款的形式提取其贷款，目的是规避政府对其资金使用的监管。现金需求的比例非常高，以至于中国印制厂印制的银行纸币和海外供应的银行纸币已经满足不了需求——这也是 1948 年实行币制改革的原因之一。

那些半心半意的信贷质量控制措施，在遏制放贷潮及伴生的货币流动速度上升（后者加剧了通胀过程）的问题上毫无效果。信贷资金主要活跃于投机领域，对更多信贷资金持续不断的要求，使得所有严格的数量管控措施都无法落实，不管这些措施的期限是多长。从扩大生产的角度可能预期的那些反通胀效果（这是政府在扩张信贷时的期望），要么虚幻，要么无效，因为表面上用于生产目的的银行贷款被挪作投机，而收入上升带来的储蓄倾向则降低到了可以忽略的程度。在这种情况下，不要指望那些无法触及通胀问题核心——赤字开支和信贷扩张——的其他货币和经济统制措施能取得成功，而且，它们也确实毫无效果。

表 9-3　1946—1948 年官办及商业银行对私信贷、给政府垫款情况

（单位：百万法币）

	工商业贷款余额						工商业贷款总额	农业贷款余额[5]	对私信贷余额总计
	国家银行[1]		商业及省属银行[3]						
时间	余额	占贷款总额百分比（%）	上海（所有城市中占比 60%）	其他城市（40%）	所有城市	占贷款总额百分比（%）			
1945	151 142	90.3	—	—	16 201	9.7	167 343	5 126	172 469
1946	1 224 625	77.8	211 877	141 251	353 128	22.2	1 577 753	49 528	1 627 281
1947	17 344 376	76.0	3 279 024	2 186 016	5 465 040	24.0	22 809 416	624 667	23 434 083
1948（1~6 月）	173 840 702	89.0	12 842 784	8 561 856	21 404 639	11.0	195 245 341	6 000 000	201 245 341

（续表）

时间	对私信贷总增量	银行对政府垫款总增量[2]	信贷总增量	所有银行存款增量[4]	存款增量占信贷增量百分比（%）
1945	132 046	1 043 257	1 175 303	432 553	36.8
1946	1 454 812	5 513 670	6 968 482	5 381 555	77.2
1947	21 806 802	27 075 033	48 881 835	24 436 006	50.1
1948（1~6月）	177 811 258	166 185 674	343 996 942	184 109 984	53.5

1 基于中央银行报告，包括 4 家国家银行、中央信托局、邮政储金汇业局和中央合作金库数据。

2 1945 年数字基于财政部统计处编制收入报告；1946 年和 1947 年数字基于前引张维亚著作第 244 页；1948 年数字基于中央银行报告。

3 1945 年数据（包括所有商业银行和省属银行）基于前引张维亚著作第 164 页；“上海”一栏 1946—1948 年数据基于中央银行稽核处编制统计数据；其他城市数据系按上海规模的 2/3 估算。

4 基于中央银行稽核处编制统计数据。

5 1945—1947 年数字基于四联总处编制的报告数据；1948 年数字系四联总处摊派。

表 9–4　国家银行、商业银行及省属银行存款[1]

（单位：百万法币）

	国家银行存款				商业及省属银行存款			所有银行业存款
年度	活期	定期	储蓄	合计	活期	定期	合计	
1945	466 190	5 289	55 693	527 172	—	—	9 448	536 620
1946	5 028 773	19 747	372 592	5 421 112	426 721	70 342	497 063	5 918 175
1947	23 894 000	442 741	1 498 396	25 835 137	3 883 059	635 985	4 519 044	30 354 181
1948（1～6月）	179 384 000	1 745 000	5 808 000	186 937 000	23 187 340	4 339 825	27 527 165	214 464 165

1　基于中央银行稽核处编制的统计数据。

第十章

总供给

1937 年之前的供给状况

国内生产

战前中国经济中有几个非常明显的反常现象：落后的农业生产同日趋增长的消费、使用进口现代制成品的习惯并存；沿海开放城市集中着现代轻工业，而其原料产地和产品市场——主要是内地，却明显遭到忽视；注重在相对狭小的沿海地区建设铁路，而更广阔的内地则几乎没有一英里的工程，内地同时也缺少其他现代交通设施。其他显而易见的现象包括：尽管中国依赖于农业，但却忽视防洪和灌溉设施；尽管严重依赖进口，却没有积极主动的出口促进措施；尽管国防开支庞大，却没有发展重工业。所有这些因素造成粮食和农产品短缺频发，进而导致紧急进口。另外，内地所需消费制成品依赖于开放城市，所有的重工业物资必须进口；所有的重型武器装备和弹药及大多数次要战略物资，同样要依赖进口；贸易账户常年处于赤字状态，物资运销困难、缓慢且成本高昂。

和平时期，外国投资和侨汇弥补了外贸缺口，也使得中国的进口支出可以远高于出口外汇收入。沿海开放城市进口当地没有或者国内生产成本极高的资本品或原材料，然后又向内地供货以满足后者对制成品的最低需求。落后的交通运输体系无法有效统合这种现代、原始并存的分离状态，但其造成的时间和效率损失在和平时期相对来说并不重要。

到战争爆发时，后方所有经济部门很快体会到了已有生产、分配和外贸模式的弊端，并为之付出了痛苦代价。海外和敌占区的供给均减少了。随着政府控制的领土面积缩小，现代交通运输设施越发减少，而越来越多民用资源被转作军事用途。另一方面，大批难民涌入后方、骤然增加的需求导致一些特殊职业群体（如运输工人）的收入上升，总需求增加了。

起初，增加库存支用并通过宽松的信贷扩张加快生产尚且可行。但随着日本加强封锁和价格上升威胁甚至减少了生产，关键原材料和资本品就遭遇了供给瓶颈。而各方并没有尽可能合理地分配可用物资。在通胀压力之下，一方面原材料价格在上涨，同时也无法抵制提高福利和薪酬的要求，这些因素远远超过了信贷扩张可能带来的任何好处，期望的产出增加也就无法实现。

政府在战后努力通过鼓励进口和国内贸易的方式增加社会总供给，缓解各地的短缺。这些措施被认为是比增加国内产出更有望快速达到目的的手段。但战前的生产和外贸格局很快又出现了，尽管中国当时已实现了统一，但在持续通胀面前，政府的措施很快被证明毫无效果。

鉴于中国经济结构存在上述根本缺陷，战后当务之急不是如何促进供给快速增长，而是如何更经济有效地利用国家既有的供给资源。本章将记述中国战时及战后通胀时期真实的总供给情况。

在整个20世纪上半叶，中国仍是一个农业国，4/5的人口分布在依赖农业生产的乡村。尽管农业历史悠久，但农业生产还是主要依赖原始手段。普通农民的生产效率低下，在满足政府税赋和个人生存需要之后所剩无几。中国农业经济的自给自足特点使其不可能为工业发展或农业自身的改善创造资本。据估计，农业和相关活动的产出占战前国民总产出的2/3以上，几乎3/4的制成品是通过手工方式完成的。

自然条件和长年经验积累形成的生产技术影响着全国的农业产出。北方的小麦、南方的大米及黄河以北地区的棉花属于比较典型的地区特色农产品。

工业发展则受到外国投资和境外的强烈影响，这些因素导致现代工业过于集中在几个通商口岸。一旦这些地区具备了产业互补、市场、贸易设施和银行这些条件，其产生的外部经济影响将进一步强化工业的集中度。中国人拥有的产业跟随外资企业来到这些城市，因为中国实业家和工人们要远离内地那些政治和军事干扰。

如果国家在清政府被推翻之后和平有序，新政府有可能利用其更多的财政资源改善农业，也可能创造更好的环境吸引国内资本发展内地工业。但在整个共和时期情况恰恰相反。即便是国民政府建立之后，国内战争也不时发生。庞大的军事开支耗尽了财源，预算也只有很小的一部分用于经济建设。内地的实业家因此也跟随资本被吸引到通商口岸。

抗日战争爆发之前，中国各行业的生产都出现了停滞迹象：粮食和服装原材料无法实现自给自足；制造业落后；煤矿、电力和石油生产状况不佳；缺乏基础工业。

战前几年，中国年均粮食产量在70亿蒲式耳左右，其中主粮大米和小麦约占60%，另外40%由高粱、大麦、小米和玉米等杂粮组成。大米是华南地区的主粮，而中国北方人则偏爱面食，粗杂粮用作辅食。1931—1937年，稻谷的年均产量是26亿蒲式耳（相当于17亿蒲式耳大米），小麦12亿蒲式耳。按人均日需求1.33磅[①]大米或面粉测算，主粮产量能够满足2.497亿（4.54亿人口的55%）人的需求。如果人们消费的大米和面粉不过分精细，那么主粮的总供应能满足70%的消费需求，再加上辅食的补充，国产粮食勉强可以满足全国居民的粮食总需求。

然而，干旱和虫害常常使得粮食产量大幅低于平均水平。运力不足导致无法用一些地区的余粮来解决缺粮地区的需求。70%以上的面粉加工厂位于上海、天津和青岛这样的沿海港口，这些城市更容易获得进口小麦供应。东北落入日本人之手后，供应华北的杂粮减少了。1931—1937年，中国不得不按年均4 100万蒲式耳和2 900万蒲式耳的规模分别进口大米和小麦（包括面粉），各占国内大米和小麦产量的2.5%和2.4%。

① 1磅约为0.45千克。——编者注

20世纪30年代，全国普罗大众的基本服饰，从长衫、衬衣、裤子到帽子、鞋袜，同以前一样，都是棉布做成的。因此棉花生产同粮食生产同等重要，都是基本的农业必需品。据不完全统计，1931—1937年年均棉花生产约为360万包。假定80%的纺锭满负荷运转，按每枚纺锭每月26天每天20小时织完1磅棉的速度计算，同时假定每人对手纺布料和手絮被子的棉花最低需求量是0.66磅，估计棉花的年度缺口大约是88万包。另外中国缺长绒棉。平均测算，1931—1937年间，中国每年进口约60万包原棉及大量的面纱和布料。因此，战前十年里，在粮食和纺织原料方面，中国农业没有能够供给足够的基本生活必需品。未来似乎也不会很快好转。

在抗战爆发前的十年里，中国的制造业仍处于发展的最初阶段，产品以轻工消费品为主，除日本控制的“满洲国”以外，全国范围内并没有重要的重工业基地。大部分制成品是手工完成的。现代工业发展依赖外国的组织和资金（主要是日本和英国），几乎全部位于通商口岸及附近地区。

纺织业、面粉加工业、烟草和火柴是1937年之前最发达的四大产业。从产量和产值的角度看，棉纺织业又是最重要的。1936年，中国有520万只纱锭和58 000台织机，纱线年产量足以为每人生产6.4码[①]布料。大约89%的纺锭位于东部沿海省份——50%在上海，22%以上在天津和青岛。

① 1码约为0.91米。——编者注

中国在 1936 年有 94 家现代面粉厂，其中 50% 在上海，约 30% 位于沿海其他城市，且大多由中国人开办。1931 年后，由于日本人在东北的面粉厂越来越多（东北曾经是关内华资面粉厂最大的销售市场），再加上廉价进口面粉的冲击，这些中国人开办的面粉厂已经很少能全天开工了。

90% 以上的卷烟业位于沿海城市，尤其是上海。外国人的工厂生产了 70% 的卷烟，中国人的工厂生产了 30%。唯一一个均布全国且主要由中国人开办的产业是火柴业，其生产能力超出了消费需求。

上海在 1936 年之前也集中了很多新兴产业，但规模都不大，这些产业包括水泥、造纸、搪瓷、肥皂、玻璃、罐头、化妆品和袜子。

制造业产出的增长仅限于少数资本需求小且已掌握大量消费市场的行业。但即便在寥寥无几能满足这类条件的行业，中国人开办的工厂被资本更雄厚、技术更先进的外国工厂超过也就罢了，更要命的是，遭遇同类进口品竞争的概率也更大了。因此，在内地发展工业对中国实业家毫无吸引力。

战前中国的煤、电和石油等工业发展所需基础能源产量都不大，且区位也不理想。关内主要煤矿的矿址既不在煤炭储量最大的区域，也不靠近对其有需求的产业区域，这种状态是沿铁路线发展煤炭开采的做法造成的，而大部分靠外国贷款修建的铁路线都位于投资国的影响范围内。关内在 1936 年总共出产了 2 225 万吨煤炭，其中 60% 产于河北、山东和河南，而占中国煤炭储量 80% 的山西和陕西两省的开采量只占 13.7%。在工业集中、人口稠密的长江下游和东南沿海省份，煤炭产量则只占全国的 17.2%。

战前关内电厂的发电装机容量仅为 652 000 千瓦。5 个沿海省份占装机容量的 92%，上海一地拥有 263 000 千瓦的装机容量；如果算上满洲、蒙古、西藏和新疆，总装机容量中的 92% 集中在占全国疆域面积不到 12% 的区域内。这种不均衡的分布导致中国 86.7% 的区域无电可用，而其人口却多达全国人口总数的 64.8%。

在没有现代炼油技术的情况下，中国每年只在偏远的西北地区出产 20 万加仑[①] 的石油。

工业经济的支柱钢铁，在战前中国的生产量则微不足道。

1936 年，关内有 21 座炼钢炉，年产钢 5 万吨、生铁 15 万吨；另有众多小的本地炼铁厂，主要分布在北部和西部省份，年产生铁 5 万吨。尽管有 1 000 多家的机械厂和铸造厂分布在不同的城市，但多数都是资本短缺、设备落后。少数几家能够生产各种简单机械的作坊，按照西方标准尚不及其机械车间。

1937 年前不久，几家中国人开办的化工厂开业投产，其产品为硫酸、硝酸、烧碱（氢氧化钠）和纯碱（碳酸钠）。六家酸厂、两家电化厂的规模较大，还有 15 家小规模的酸厂。除一家在广西省外，其余规模较大的厂都位于上海、天津和广州这样的沿海城市。其生产几乎无法满足有限几个轻工行业的需求。很难说中国的化工行业已经起步了。

鉴于日本的战争威胁，政府计划在中国南部和西部建设一批重

① 1 美制加仑约为 3.79 升。——编者注

工业。方案中包括两个钢铁厂和一些机械制造厂：一个钢铁厂用于提炼钨，另一个用于制造合成氮；机械厂用于制造飞机发动机、发电机和机床。同时还计划建设生产管道、电缆、电话和各种发电设备的工厂。这些工业设施计划建在粤汉铁路以东地区。但当战争爆发时，除了钢铁厂厂房部分完工、一个小型电器厂接近完工外，其他所有的工作都还停留在规划阶段。

中国未能加强矿业和工业基础，以满足最低限度的国防需求，严重削弱了中国的抗战实力。工业产能集中于几个区域且重要物资供应依赖进口，再加上敌人侵占和越发严峻的封锁，使得中国在战争之初所拥有的现代工业基础过早受挫，制约了早期抵抗和后来的救亡持久战。

交通运输

现代交通设施的缺乏，严重阻碍了农产品和原材料向全国各地的消费者、生产者运输。这造成了一些特殊问题，比如全国不同地区同时存在粮食短缺和供应过剩的问题，也存在进口工业原材料成本要低于国内同类原材料的问题。

在中国的很多地区，货物仍然是由舢板、手推车、驮畜和人力运输。这些运输方式看上去每天花费不多，但每英里的费用却很高昂。农民们很少把他们的货物送到30英里以外的市场，中国的市场是高度本地化的。一项统计表明，1937年之前，大部分农产品在其产地附近消费，销售也是地方化的：其中卖给附近村庄的占49%，卖给同一地区城镇的占 29%。只有 3% 的比例因为产地在铁路和港口附近，被销售到了更远的地区。

几个世纪以来，内河航运一直是中国主要的运输手段。全国有一个覆盖范围广泛的内河航运系统，甚至偏远的山村在雨季仍可借助不同的舟船抵达。但这种运输方式很难适应现代工业或战争的需要。比如华北的大河——黄河就不能通航轮船；华南的东西两条主水系——长江和西江，轮船的航行距离有限；其他的大江大河及其支流只适合小型的浅水船。

在 1932 年失去满洲 3 726 英里的铁路线后，关内铁路总里程到 1937 年时只剩下 11 035 英里，覆盖的国土面积为 230 万平方英里①。其中 1/3 以上位于河北、江苏和广东这三个沿海省份。除了海防（印度支那）—昆明（即滇越线）铁路外，中国西部的高原和山区均没有通铁路。

战前关内已修筑的公路里程只有约 56 000 英里，约 4/5 是在东部省份。

现代交通设施缺乏的直接结果是拥有现代管理的现代运销组织发展缓慢。重型货物长距离运输的费用，需要实力雄厚的运营资本维系；而原始的运输手段使得安保费用极其高昂，因此极少有商人能够建立规模化的现代运输体系。

战前，煤油、染料、肥料和烟草的外国进口商通过他们的中国代理商，建立了一个相对现代和高效的运销体系。这些商品的

① 1 平方英里约为 2.59 平方千米。——编者注

需求量大且稳定，其销售规模随着运销体系的扩大而增长。经销这些商品的企业的垄断性质及外国进口商、制造商的财力，是这些业务成功的重要因素。因为相反的原因，中国商人从来没有在其他商品领域发展出这样的运销体系。中国大多数的分销商资本匮乏，因此无法合理经济地分销商品从而降低基本农产品和制成品的价格。

进口

中国开放对外贸易后，进出口关税均通过条约确定。基本税率是基于贸易双方议定的价值从价抽 5%。除了这个名义税率之外，清政府对国际贸易没有任何限制，理由是外贸是外国事务，不应干涉。其时，欧洲在 19 世纪中叶盛行的自由贸易信条也进入了中国，政府在对外贸易方面接受了这一信条，认为其与政府施行的政策一致。

因此，尽管贸易长期不平衡，政府从未积极考虑过减少进口或促进出口的问题。直至国民政府建立之后，中国才从缔约国手中拿回了关税自主权。从那时起，政府逐步努力减少奢侈品的进口，并利用关税保护国内产业。然而，前朝政府长达 90 年的自由放任政策及协定关税长期以来的桎梏，从未被彻底摒弃，中国的外贸结构在这种情况下很难得到调整。

第一，中国对外贸易长期处于赤字状态。自 1864 年首次发布海关收入到 1936 年的 72 年里，只有 6 年是贸易顺差。到 1936 年，贸易赤字已经累积到了122.6亿法币，按0.3美元/法币的兑换率折算，相当于36.78亿美元。

幸运的是，外国贷款、外国投资和侨汇平衡了这一赤字。实际上，中国增加的真实消费同外汇流入量相当。但这种外来的资金增量也受制于外国因素：1929年的世界大萧条使得侨汇额下降；1931年的九一八事变及其导致的中国政治不稳定，打击了外国投资。这一系列因素导致中国积累的黄金和白银储备为应付1931—1935年间的贸易逆差而大量流失，中国的国民经济基础因之几乎动摇。1935年的货币贬值及国内生产的逐步恢复，一定程度上纠正了这种局势，但1936年的外贸赤字仍占总进口的14%左右，只能依靠侨汇来弥补，白银出口也发挥了一小部分作用。

第二，外贸结构不合理。一些主要农产品和原材料实际上是双向流动。比如，1931—1936年间，每年平均进口大米4 600万蒲式耳，同时年均出口550万蒲式耳。此间，中国年均进口小麦和面粉3 000万蒲式耳，平均出口400万蒲式耳。同期棉花的双向流动则更为明显：进口平均每年约60万包，而出口量则超过12万包。烟叶贸易也是双向的，只是量要少得多。

作为生产方式粗放的农业大国，中国大量进口农产品已经非比寻常，甚至少量出口其需要进口的物资就更奇怪了。造成这种状态的主要原因是缺少现代运输手段、加工业集中于沿海城市、国内生产者未能提高其产品质量并采用统一标准。

前文提到，因为无法获得附近地区的余粮，很多缺粮地区只能进口粮食作为补充，广东就因此定期从国外进口大米。上海、天津、青岛和其他沿海城市通常愿意进口棉花和小麦，不仅因为这些国外商品的到岸价有时更便宜，还因为国内同类货品的等级通常比较低且往往不可预测，交货期也不确定。

煤炭是另一种同时在进出口的物资。1934—1936 年间，年均煤炭出口 70 万吨，进口 80 万吨。虽然煤炭是中国最丰富的矿产资源之一，但却并不总能经济且可靠地运送到位于东南沿海地区的发电厂和工厂，尤其是上海。中国的国内生产者无法在本国建立一个可靠的煤炭市场，他们因此寻找国外的客户。

第三，外贸增长缓慢。1912—1930 年间，进口增长了 176.85%，出口增长了 141.5%，外贸总额增长了 161.31%。农业产量和质量未能提高、交通运输设施的落后、工业在沿海城市的集中、协定关税的存在、统一商品等级和标准的缺乏以及组织良好的国内分销体系的缺失，均导致对外贸易的增长缓慢。满洲的丢失也打击了中国的外贸，满洲的出口一度占全国的 1/3，而其进口最高峰时甚至占到了中国进口总额的 1/5。于是，中国 1932 年的出口总额较 1930 年降低了 50%，同期的进口萎缩了 15%。

第四，进口品阻碍了国内工业基础的建立。尽管进口占国内总产出的比例逐年下降（见表 10–1），但绝对额却在上升。进口品主要以纺织品、粮食、烟草、染料和木材等消费品为主。另一方面，机械、工具和五金制品只是在 1933 年才成为前十大进口品。这三类商品占总进口额的比重为 2.5%，在接下来的三年里逐渐提升到 2.9%、4.7% 和 6.0%。

表 10–1　1931—1936 年进口总额占国内总产出的比重[1]

时间	比重（%）
1931	14.2
1932	9.9
1933	9.3
1934	8.3
1935	6.0
1936	4.8

1　基于巫宝三 *National Income of china*《中国国民所得》（中文），1947 年，第 19 页。

因此，中国外贸逆差的主要原因是城市部门尤其是沿海城市对粮食、农业原材料和其他消费品的需求。外贸最终也集中在几个沿海城市。与此同时，因为进口品主要是城市部门消费，进口对经济的整体发展贡献不大。所以，内地地区创造出口盈余的能力仍然很低，而且它们无法显著增加总的供给水平。外贸和商品供应线路过于集中于沿海地区，也限制了进口货物在战时、战后发挥反通胀作用。

战时供给情况

国内生产

“中国地大物博、人口众多，因此可以坚持长期的消耗战”，中国是在这种错觉之下陷入了与一个现代化大国间的战争。在经过3个月的战斗之后，中国军队撤出上海及周边地区，从而失去了中国最重要的供给中心，政府因此非常担心战备物资和关键商品的供应不足。中国断定日军将占领华北及沿海各省并止步于粤汉铁路东线，因此认为有1.7亿人口的14个省份[①]将免遭日本蹂躏。但当时的估计也认为中国不可能全线守住湖南、湖北和江西，另外，广东南部地区可能守不住。在正常的农业年份，这些省份的粮食供应大体上是自给自足，而由于运力不足，它们无法满足大量军队集结或突然增加的难民对食物的需求；这些地区几乎没有现代工业，因为后者集中在协定港口城市，而后者已然失守。这一地区主要农产品和某些制成品与战前产出水平的比较，见表10–2。

表10–2 后方工农业产出

农业产出[1]

1931—1937年平均产量		占全国总产量百分比（%）
稻米（糙米）	800 000 000蒲式耳	50
小麦	500 000 000蒲式耳	40
棉花	650 000包	18
烟草	510 000吨	71

① 陕西、甘肃、宁夏、青海、四川、云南、贵州、湖南、湖北、河南、江西、广西、西康和新疆。——作者原注

工业产出[2]

1936 年产出		占全国总产出百分比（%）
棉纱	29 700 包	1.2（250 万包）
面粉	70 000 000 磅	2.3（30 亿磅）
生铁	48 000 吨	32.0（150 000 吨）
钢	1 000 吨	2.0（50 000 吨）
煤炭	4 553 400 吨	20.4（2 225 万吨）
水泥	100 000 桶	17.5（570 万桶）
纸	470 吨	
硫酸	216 吨	0.35（60 450 吨）

1 基于China Handbook,(《中国手册》，纽约，1946）数据估计；包括宁夏、青海、甘肃、陕西、河南、湖北、四川、云南、贵州、湖南、江西、浙江、福建、广东、广西等省份。湖南和江西的大米产量估降了一半，广东的估降了2/3。河南、湖北、湖南和江西的棉花产量在估算时也分别调降了一半。

2 摘自谭熙鸿 *China's Economy during* 1937—1947《十年来之中国经济（1937—1947）》（中文），1948 年；限平汉铁路和粤汉铁路以西地区。

这 14 个省份里只包括江西、河南和湖北区域的一半及广东的一小部分。按照表格中的稻米产量（占总产出的一半），理论上足以养活占人口总数约 37% 的后方人口。战时首都所处的四川省是最富饶的稻米产地，养活的人口不仅多，而且较为稠密。然而四川省内及其与周边省份之间落后的交通运输条件，加之中国西南地区棉花产量有限，几乎无法解决军民的吃饭穿衣问题。

在抗战于华北打响时，政府为在后方建立工业，便拆除了兵工厂的机械设备，运往西部地区，同时敦促上海周围的民营工业将其设备搬迁到西部。但由于自上海的撤离过于仓促，只有 146 家民营工厂的 14 600 吨设备和 2 500 名技术工人完成搬迁。南京沦陷到撤离汉口期间是一段平静期，有更多的时间将汉口的工厂设备转移。汉口棉纺厂的 5 万枚纺锭和河南一家棉纺厂拆装的另外 5 万支纺锭通过水路运到了重庆。汉口的国营汉阳铁工厂和扬子机器厂的部分设备及富群矿场（河南的中英合资企业）的采矿设备也拆运到重庆。到宜昌陷落，重庆同汉口、长沙之间的水上运输也被切断时，总共有 12 万吨的设备和超过 600 家制造企业迁到了后方，且大部分被安置在了四川和湖南两省，还有一小部分则迁到了陕西。具体情况见表 10–3。

表 10–3　后方固定资产设备 [1]

采掘设备	8 个厂矿
冶金设备	2 个工场
工业机械	230 家工厂
电力物资设备	41 家工厂
化工产品设备	62 家工厂
棉纺设备	115 家工厂
粮食加工设备	54 家工厂
教育用品生产设备	81 家工厂
其他	54
总计	647

1　基于经济部报告。

此外，在滇越铁路被封锁之前，国家资源委员会从国外获得了新的设备供应，政府和私营企业共计转移了 10 000 名技术工人。后方只能在这个脆弱的基础上建立工业。

政府起初设想根据自然资源的情况在后方建立一些基础工业。国家资源委员会受托发展重型制造业和采矿业，而对民营企业的支持主要是努力发展轻工业。但诸多困难阻碍了政府计划的实施。

最大的障碍是电力缺乏。后方 1938 年的发电能力只有 35 509 千瓦，相当于战前电力供应总量的 5.4%。尽管资源委员会花大力气将湖南、湖北两省小发电厂的设备运到了四川，但也仅仅增加了 27 899 千瓦的发电能力。这么少的电力供应显然无法满足工业发展的需求，有时连原有的需求都满足不了。

另一个障碍是工业尤其是重工业的各组成部门之间难以形成互补关系。最典型的是钢和铁这两个行业之间的关系。私营企业和资源委员共计建设了 24 座冶炼炉，其中有 20 座点火生产。生产钢的 14 座，其中 4 座的生产能力都是 10 吨，其他的是 3.5 吨和 1 吨不等；生铁高炉 10 座，一座 100 吨炉、一座 50 吨炉、一座 30 吨炉，其余的分别是 15 吨、10 吨和 5 吨炉。另外，许多本地的冶炼厂能够生产几乎同现代高炉一样多的产品。这样一来，生铁的生产能力远远超过钢生产过程中对生铁需求，也超过了其他方面的生铁需求；而对钢的需求则无法全部得到满足。表 10–4 显示了生铁供应的突然下跌。1934—1937 年间，关内年均进口铁锭和钢已经达到 16.5 万吨，这一规模是 1944 年钢、铁产量的 3 倍。战时战略物资的产出缺口可见一斑。

表 10–4　1940—1944 年后方钢、铁产量[1]

（单位：吨）

时间	铁	钢
1940	49 500	1 650
1941	70 000	2 212
1942	105 600	3 300
1943	77 000	7 480
1944	44 150	15 697

1　基于主计处编制中国统计简报（1948）数据。

原材料供应不足还导致了严重的瓶颈约束，机械制造行业的困难就是一例。后方这一行业的工厂数最多：1940 年 181 家、1944 年 900 家，多数规模不大。设备良好、能够生产工业机器和工具机械的工厂不超过 12 家。资源委员会经营着 6 家机械制造厂。几乎所有的机械厂都从政府军械库获得供应轻武器的订单，起初都是满负荷开工，但当工具钢、合金和特种钢等关键材料用完且没有新的进口供应时，就只能减产了。许多小的机械厂关门了，大工厂也因为一些原材料的短缺，只能生产一些轻工业机械。

原材料的短缺问题在纺织业也很严重，而该行业对后方经济的作用一直非常重要。尽管需求很大，原本也有一个市场，但行业生产滞后。这是因为西北棉花主产区运输困难导致棉花供应不足，造成西南地区的纺织业产出低。

尽管存在诸多困难，工业生产方面还是取得了一些成绩。1942 年的煤炭产量比 1936 年增长了 35%，面粉增长了 160%，水泥增长了 2 倍，硫酸增长了 2.8 倍，纸张增长了 6 倍。一些新的工业也有了发展。资源委员会在甘肃省开发了玉门油田，年产原油 200 万加仑，润滑油 36 000 加仑。酒精产量达到 700 万加仑。资源委员会另外经营的三家电器设备厂生产铜丝、铁丝、无线电收发管和绝缘体。

随着战争的发展，获得战略性稀缺物资的难度在提高。军械厂甚至连轻型武器的生产都无法满足军队的需求。1944 年底成立了战时生产局，由中美联合管理，美国政府协助采购紧缺物资并空运到中国。但与战争不直接相关的工业企业则享受不到这一好处，其生产直到战争结束都是下滑的。

在战时通胀后期，物价水平主要受两种物资的供应影响，即棉花产业和粮食生产。各个行业发展停滞，加上购买力下降到了勉强维系生存的地步，使得紧张局面进一步恶化。抗战爆发前夕，中国西南地区和西北地区只有 30 000 支纺锭和 320 台纺机，占全国纺锭和纺机数量的 0.6%。人口最密集的国民政府所在地四川省则根本就没有纺织业。随着新运抵的机械投入生产，再补充以当地的手工织机，中国西南省份的纺锭达到了 232 294 支，西北为 71 872 支。

抗战之前，中国西南地区的服装需求供应完全依赖进口棉纱和布匹，普遍认为不需要发展棉花种植业。在四川省的 1 460 万英亩[①]耕地中，只有 34 万英亩用于棉花种植，云南的 410 万英亩耕地中，也仅有 39 000 英亩用于棉花种植。政府内迁重庆后曾大力增加棉花种植面积，并引进美国的棉籽，但农民对棉花种植没有热情，这不

---

① 1 英亩约为 0.40 公顷。——编者注

只因为棉花是他们不熟悉的农作物，还因为种大米更赚钱。抗战的最初几年，大米价格远远高于棉花。当大量的纺锭投入生产时，来自陕西的棉花却因为运输困难而受阻，棉花短缺问题越来越严重。从表 10–5 可以看到，原棉生产的增长在 1943 年前仍然十分缓慢，甚至 1944 年的产出还大幅低于 1940—1943 年的平均水平。

表 10–5　1940—1944 年后方原棉和棉纱产量

时间	原棉（包）[1]	棉纱（包）[2]
1931—1937	650 000	29 700（1936 年）
1940	900 000	48 916
1941	820 000	88 994
1942	660 000	102 536
1943	870 000	127 913
1944	770 000	121 021

1　见表 10–2 表注 1。

2　经济部统计数据。

在这些不多的产量中，四川和云南占比不到 40%，其他的则来自陕西和河南。在日军 1944 年侵入河南时，后方纺织厂的棉花供应急剧下降，而重庆同其棉花主要来源地陕西之间的运输情况并没有明显改善。

按战前低水平的布料消费计算（人均 4 码），假定中国西南五省（四川、云南、西康、贵州和广西）人口总数为 1 亿，那每年就需要供应棉纱 341 000 包。而后方的生产最多时也没有超过 130 000 包。尽管政府采取了各种统制措施来增加供应，但形势并没有改观甚至仍在恶化，到抗战结束前已严重到要从美国空运棉纺织品过来。

回过头看，这些趋势表明，如果没有完备的配套设施、原材料供应及交通运输体系，发展工业无从谈起。

如果不是因为拥有相对充足的粮食供应，后方的经济生活可能早已被日军的封锁所扼杀，人们的士气也早已崩溃。幸运的是，中国西南地区在粮食生产方面一直很富足，除了 1940 年农业歉收之外，并没有遭遇严重的饥荒。另外，1941 年以来，政府通过采取包括扩大冬耕、利用休耕地、减少非主粮作物的种植面积及鼓励种植普通米而非糯米等一系列措施，来增加粮食产量和种植面积。其他的一些措施包括引进改良的水稻和小麦品种，在水稻产区推广双季作物，其中更重要的改进措施是建立灌溉工程。经过政府的不断努力，大米和小麦产量（见表 10–6）已足以满足需求，虽然年度之间的产量波动幅度很大。

表 10–6　1939—1944 年后方主要粮食产量[1]

时间	稻米（糙米）产量（千蒲式耳）	小麦产量（千蒲式耳）	总产量（千蒲式耳）
1939	915 000	576 000	1 491 000
1940	760 000	585 000	1 345 000
1941	780 000	410 000	1 190 000
1942	790 000	610 000	1 400 000
1943	570 000	580 000	1 150 000
1944	950 000	722 000	1 672 000

1　见表 10–2 表注 1。

交通运输

日本的策略是将中国国民党的军队驱赶到内地，切断来自沿海地区的军事和民用供应。为挫败日本的灭华图谋，中国努力修完西南地区的湘桂铁路，以便同印度支那建立铁路联系。通常被称为缅甸公路的滇缅公路也在建设，滇缅铁路虽有规划但还没开工。甘肃到新疆并延伸至中苏边境的公路也在修缮。为在西南和西北地区将战时首都重庆同国际补给线连接起来，四川到云南的铁路开始动工，同时四川到云南、四川到山西和甘肃的公路也在整修中。

1939 年占领广西省会南宁之后，日本军队接着在 1940 年占领印度支那北部，印度支那补给线随即被切断。因为运输工具数量少，且操作难度不断增加，西康到苏联边境的公路运力有限。在日本入侵缅甸并关闭滇缅公路之前，通过该公路运进来的物资很少。中国沿海所有的港口都被封锁了。另外，通过对长江和西康的航运封锁（此前运输了大量的物资供应到内地），日本几乎彻底完成了对后方的合围。

因为汽车零部件、燃料和轮胎耗尽，公路运输的难度越来越大；而由于缺少原材料和设备，川滇铁路工程也停止了。空运成为可以将物资运到国内的唯一选择。

内地交通设施不足却也在改善：后方的铁路里程不足 600 英里，但大约 5 000 英里的已有公路重新做了整修，同时新建了 8 000 英里公路；通过改善长江上游、西康河一些支流的航运条件，延长了内河水运线路；在急流处建立了使用机拖船的绞滩；政府信贷支持建造木质船；包括独轮车、畜拉车、肩挑、畜驮、平底船、木筏和浅水蒸汽船等所有的传统运输手段均投入使用；古老的物资运输方式驿运也重新恢复，并由驿运总管理处统筹管理。但驿运总管理处每年运送的物资总量最高也未超过 20 万吨，即便加上省级和私人的驿运线路运力，每年总的运送量估计也不超过 100 万吨。

运行中的卡车仅有 12 000 辆，因为数量少，加上更换的零部件和燃料不足，公路总管理处治下的物资运量每年仅有 35 万吨。这样小的运力无法满足军需和民用品的供应要求。运输系统的逐渐恶化反过来又导致价格上升。上海到海防（印度支那）的海运费率是每吨海里 5 分 7 厘，而昆明到重庆的公路运费是每吨英里 1.16 元法币，相当于前者的 20 倍，可见运费之高。卡车 4 天可以完成的运输驿运要花 3 个星期。

由于运输困难，需要不断增加对货物流动的营运资本投入，商人们逐渐退出了城市间的商业活动，那些坚持运营的商人们则不仅提高了运费价格，还把他们在货物运输期间负担的高利息也加了进去。随着通胀的加剧，这种形势不可避免地恶化，并直接导致几个政府管理机构的出现，目的是以公平的价格采购和销售日用必需品。这些必需品包括谷物、纺织品、煤炭、燃油、纸张、食用油以及已经在政府控制之下的盐。然而，政府的分配机构只设在少数几个重要的城市中心，解决不了其他地区供应上的分配不均和短缺问题。

进口

1942 年后，后方的对外贸易几乎被彻底封锁。尽管敌占区同日本之间仍有贸易，但并没有货物可供出口。另外，由于日本原材料短缺，敌占区的进口也完全停止了。这种形势是对中国经济在完全封锁之下能维持多久的一个巨大考验，因为人们曾认为，后方和敌占区均离不了对外贸易。下面简要总结外贸中断导致的严重后果。

无法维系最低生活水准。粮食和衣着这两项最重要的需求无法满足。敌占区的粮食短缺比后方还要严峻，但后方的服装材料更稀缺。另一个重要的物资是煤油，因为电力短缺，内地需要大量煤油照明。在煤油进口下降时，进口材料制造的蜡烛代替了煤油；当蜡烛供应短缺时，又用桐油代替。

交通运输无法有效发挥作用。铁路、公路运输、水运和通信方面的所有设备和零部件都依赖于外国供应。由于难以获得替代材料和零配件，效率进一步下降；而且，如果战争持续的时间再长一些的话，运输可能会彻底崩溃。物资的匮乏影响了后方的经济环境和抗战能力。

无法维系正常的工业生产。当五金及五金制品和化工材料短缺时，后方的大多数工厂只能减产，而有的工厂则直接关门停业。因为只能从日本进口很少量的关键材料，敌占区也面临着同样的问题。

外贸停滞挫伤了大众士气。在贸易停止、居民预期海外供应短缺且将导致国内进口物资枯竭时，他们开始囤积已有物资——先是可以替代进口物资的国内产品，接着囤积国内普通商品。结果造成物资的全面短缺、价格上涨，同时加速货币贬值。

所有这些因素加剧了后方的通货膨胀。实际上，没有了外贸，中国便无法借助现代技术和战略供应来有效且经济地开发利用其落后地区的资源，这对中国而言是一个生死存亡问题。

总供给

虽然供给不足并非中国战时通胀最基本的诱因，但产出未能就不断扩大的总需求做出即时反应，从而加速了导致通胀的主要因素。人口大量涌入后方，尤其是支付手段无节制地增加（即印钞）造成的货币收入提高，导致总需求膨胀。提供给私营部门的所有物资和服务明显减少了，但各类产出之间的降幅则存在显著差异。主要农业产品供应有些不稳定，1940—1944 年平均比 1939 年低 10 个百分点；全国的衣着类供应均远远低于战前的平均水平；工业产消费品的年度变化也相当大，1944 年的产出要比 1938 年低 10%，比 1939 年低 62%。要知道，后方所在地在 1937 年时是关内最落后的地区，因此这些产出水平远远低于战前中国的整体平均水平。进口的丧失进一步恶化了总供给形势，因为直到抗战爆发前的 10 年里，进口极大地增加了多种消费品，尤其是基本必需品的供应。日趋恶化的运输条件使得运销问题雪上加霜，后者则加剧了城市和驻军地这些人口密集区的供应短缺，而正是这些地区的通胀在急速恶化。

战后供给情况

国内产出

抗战胜利时，在统一与和平前景、收复满洲和台湾领土及获得日本在关内工业控制权这些因素的鼓舞下，整个国家沉浸在喜悦之中。战前，中国经济已经被分成5个相互隔离的区域——国民党控制区、军阀治下的半自治地区、共产党控制区、日本占领区和外国租界。

国共两党控制区的经济管理者之间存在利益冲突，相互孤立；而满洲和台湾的资源则全部服务于日本经济利益。外国工业集中于通商口岸改变了中国经济的管理格局，其不仅阻碍了中国内地经济的发展，同时也制约了萌芽时期的工业的进步。人们在抗战结束时曾认为，经济这种四分五裂的痛苦局面将终结，四个生产区域将融为一体，而这些可轻易实现的结果将很快缓解中国的经济困境。政府和公众均相信，东北丰富的杂粮将缓解中国的粮食短缺，中国将因其钢铁生产而实现自给自足；东北和台湾的造纸、纸浆产业以及台湾食糖产业将使得中国的纸张和食糖不再依赖进口。

人们还认为，满洲和台湾的工业生产力同中国其他地区相结合，将大幅提高中国的工业产出；当大量日本在华纺锭和织机移交给中国人时，中国的棉纺工业将完全由中国人自己控制，从而满足未来几年的国内需求；当国共双方的对抗结束时，交通线路将恢复，华北地区的煤炭和棉花就可以运到南方。不难想象，如果国内和平与安全可以实现，中国的经济实力就会显著增强，生产有可能高出战前数倍，进口也会降低到最低水平——这些都会极大地抑制通货膨胀。

不幸的是，与和平移交满洲的问题上，国民政府同苏联的谈判并不顺利。苏联军队刚一撤出，国共两党的军队就交上了火，而苏军则在撤出之前摧毁或运走了所有行业的重要装备。由国民政府接管并运营的当地煤矿，几乎无法满足当地公用事业和消费者个人的需求。供给满洲前线军队的粮食还得从关内运过去，奉天（即沈阳）周边成千家工厂处于闲置状态。台湾很多被炸毁的工厂无法修复，一则是当地资金缺乏，另外则是政府的财政资金仍然花在军费开支上，没有外汇，因此无法从国外购买机械和零部件。抗日战争结束之后的 10 个月内，国共两党之间的战事从满洲打到了华北。连接中国华北、华南的两条铁路干线津浦线（天津—南京浦口）、平汉线（北平—汉口），因为战争的持续破坏而无法修复。将华北富余的煤炭和棉花运到华南，再把华南的制成品运到华北就异常困难。抗战胜利的果实已成明日黄花，而经济体系却在加速瓦解。

为了巩固其地位，国民政府认为有必要进口更多的商品和物资来平抑物价上涨、遏制通货膨胀。那些在珍珠港事件后利用进口完全中断的机会快速建立起来的国内轻工业，马上感受到了潮水般涌入的外国制成品的冲击。在后方临时搭建的低效小工厂受到的冲击更大。政府购进或由联合国善后救济总署运来的大量棉花、大米和面粉，打乱了当地农产品的价格体系，从而阻碍了农业经济的自然恢复。

抗战胜利后的 18 个月里，政府的外汇储备大幅下降，进口也只能逐渐减少。因为无法足量进口制造商需要的原材料，他们只能降低产出。相对于因产出下降而被推高的工业品价格，农产品的低价不仅降低了农民的收入以至他们无钱改善生活，也使得农民们没有动力去提高农业产出。

在日本人统治时期，满洲许多工业的产出在 1943 年达到峰值。表 10–7 给出了一些生产和产能数据。

表 10–7　1943 年（产出最高年份）满洲工业年产出[1]

（除特别注明外，单位均为千吨）

生铁	1 700	水泥	1 800（1944 年数字）
钢	500	化肥	33（1944 年数字）
铅	10（年产能）	纸浆	133（年产能）
锌	7（年产能）	纸张	122（年产能）
铜	3（年产能）	汽车	2 800 辆
铝	8（年产能）	铁路车辆：	
镁	0.4（年产能）	机车	90 辆（年生产能力）
煤炭	25 700（1944 年数字）	客车车厢	130 节（年生产能力）
电力	1 708 000（装机千瓦时）	货车车皮	2 400 节（年生产能力）

1　中国政府东北经济委员会数据。

除了上面罗列的项目以外，满洲飞行机株式会社（1938 年前称“满洲航空株式会社”）在战时生产了 1 200 架训练机和 1 000 台飞机发动机。重工业设备中，最大的工厂是满洲工作机械株式会社，其产品包括机车、铁塔、桥梁、模具、铸铁管、锅炉、散热器和其他机械。日本于侵华期间在奉天建立了一个新的机械工具制造厂，在大连附近建立了一个重工业机械厂。除了表中列出的铁路车辆制造能力外，南满洲铁道株式会社的工厂还具备组装和维修 1 100 辆机车、2 000 节客车车厢和 114 000 节货车车厢的能力。同时，当地还有几百家制造机械和零部件的小工厂。纺织行业有 56 万支纱锭和 2 万台织机。所有这些及其他已建成工业设施形成的工业实力足以让人震撼，原本可以极大地帮助缓解中国战后的物资短缺，并为国家长远的工业发展奠定基础。尽管有一些工业生产，尤其是钢铁和飞机制造业，因为美国的轰炸在1944年遭到破坏，但在日本宣布无条件投降前夕，满洲的工业设施和产能大体上是完整的。

另外，满洲在1944年出产了354.9万吨大豆，这足以解决中国关内地区的食用油短缺问题，并给中国带来了每年6 000万~9 000万美元的外汇收入（超过80%的大豆和大豆制品用于出口）。在1944年的15 681万吨粮食产量中，估计中国能够拿出70万吨至100万吨来缓解华北地区的长期粮食短缺问题。大量的木材供应（144个木材厂能够加工400万立方米的木材）可以取代关内地区以往依赖的大部分进口木材。

上述对满洲工农业潜力的记录表明，在苏联占领军拆走主要工业设备及国共战争进一步大规模破坏之后，满洲经历了灾难性的打击。在苏联占领军长官同中国代表就苏联撤军并将满洲移交中国政府的谈判过程中，苏联军队强迫满洲重工业开发株式会社的日本总裁签署了一份文件，大意是该公司所有的工业均服务过日本关东军，以便用来支持“这些工业属于苏联战利品”的主张。[①] 文件一到手，苏联军队就占领了该公司控制的企业，并把主要工业企业的关键设备全部拆走并运回苏联。由于中苏谈判失败，苏联军队在中国国民党军队到达之前撤出了很多地区，中国共产党亦占领了不少工厂和

① 作者即为中方谈判负责人。

矿山。

表 10–8 列出了不同行业因设备被拆走而损失的产能情况。

表 10–8　估计的产能下降情况 [1]

发电量	60%	水泥	54%
钢、铁	60%~100%	有色金属	50%~100%
煤炭	80%	纺织业	50%
机械制造	68%	纸浆和造纸	80%
液体燃料	90%	粮食工业	50%
化学工业	33%	无线电、电话和电报设备	30%

1　基于中国政府东北经济委员会报告数据。

苏联军队刚一撤出满洲，共产党即接手大部分地区并导致国民政府未能对其进行有效接管，仅长春以南南满铁路沿线地区除外。在总计 6 980 英里的铁路中，国民政府只控制了 1 677 英里，另外是 808 辆火车机车、658 节客车车厢和 7 917 节货车车厢。日本人在 1945 年营运的火车机车有 2 403 辆、3 049 节客车车厢和 39 523 节火车车厢。政府控制的 7 个煤矿在 1946 年的月开采量只有约 25 万吨，1944 年的月开采量是 115 万吨。电厂的发电能力则从 170.8 万千瓦时下降到 65 万千瓦时。因为以往的原材料库存只剩下一部分，1946 年的生铁产量只有 4.6 万吨，钢则只有 7 万吨。56 万支纺锭中，只有 17.5 万支可用。各机械厂留下来的设备和零部件只能用于铁路车辆和矿山的维修工作。

在4 940万英亩的可耕地面积中，仅有1 730万英亩于国民党控制区内。这些土地1944年的粮食产量是609万吨，占满洲总产量的38%。因为不断发往满洲的国民党军队需要征用大量粮食，当地粮食消费供应极度短缺，据估计，当地粮食需求缺口为5万吨。有30万吨的大豆及其他植物油或种子可供出口，但因为交通运输困难，政府在1946年仅收集并出口了6万吨。

在日本占领期间，除了零星的游击战外，华北没有爆发大规模战事。为了利用当地的矿业和农业资源支持其国内政府的战争决心和在满洲的关东军，日本在当地的煤炭和炼铁工业及棉花、盐的生产上投入了9.843亿日元。实际上，这四类产品在当时和现在都是华北最重要的出口物资。煤炭的产量在1942年达到2 500万吨的峰值，比战前水平增加了900万吨。北京郊区的石景山制铁所自1939年建成并开始生产生铁，铁矿上还修建了铁轨以便将铁矿石运往日本。日本还改进了山西的两家炼铁厂，其生产能力得以提高。据不完全统计，这三个炼铁厂生产的生铁产量合计接近10万吨。

日本提高棉花产量的计划没有成功，部分原因是政府确定的收购价过低，而谷物的价格更高；另一部分原因是游击队的活动。河北、山东、山西和河南北部的棉花生产降到不足战前一半的水平。盐的产量翻了一番还多。日本人还通过增加天津的纺锭数量、更新青岛各纺织厂的纺锭和织机（在1937年抗战爆发时被国民党军队破坏了）来加强华北的棉纺业。这两地的纺锭和织机总数分别达到了730 000支和15 700台，前者占中国总保有量的28%。天津又新建了几个中等规模的工厂，生产化工、钢、铁、成品油、机械和其他产品。

共产党通过开展游击战，成功地渗透到华北腹地，甚至将活动范围扩展到铁路沿线。战后华北铁路主干线的修复因此受到影响。鉴于修复工作不可能继续下去，国民政府放弃了恢复华北交通的希望，把注意力集中在长江以南地区。共产党的活动使得华北铁路沿线煤炭无法外运，因此这些煤矿要么减产要么停产。如果最大的煤矿开滦煤矿不是临近天津而免受影响，沿海城市的发电厂和工厂以及沿海航运都将瘫痪。华北的煤炭产量在 1946 年下降到 770 万吨，1947 年下降到 700 万吨，不及日本占领时产量的 1/3，而其中 3/5 为开滦煤矿一家生产的。

南方的棉纺业无法获得华北富余的棉花供应。华北的城市粮食短缺，因为满洲的杂粮和南方的大米都运不进来。内战不仅降低了华北的矿业、农业产出，影响了华南的工业产出，而且制约了全国范围内的运输供应。

战后对中国支持最大的因素是获得了日本在大陆和台湾的企业控制权，以及来自联合国善后救济总署的援助。

虽然日本向中国移交了包括棉纺业、化工、机器制造、机电制造、烟草、粮食加工、印刷厂等在内的 917 家工厂、29 个矿山和 9 个电厂，但这些企业此前大多属于中国业主所有，因为种种原因落到了日本人手里。日本人只是建立了棉纺厂和电器制造厂，前者建于战前，后者建于战时。日本人之所以对在华南地区进行新的投资缺乏热情（估计只有 2.488 亿日元，是在华北投资额的 1/4），是因为其原本设想过，如有停火谈判就放弃对华南的控制。因此日本的投资限于恢复被战争毁坏的工厂、建立一些减少消费品进口的工厂设施。

日本投降后向中国移交的最重要也最有价值的资产为棉纺织厂，上海的那些棉纺织厂有112万支纺锭、1.75万台织机，天津和青岛的有73万支纺锭、1.57万台织机，共计185支纺锭、3.32万台织机，其中，为中国人所有的纺锭是290万支，织机2.8万台。这些棉纺织厂被接收后，由政府机构中国纺织建设公司受托管理。1947年，超过70%的纺锭投入生产。电器制造厂由资源委员会接管，并纳入发展电器制造业的总体规划。

台湾的产业中，给中国经济贡献最大的是制糖和造纸。年总产能140万吨的大小糖厂在美国的轰炸中受损严重。在努力修复这些糖厂后，年产量从战后初期的86 000吨上升到1947年的26万吨和1948年的60万吨。中国战前每年从海外进口的糖在20万吨到30万吨之间，台湾的糖就可以替代这些进口需求。台湾造纸业的年产能是74 000吨纸张、纸浆和硬纸壳，战时也因轰炸受损。在复建的过程中，产量从1946年的1万吨增长到1947年和1948年的2万吨。中国计划扩张台湾的造纸业，以便生产新闻纸并减少对进口的依赖，这是中国进口中的一个大项。

联合国善后救济总署给予的援助主要用在了农业复兴和棉纺织品及煤炭的生产上。战时，农业普遍遭到破坏，敌占区和后方的农村经济状况均严重恶化。毗邻战区的土地被长时间遗弃，数百万英亩的土地撂荒。耕畜或被宰杀吃掉或被日军征召用作运输工具，甚至带金属的农具也被日军劫走。为了在日军入侵的道路上设置障碍，政府在黄河南岸大堤河南花园口段挖开缺口，这一举动造成超过 300 万英亩的良田被淹没，数百万农民无家可归。

日军征用了数量庞大的农民做劳工。在许多发生战斗或日本军队驻扎的区域，河堤和海堤无人维护，数百万英亩的土地被淹没。战时关内粮食生产较战前平均水平下降了 5%，棉花产量不及战前的一半。另外，日本还实施了一项破坏中国丝绸行业的行动，摧毁缫丝厂厂房和缫丝设备，同时迫使人们砍掉了一半以上的桑树。

在联合国善后救济总署的援助计划下，近 100 万农民被重新安置回其原有土地，建设或修复了 4 600 多英里的河堤和数百英里长的河道、海堤；给农民分发化肥和种子。这些做法加快了农业恢复至正常生产水平的速度。1947 年，中国产出的大米达到了 18 亿蒲式耳，高于战前 1931—1937 年平均产量的 6%，小麦的产量达到了 12.3 亿蒲式耳，比战前平均水平高 3%。同年棉花产出恢复到 240 万包以上，低于战前水平的 33%。1946 年和 1947 年，联合国善后救济总署进口了 63.39 万包棉花，占中国进口棉花总量的 26.5%，这不仅缓解了交通中断导致的华北对上海棉纺厂棉花供应不足的问题，也缓解了生产者获得政府外汇配额的困难。政府将一批小的发电厂配给了煤矿，好让它们早日复产。

抗战结束时的中国就像是一个饥民，想要获得用于救济、善后和日常消费的各种物资。力图通过增加商品供应来遏制通胀的政府当局采取了宽松的进口政策。政府和私人公司购买了美国军队留下来的物资，有设备，也有消费品，然后在市场上低价出售。甚至是穷人都可以享用以前视为奢侈品的外国水果和罐头粮食。另外，商人们通过进口大量的消费品和奢侈品，抓住了赚钱的机会。进口品随即充斥着所有的大城市，而且售价低廉。1946 年年中，这些商品供应对国内工业产生了冲击，尤其是对那些在战时成立于内地、资本不多、设备简陋且因人口迁移已经失去了本地市场的企业有不利影响。据报道，内地 1 100 家工厂（主要是在重庆和昆明）中的 80% 被迫停产歇业。

外国进口品的竞争阻碍了上海很多工业的复苏。受影响最严重的是五金、造纸、制药、水泥、烧碱、炼乳、卷烟和针织业。在上海工业联合会于 1946 年下半年向政府请求帮助之后，国家银行以低利率向工业企业发放了大量贷款，同时制造业者获得以低于市场水平的官方汇率兑换外汇的特权，以便帮助他们购买进口原材料。但制造商们按以市场汇率计算的进口原材料价格出售其产品，而官方汇率和市场汇率的价差正越来越大，他们因此大赚特赚。总体上，按官方汇率出售外汇对国内工业帮助很大。

具有讽刺意味的是，为了解决缺衣少食人口的温饱问题、平抑物价上涨，大批进口大米、小麦、面粉和棉花涌入国内，结果却压低了国产农产品的价格，抑制了国内生产的提高。1946 年，联合国善后救济总署和其他主体进口的大米、小麦（包括面粉）分别达到 71.6 万蒲式耳和 386 万蒲式耳，1947 年是 191 万蒲式耳和 130 万蒲式耳。1946 年和 1947 年，善后救济总署和商业渠道进口的棉花分别是 160 万包和 78.7 万包。如此大量地进口这些必需品，使得农产品的价格相比那些工业制成品出奇地低。在 1946 年和 1947 年的商品价格指数中，粮食类和纺织类分列倒数第一、倒数第二。农产品和工业品间正常比价关系的扭曲，自然就扰乱了农产品成本和价格之间的平衡。

大量进口品对国内生产的抑制作用比政府领导们预计的还要持久、严重。虽然鼓励进口措施缓解了抗战时期形成的短缺，但在外贸存在局限性的情况下，其长期的影响是负面的。但因为工商业进口商在进口上获利不菲，因此只要出现限制进口的提议，不管是数量上的还是质量上的限制，他们都会对政府有效施压。结果是，实施的极少几项限制措施不仅不足以保护国内生产，甚至鼓励更多的进口，因为市场预期会出台更严厉的措施。

如果在 1946 年的关键时期选择性地控制进口（即限制消费品进口，鼓励生产性物资进口），那么在出现最佳的稳定时机时，这些政策可能会产生好的效果。

从 1942 年到抗战结束，商品投机一度盛行。由于看好价格上涨的未来趋势，不仅有产阶级将其多余的资金用于投机，实业家们也把他们的资本用于囤积生产性物资和消费品，而不是扩大生产。这导致原材料越发短缺、价格持续上涨，反过来又进一步打击了生产。投机的风气在抗战胜利之后曾短暂停息。鉴于对战后需求的良好预期，实业家们一度热衷于实业投资。抗战时期订购的机械设备运回了国内，同时，新的订单又发了出去。但随着通胀加剧，政府于 1947 年 2 月宣布了最高限价的紧急措施，趋势就逆转了，下面的现象随之出现。

所有商品价格直线上涨，再没有出现回落。所有人都预期物价要继续上涨，都想花掉手上的钱，都要去购买商品。

国家银行采取了宽松的货币政策，市场利率又滞后于商品价格涨幅，投机者可以利用银行信贷来购货囤货从而获利。

随着政府外汇储备的下降，对进口的限制也越来越严厉，这造成了进口原材料越来越稀缺，替代的难度也越来越大。市场普遍认为，囤积进口原材料是可靠的赚钱方式。

囤货的时间越长，利润就越高。很多人因此囤积原材料，市场上已经很难看到工业用的一些关键原材料，比如钢、铁和其他金属、机械零部件、棉花和木材。

没有足够营运资金囤积这些原材料来维持机器运转的生产商，对原材料现货的争抢越来越激烈，结果造成原材料价格远远高于那些制成品价格。

因为工资上涨，生产成本越来越高，囤积原材料或保留制成品的库存比生产新产品要更赚钱。

政府最终被迫限制银行业信贷，因为其发现低息贷款只是加剧了投机但对生产却没有任何贡献。另一方面，制造商也可以更有底气地去判断是减产还是给工人减薪，因为他们可以从库存的价格上涨中稳赚不赔。

农民不愿意购买那些不太需要但价格很高的消费品，同时宁愿降低生活水准，这样他们就不需要出售他们的产品。这给工业带来了困难，因为农民的需求下降，而市场上出售的国内原材料又在减少。

在通胀最严峻时期，投机已经无处不在。不只是生产商在囤积原材料，大众也参与到争抢囤积的队伍。与此同时，那些曾通过提供高利率吸引资金来增加库存的生产商的存款开始流失，他们正面临来自个人投机者对原材料的新竞争。

最终，政府不得不利用信贷资金和原材料对一些关键工业进行支持，同时伴以制成品的政府限价。这时，官办企业获得了更多的优惠措施，因为政府更容易控制这些企业。结果，民营企业逐渐失去了经营上的独立性，也失去了提高生产率的动力，官办企业开始居于主导地位。

鉴于政府开始控制制成品的销售价格，其也不得不控制生产成本，即原材料的购买价格和工资水平。管制工资涉及对一些基本要素的控制，比如粮食、衣着和住所价格。因为农民的收益高低对这些被统制商品的相对价格极其敏感，他们选择种植价格相对较高或价格不受控制的作物。结果，被严格统制的关键商品的生产趋于下跌，而那些控制不严或根本不被统制的非重要商品的生产则趋于上升。

从表 10–9 给出的战后生产记录可以看到，因为战争结束和对流离失所农民的重新安置，农业生产逐渐恢复；而工业生产尽管在 1946 年有所改观，到了 1947 年却出现下滑。

表 10–9　战后生产情况

农业生产	1931—1937年平均	1946	1947	1948
大米（1 000 蒲式耳）	1 700 000	1 710 000	1 800 000	—
小麦（1 000 蒲式耳）	1 200 000	1 360 000	1 230 000	—
棉花（包）	3 600 000	2 134 000	2 410 000	2 300 000
烟草（吨）	659 000	618 650	606 200	—
工业产出	**1936**	**1946**	**1947**	**1948**
煤炭（吨）	22 250 000	18 408 000	19 487 000	—
钢（吨）	50 000	15 700	63 000	—
铁（吨）	150 000	81 000	85 000	—
棉纱（包）	2 500 000	2 582 000	1 400 000（1~6 月）	—
面粉（1 000 磅）	3 000 000	3 782 359	不详	—
水泥（1 000 桶）	5 700 000	2 047 269	3 268 398（1~8 月）	—
纸张（吨）	—	62 361	28 062（1~6 月）	—
硫酸（吨）	60 450	7 205	3 963（1~6 月）	—

前文列出的因素，明显削弱了既有工厂增产的动力，甚至连继续生产的意愿都下降了，自然更无法鼓励新建工厂了。随着 1947 年下半年之后财政形势逐渐失控，与通货膨胀密切相关的诸多因素本身越来越不利于生产交换，直至非农产品的产出几乎停滞。同时，早已发现很难将其棉花运到纺织业中心的华北棉纺生产者，开始面临进口棉花的竞争。

因此，只有在 1946 年，市场的生产才是一个可以用来对付通货膨胀的自变量。到 1947 年，生产几乎完全受到通胀的影响，如果不首先解决通胀问题，要增加生产几乎是不可能的。

交通运输

外国供应的通路在抗战一结束便重新开通，其时强调轮船和铁路作为主要的运输手段，公路运输被忽视，而驿运则被废弃。战后进入上海的第一艘货轮运载的是联合国善后救济总署的救援物资，很快，挂着不同旗帜的轮船接踵而至，有商人们急切等待的货轮，也有载着政府需要的善后救济总署救援物资的船只。因为所有这些早期的船只都是到上海，上海港很快便严重拥塞。码头和仓库因战争损毁、处理沉船导致泊位的减少，以及转运设施的不足，均加剧了港口的交通不畅。对于从事内地和沿海航运的外国船只，各通商口岸现在只允许其选择一个卸货口岸，但国内运力严重不足，卸在上海的货物因此无法及时完成后续转运。

战后全球供应短缺也使得进口水平无法比肩战前。1946 年中国所有口岸的进口清关吨位只有 1936 年的 26%。不过战后重建的中国民营航运公司运力在 1946 年[①] 达到了 120 万吨，政府购置的船队和善后救济总署拥有的船队运力也更加充足，1947 年到 1948 年内地和沿海的运力吨位均增加了。

① 原文为 1949 年，疑为作者笔误。

为了实现物资在内地的有效运输，修复铁路是第一个需要解决的问题。大约有 1 500 英里的轨道线路（占战前总里程的 13%）被日本人拆毁或被战争破坏，另有 1 300 英里损毁严重。大量的桥梁被毁坏，大部分铁路车辆因战争受损，路基和铁轨需要大修。善后救济总署捐赠的大量铁路物资使得修复工作快速推进。因为华北地区的冲突因素，国民政府决定集中力量重建华中和华南的线路，到 1947 年，这些地区的线路事实上都可以运行了。但总体情况不很乐观：由于华北地区线路恢复存在障碍、中南部地区维修的临时性特点以及铁路车辆的缺乏，1946 年国民政府控制的所有路线的货运量仅为 1935 年的 31%，一年之后也才上升到 48%。华北地区向华南输送的煤炭和棉花、华南地区向华北运送的大米和制成品受到的影响尤其严重。

与抗战时期相比，战后的运输条件大为改观。水运和铁路运输代替了昂贵的公路运输和烦琐的驿运；进口品供应路线可以没有干扰地重新利用；任何短缺的物资都可以通过进口来解决——所有这些好处原本有助于控制住通货膨胀。但不幸的是，不断增长的政府开支和信贷扩张导致物价快速上涨，强烈刺激了囤积物资的冲动。更好的运输条件被商业交易活动的下降所抵消，无法对总供给产生有利的影响。

进口

随着政府放松统制，对外贸易得以恢复。如表 10–10 所示，自 1946 年 3 月起，进口开始明显增加。在当年 10 月因外汇储备下降而修改规则限制进口前，进口总额已经达到了 4.4 亿美元。1946 年的进口总额为 560 579 822 美元，出口总额是 148 878 808 美元。贸易逆差是 411 701 014 美元，平均每月逆差 34 308 418 美元。表 10–10 同时列出了 1946 年的月度进口情况。

表 10–10　1946 年中国对外贸易情况

（单位：美元）

1946 年	进口	出口	进口相对出口倍数
1 月	7 363 425	4 339 553	1.70
2 月	8 192 710	2 238 981	3.66
3 月	21 137 235	4 543 189	4.65
4 月	46 212 424	3 709 308	12.46
5 月	44 319 478	9 703 007	4.57
6 月	67 740 081	8 909 892	7.60
7 月	54 560 933	14 922 206	3.66
8 月	56 135 822	24 674 267	2.28
9 月	72 766 459	19 987 408	3.64
10 月	68 056 580	12 405 277	5.49
11 月	67 427 095	21 391 332	3.15
12 月	46 471 520	22 004 388	2.11

按重要性划分，主要进口品包括：棉花、汽油、燃料油、车辆、纸张、化工品、羊毛及制品、卷烟。进口的显著特点是包含大量的

粮食（包括奶粉、罐头、橘子和海产品）及香烟和各种杂项进口品。表 10–11 列出了各种商品在进口总额中的百分比，同时与战前的 1936 年做了对比。

表 10–11　主要进口品对比

商品名称	占进口总额百分比（%）	
	1946 年	1936 年
棉花	22.2	3.9
石油	9.7	9.2
五金	5.1	11.5
机械及工具	2.9	6.4
纸张和纸浆	6.3	6.1
化学品及药品	6.3	5.5
羊毛及制品	5.0	3.1
谷物和面粉	2.6	5.2
染料、颜料及油漆	4.1	4.4
车辆、船舶	6.5	5.6
五金制品	3.4	5.0
烟叶	3.0	1.9
木材	1.7	3.0
苎麻及制品	1.1	1.9
其他	20.1	27.3
合计	100.0	100.0

战后进口猛增有许多原因。人们在战时累积下来的剩余购买力不仅没有在战争结束后下降，反而因政府在接管和重建被占领土过程中的庞大支出而增加了。新的购买力涌入市场。买家们争抢那些能保证早日运抵中国的所有进口品，因为商品来得越快，赚的利润就越高。进出口公司如雨后春笋般在上海出现。反常的进口价格水平没有经过任何调整。1940 年之后，进口品价格远远超过国产商品价格，且在珍珠港事件之后飙升到一个了毫无逻辑可言的水平。在 1945 年 8 月 15 日，后方重庆的进口品价格指数是 6 607(1937 年 1~6 月＝ 100)。这是当地产品指数的 2.5 倍。在敌占区，上海同期的进口价格指数是 9 740（1937 年 1~6 月＝ 100)。

就价格指数而言，五金制品比粮食高出 9 倍，化学品是粮食的 2 倍，因为它们来自国外进口，且其价格不是以原产地价格为基础，而是取决于人们愿意支付多少钱。这种形势造成了一种极不合理的价格结构。因为进口品供应无法马上满足存在已久的需求，大众仍然相信外国货必须是高价的。与此同时，政府确定的汇率远远低于物价涨幅。根据汇率指数，官方汇率是全国商品价格指数的 1/5，是上海价格指数的 1/4。因为法币汇率的高估及进口品的持续高价，只要是进口品都可以轻松获利。因此很多商品的进口并不是为了满足真实需求，而是为了赚大钱。

国内贸易还没有恢复到正常状态。战后沿海地区对农产品的需求也就更倾向于通过进口品来满足，因为标准质量的进口品可以按时大量交付，而中国内地的农村地区还没有走出战争的影响，且内地的交通也没有恢复正常。

抗战胜利时，通胀危机就已经达到了几乎让经济完全崩溃的地步。商界人士们认为政府应该继续战时紧缩经济状态、人们应该推迟更新消费品，即便是复原和重建计划，也应该谨慎规划，避免加剧通胀。

他们还认为，1938 年的贸易数据（即进口 2.5 亿美元，贸易逆差 9 000 万美元）可以作为政府确定进口限额的最好标准。1938 年的进口数据不仅表明了政府有能力支付的商品数量，而且还是全中国可以消化的进口规模。另外，如果把善后救济总署的救济供应加到 1938 年的进口数字上，总的进口数据将是 1936 年进口量的两倍以上。不幸的是，政府更关心的是来自国外的商品供应增加，而不是抑制购买力的扩张，没有协调善后救济总署的供应同其他进口之间的关系。在花费了大量的外汇储备、发放了大批的救济物资之后，通胀仍然猖獗；而通胀的诱因和后果均将束缚政府的手脚，并将其置于无法实现预期目标的境地，因此政府调整贸易政策也不会收效。

回过头来看，在战后时期，因为长期的短缺同过剩购买力并存，政府并不需要鼓励进口，真正需要的是一个合理且能公平执行的计划，以便在几乎无限的消费品和资本品需求中分配有限的外汇资源。然而，政府显然没有这样的计划。

第三部分

3

反通胀政策

抗战初期，政府努力通过公共开支和信贷扩张来动员国防所需要的资源，既没有考虑这种方法的通货膨胀效应，也没有考虑如何控制这种效应。到1939年底物价直线上升时，官方才开始意识到这一问题。此后，政府或者是采取新的价格统制措施或者是限制信贷，以应对每一轮新的价格上涨。政府成立了中央统制机构和附属部门，随后多次改组。尽管这些机构偶尔能够暂时控制通胀现象，但面对持续向市场注入的购买力，它们也无可奈何。

珍珠港事件之后，总供给和总需求的失衡开始公开化，蒋介石委员长本人承担起实施反通胀措施的责任，但仍无济于事。只要根本原因没有得到纠正，针对通胀影响的措施显然毫无用处。正是政府自身不断的通胀性赤字融资和无节制的信贷扩张，持续推动着需求增长。除非导致通胀的这一主要因素被消除，一系列的控制措施不仅不能阻止价格上涨和猖獗的投机，而且还会明显暴露出政府在应对危机方面的无能。行政机构和人员的不足，以及通货膨胀引发的负责统制措施官员的道德风险，最终导致统制无效。

回过头看，力图打破通货膨胀螺旋的许多努力似乎是在寻找万灵丹。事实上，直到经济完全崩溃，政府始终都在追求一种整治通胀现象的政策，同时却又长期忽视其内在诱因，这种舍本逐末的做法，委实令人难以置信。

第十一章

财政和货币政策

财政政策

在1937—1945年的抗战期间，政府开支总额为26 263.43亿法币。其中只有1 584.7亿（占总数的6.0%）法币来自税收，这充分说明政府未能利用其财政权力缓解通胀压力。有两个因素表明，中国自抗战伊始就需要采取强有力的税收政策，以吸纳其公民的剩余购买力。一个因素是，现代战争中对国家经济的全面动员，必然会给部分个人带来前所未有的收入；另一个因素是，在当时不发达的经济条件下，动员势必造成短缺，这不同于人为的或暂时的情况，所以会导致中国比经济更发达国家更早地出现供求缺口。而终止通胀唯一的途径就是强有力的税收政策。

在战时紧张时期，后方经济的落后远不是问题的全部，那时的当务之急是要从敌占区把设备和物资转移过来并安装使用设备；工商业厂房和办公楼、政府雇员宿舍和涌入后方腹地的难民住所也得很快建起来，这导致运输和建筑业工人工资上涨，而这种上涨是难以控制的（这是通胀的第一个阶段）。通胀过程的第二个阶段，是这些工人的消费水平和人口涌入造成的社会零售增加。越来越高的军事、民用需求及通胀压力推动粮食价格上涨，从而引发通胀第三个阶段——农业领域的通货膨胀。随着政府向经济中注入货币，农民的货币收入增加，体力劳动者和小商贩开始拥有更为庞大的购买力。在高收入者利用越来越多的资金进行投机时，通胀就进入了第四个阶段。

因此，在抗战初期，政府开支向能够给低收入群体带来收入的领域注入了更多资金，工商企业受益的领域则相对少一些。待通胀蓄势爆发之时，这种形势才发生逆转。然而，因为农民、工人和小商人很少记账，他们的收入情况很难确定，也不易获得。即便是规模较大的商号和工厂也缺少标准化的会计制度。在这种情况下，只有借助灵活安排的税收制度，才可以获得所有阶层的应税收入情况，也才可以调节所有个人和商人的可支配货币收入。

但不幸的是，在战时财政管理过程中，政府从未认真尝试用税收收入来平衡开支，也没有采取有效措施来减少个人和商人的可支配货币收入，更不曾主动考虑过彻底的税收改革。

其做法仅仅是通过征收财产租赁和销售税、设置遗产税、在商号所得及个人薪给所得税之外加征过分利得税等方式，名义上扩大了旧的税收范围，实际上仍在严重依赖间接税，尤其是盐税。直接税的征收范围扩大，但它既不能有效获得个人和商号的收入情况，也征收不到那些大发战争财之徒的暴利。只有 2.1% 的战时收入来自直接税（田赋除外），这正说明了税收结构的缺陷。

对农村纳税人的田赋征实和粮食征借，有效降低了他们的货币支出水平。但这种征税方式只是出于军粮供给的需要，并非故意降低农村居民的可支配货币收入。落后的田赋制度对征税过程造成的所有不公未及纠正，新的不公又来了：将粮食运到征集点的费用（被强加给纳税人）、缺乏标准化的粮食等级、没有统一的计量单位。

战争结束给彻底的税收改革带来了一个新机会。政府提升的威望和更强大的中央权威使其处于有利的地位，可以做其在战时该做但却没做的事情：寻找新的收入来源平衡预算。但政府再一次选择主要依赖间接税，没有改进直接税收体系——甚至连田赋征实也没有改变，虽然这一征税形式弊端众多，纳税人抱怨不断。

预算赤字继续攀升。分析 1937—1949 年间财政政策和管理，不难得出一个结论，即政府没有努力通过将支出水平与收入挂钩的方式来抑制通货膨胀。政府开支水平由军事和行政开支者的需求决定，而这些人并不考虑金融稳定的因素。各方没有认真对待政府开支和通胀压力之间的关系，也没有采取切实的行动。

不过，由于通货膨胀的原因，实际开支水平亦在不断下降。接下来的章节将谈到，政府既没有选择使用税收政策这一最有力的武器去扼制通胀，也没有有效利用另一个可指望的政策——货币政策。

战时反通胀货币政策

由于未消除导致通货膨胀的根本原因，也没有采取财政措施来减轻通胀压力，政府主要的反通胀措施就落在了货币领域。但由于羁绊太多，这方面也没有太多作为。

中国中央银行并不是唯一的发钞银行。其他国家银行在1942年之前也有货币发行权，且一直拥有庞大的储蓄，于是同中央银行之间存在着竞争。在私营银行的合作活动中，中央银行发挥不了协调作用。大部分私营银行，尤其是地方银行，倾向于独立运营，如果政府的规例同银行自身利益冲突，它们对其规避执行甚至是一种常态。

商业银行与钱庄同政府之间缺乏合作，很大程度上缘于这些规例偏袒不公、随机发布且朝令夕改。实际上，无论何时颁布的何种措施，其执行都随着通货膨胀的明显严重程度而时宽时严。

银行也难以通过吸收储蓄或出售公债的方式帮助政府解决公众的过剩购买力问题。公众还没有形成到银行储蓄的习惯，银行体系没有开发出足够的工具来服务于潜在的银行账户拥有者。而长期以来，政府未能很好地管理公债市场。随着货币快速贬值，要吸引大众去储蓄或购买政府公债越来越困难。

因此，政府在货币领域的反通货膨胀努力仍然毫无效果可言。

统制对私信贷

整个抗战期间，政府主要的信贷统制手段是筛查银行对私信贷。国家银行的贷款要经过四联总处的核准，私营商业银行的贷款也受到限制。但公、私营企业及其他有影响的团体，根本不考虑生产增长对信贷的需求，只要四联总处不愿意批准其贷款申请就向该机构施压。尽管商业银行和钱庄的账面信贷增量有所下降，但其贷款实际上并没有大幅减少，因为这些银行中有很多向其附属公司提供了大量的贷款资金，有的甚至从事暗账（未记录的）贷款操作。

虽然偶尔有一些临时性的效果，但政府的信贷统制努力就长远而言并未明显缓解通胀压力。

四川省 1940 年年中的农业严重歉收导致价格突然大幅上涨，这又加剧了已有的通胀趋势。私营商业银行的信贷政策被指责为价格上涨的原因。政府于 1940 年 8 月 7 日颁布规定统制新式商业银行信贷，包括以下条款：银行贷款只限于国防工业、发展项目及为增加生产和促进物资流动的农村合作式项目；商品担保贷款只能发放给真正从事正常商业活动的商人；不得新增以日用品担保的贷款；严禁银行自行或代客户进行商品买卖；要求各商业银行在一家国家银行保持相当于其（商业银行）存款总额 20% 的储备。与此同时，四联总处指示各国家银行提高制造业和采矿业的贷款比例，同时削减商业信贷。1940 年，日用品的投机炒作日趋猖獗，为了遏制投机风潮，政府于 12 月 7 日又针对上述措施做了补充修正，就商业银行的贷款行为进一步规定：所有商品的抵押人必须是商业公会成员，且须诚实守信；抵押贷款期限不得超过 3 个月；每笔抵押贷款余额不得超过银行抵押贷款总额的 5%；抵押贷款可以续借一次，但抵押物只能是房地产、厂房、建筑物，或是日用品以外的商品。

在 1940 年余下的几个月里，这些措施在抑制对私信贷增长方面还是成功的。1939 年，国家银行发放的工商业贷款增加额是 1938 年增加额的 3.92 倍，而这一比例在 1940 年下降到只有 25.3%。虽然 1942 年之前国家银行对私信贷增幅不大，但商业银行贷款年度（边际）增长率却开始快速提高（见表 11–1）。由于总体价格水平的上涨，信贷扩张提速很大程度上是不可避免的。

前述规定并没有对无担保贷款做出限制。因为钱庄发放的大部分贷款、商业银行发放的一部分贷款是没有担保的，这样一来，这些银行的信贷管理就存在漏洞。而且，商业银行和钱庄更关注担保品的情况和借款人的信誉，而不是贷款的用途。另外，记录生产或销售过程的农业、工业或商业票据还没有发展起来，这使得政府很难确定贷款的最终用途是否符合规定。

为了堵住不受限制的无担保贷款的漏洞，政府于1941年12月出台了下列规定：个人无担保贷款限额为2 000元法币，且只有该笔款项关乎贷款人生计时才可以发放。用于商业目的的无担保贷款上限不超过5 000元法币，且只针对商业公会的正式成员发放，商业公会同意就其成员的品行、贷款资金的合理使用及到期按时还款承担责任。每笔无担保贷款额度都不得超过该银行发放的无担保贷款总额的5%，无担保贷款累计总额不得超过该行所有贷款总额的50%；每笔无担保贷款以3个月为限，且只可以续借一次，续借期限不超过3个月。

同时，政府还试图减少钱庄的存款额。内地信贷的主要来源是钱庄的无担保贷款，钱庄一方面吸收公众存款，一方面也在重庆和四川省其他大城市存续已久的短期放款市场上，从一些更小的商业银行那里获得为期两周的贷款。为此，政府下令钱庄停止接收双周的拆存，改用贴现承兑票据替代双周贷款业务。该命令的主要结果是，钱庄转而以黑市利率来争取短期存款，市场上出现了大量的表格单证和文件并作为票据转让；贷款的性质没有丝毫改变。根据1940年的一项调查，88%的本地商业银行贷款和99%的钱庄贷款是

表 11-1 工商业信贷年度增长情况

（单位：百万法币）

	国家银行对私信贷增长情况[1]		商业和省属银行对私信贷[2]		农村信贷增长情况[1]		给政府垫款增长[1]	物价涨幅[3]
时间	金额	相对上年增量百分比（%）	金额	相对上年增量百分比（%）	金额	相对上年增量百分比（%）	年增长率（%）	年增长率（%）
1938	225	—	102	—	32	—	143	27
1939	882	392	163	160	47	147	59	68
1940	223	25.3	88	54	97	206	66	133
1941	294	131	927	1 052	254	262	146	153
1942	4 511	1 534	1 083	117	220	87	113	201
1943	8 344	184	2 029	187	993	451	104	222
1944	13 531	162	3 087	152	1 037	103	243	244
1945	121 661	899	7 974	258	2 411	233	645	278

1 基于四联总处 1947 年报告。

2 基于前引张维亚著作第 164 页。

3 基于主计处编制统计月报。

商业类信贷，这为投机者提供了大量操作资金[1]。

随着新措施的出台，政府直到 1942 年才把对私信贷的各种限制融入一个统一的统制体系之中。当年 2 月，政府采取措施进一步限制国家银行的贷款规模。重点是将信贷引导到如水利工程和其他发展项目等重点企业，这些项目将在一年内帮助增加产出，且不涉及过多的资本支出。一个总的原则是，信贷资金只发放给国防工业及相关企业、日用品的生产者及与日用品生产和分销有关的商人。严禁发放用于其他目的的贷款。将商业银行或钱庄的重贴现和转抵押贷款列入非必需类别。预期超过 100 万法币的贷款需经四联总处批准，同时采取措施避免贷款资金被滥用。借款申请人需要提供所需贷款业务的产出、销售额和财务状况详情，然后由有关银行的官员进行评审。如果获得了贷款，借款人须每月向银行递交贷款资金使用情况报告，相关银行则每月将各自业务情况报告给四联总处。

当年晚些时候，政府又发布了一些措施，强化中央银行的地位，同时规范国家银行信贷行为。抗战之初，除中央银行外，其他银行都不愿意将总部迁至重庆，中央银行因此得以承担银行业的领导责任。最初几年，中央银行为政府赤字融资，且几乎是以一己之力为内地的战略性工业提供贷款；社会普遍呼吁通过授予该行唯一的货币发行权来加强其地位。当这一安排最终于 1942 年 7 月 1 日完成时，中国的银行制度中最突出的一个历史缺陷被消除了。所有的国家银

---

① 康永仁，The Development and Control of Commercial and Native Banks（论重庆市银钱业的发展与管理 [J]），Economic Reconstruction Quarterly（经济建设季刊）（中文），1942 年 7 月第一期（重庆）。——作者原注

行仍共同作为政府财政的代理人。两个月之后，国家银行间就业务范围进行了划分。自此，中国银行处理所有与国内或国际贸易有关的金融交易；交通银行负责所有与交通、运输、工业和采矿业有关的金融业务；所有的农村金融业务都移交给农民银行。中央银行除了处理给政府及其行政部门的垫款，还负责向其他银行提供贷款，从而使其发挥了中央银行的“银行的银行”职能。中央银行还要协助财政部制定货币政策，以监督货币市场的运行。

随着新的统制措施的增加，政府在削减私营商业银行和钱庄对私人信贷额度方面取得了很大进展。1940 年和 1941 年对商业银行信贷业务的统制、1942 年禁止国家银行向商业银行提供贷款，使得抗战后半期商业银行贷款增长率明显放缓。1942—1945 年间，商业银行信贷增长率是物价涨幅的 1/2，商业银行信贷占对私信贷总额的比例从 1941 年的 36%，降低到 1945 年的 9.4%。但必须承认，商业银行和省属银行在工商业中的份额明显下降的一个原因是，在抗战的最后两年，这些银行将其越来越多的资金投入到本行的投机性企业中，后者的利润远远超过普通的银行信贷业务。这个因素也部分解释了国家银行信贷越来越快的扩张速度，因为国家银行被迫承担了商业银行放弃的基本业务。即便如此，直到抗战结束后的 1945 年底，政府因为恢复重建而鼓励大规模的信贷扩张之际，国家银行的对私信贷总额增长率仍然低于物价涨幅的 10%。

但政府有一方面是失败的。尽管政府在迁至内地之后便采取了一系列的临时措施，且于 1942 年将所有的农村银行业务集中于农民银行，农贷问题仍然无法解决，甚至都谈不上部分解决。作为衡量中心城市以外信贷日益匮乏的指标，农贷数量占对私信贷总额的比重从 1941 年的 8.3% 降到了 1945 年的 3.0%。这一点值得关注。银行机构缺乏、交通不便仍然是银行业发展难以逾越的障碍。

不幸的是，战时财政的根本弱点仍然存在：1942 年，银行对政府的巨额垫款的增幅是对私信贷增幅的 3.4 倍，1945 年是 7.8 倍。因此，与政府赤字开支导致的货币供应大幅增加相比，限制对私信贷似乎没有什么意义。

努力统制利率

在利率政策方面，中国政府没有跟随西方国家执行战时低利率从而降低政府的债务负担。中国的利率政策一方面要考虑抑制通胀的要求，而另一方面则又受到工业集团的压力，后者声称高利率会抑制生产。

到 1940 年底时，物价和利率均开始直线上升，但众所周知，当时的物价上涨是因，利率上涨是果，二者不可倒置。大的工业群体夸大了利率对生产的影响，银行利息只占生产成本的一小部分，所以产量几乎不受实际或预期利率变化的影响。

抗战初期，利率政策有可能在心理上产生一些正面影响，但其他经济和市场趋势很快抵消了其影响，这是一个失败的过程。

在后方有组织的市场上存在五种利率：中央银行利率、国家银行利率、新式商业银行利率、钱庄利率和当铺利率。中央银行的存、贷款利率最低，紧随其后的是国家银行利率，后者由四联总处控制。

商业银行和钱庄的利率比国家银行的高，且前两者内部的存、贷款利差也大得多。四川主要城市的钱庄的特别双周拆、放息要高于商业银行利率。当铺的利率又高于钱庄的。在四川，重庆和其他主要城市的双周拆、放息被作为商业信贷操作的市场利率，在其他后方省份，钱庄利率还被作为市场利率。

1941 年之前，利率上涨还比较温和。抗战爆发后，重庆的双周拆放息从此前的月息 1.0% 上升到每月 1.6%；内地其他地区的利率则从每月 1.4% 到 1.5% 不等。为配合政府鼓励内地工业发展的政策，中央银行放松了信贷条件，导致利率下降，到 1939 年年中，重庆市场利率下降到了月息 0.9%。1940 年，商品短缺形势日趋严峻，对工业原材料的竞争加剧，为支持统制措施，宽松的信贷政策便被放弃了。同物价一样，利率是被推高的，重庆市场在 1941 年下半年的利率达到了月息 2.7%。

结合 1941 年 12 月限制钱庄贷款的措施，政府要求钱庄的双周拆放款须经中央银行批准，希望借此控制拆放息。但重庆市场上马上出现了 2.9% 的月利率，远高于核定利率。1943 年 1 月，政府责令各城市的银行和钱业公会按照中央银行的利率、结合当地实际情况确定本地利率，并在提交中央银行核准后执行。尽管有这项规定，市场利率仍在继续上升。重庆 1943 年的利率区间为月息 3.4% 至 10%，1944 年是 7.0% 至 9.3%。中国西北地区的市场（月）利率尤其高，1944 年 8 月西安出现了 15.0% 的超高月利率。从 1943 年到 1945 年，中央银行的贴现贷款月息一直维持在 2.1%。

表 11–2 列出了战时后方五个大城市的年度平均月利率情况。

表 11-2 1937—1945 年市场利率[1]

（月平均利率，%）

时间	重庆	贵阳（贵州）	昆明（云南）	西安（陕西）	兰州（甘肃）
1937	1.0	1.5	1.1	1.4	1.3
1938	1.2	1.5	1.0	1.4	1.1
1939	1.3	1.9	1.8	1.9	1.4
1940	1.5	2.5	2.4	2.5	2.7
1941	1.9	3.0	2.9	5.2	3.7
1942	2.8	3.4	3.4	5.8	6.0
1943	6.0	3.8	4.0	8.2	10.1
1944	9.3	6.0	10.0	9.1	10.5
1945	10.1	15.0	12.5	12.0	10.5

1 数据取自主计处编制 1947—1948 年统计简报。

在抗战的前 5 年，重庆的利率相对较低，这得益于政府官员对货币市场的严格监管。但到了 1943 年，价格的不断上涨引发了巨大的信贷需求，因国家银行的贷款限制政策，多数信贷需求无法得到满足。由于许多制造企业和商号以市场利率来吸收存款以满足其资金要求，银行被迫提高利率以吸揽新存款。一些银行对政府机构的存款提供高利率，有时甚至会向负责银行资金的公职人员支付佣金，以争取其所在部门的存款。如此压力之下，重庆的利率便失控了，在抗战胜利前不久，市场利率达到了月息 12%。局势已然失控，但中央银行没有提高本行利率，因为担心一旦放开便迅速触及市场水平。其廉价资金最终被其他国家银行和商业银行充分利用，但无法确保后者将中央银行资金只用于生产目的。

幸运的是，根据政府1942年制定的直接统制政策，国家银行的对私信贷（到1945年时占新式银行对私信贷总额的94%）处于限定的范围之内。虽然利率急剧上涨一定程度上也与这一政策有关，但其责任不大，利率上涨更多的是通胀时期货币过度需求无法避免的伴生物。

努力增加银行储蓄

政府在抗战初期便意识到增加存款、尽量减少新发钞券的必要性，因此当时便推出了一系列储蓄计划。1938年下半年，“节约建国储蓄存款及储蓄券方案”付诸实施。储蓄存款的年利率为8%~12%不等，最短存款期限为三年，储蓄券面额从5元法币到10 000万法币不等，6个月之后开始分期还本付息。与此同时还推出了有奖储蓄，在储蓄账户里存款者将获得奖券以代替利息，但奖券至少要等到一年后才开奖。公众对这些招揽储蓄的做法没有兴趣，其吸引到的储蓄额也很少：1939年1 500万法币，1940年1.25亿法币。1941年9月，政府给“储蓄建国计划”赋予了新的意义，将其作为全国抗战努力的一部分。为此还组建了一个全国性的推广委员会，并在各省建立分会，各县设支会，每个乡设推广小组。

公众的反应逐渐积极起来，该计划在1942年吸收到的储蓄存款增长了近两倍。但储蓄存款的比例仍难如人意，政府储蓄计划吸收的普通储蓄和存款占国家银行贷款总额的比重只有1/20多一点，政府接着在 1944 年采取了强制摊派储蓄券的方法。每个县、乡都分配了一部分名为“县乡公益储蓄”的储蓄券，由地方政府负责这些储蓄券的推销。1944 年确定的认购目标是 229 亿法币，但实现的数额不及 1/4，且主要的认购者是地方政府，而不是公众（见表 11–3）。

表 11–3　国家银行的名义储蓄总额[1]

（单位：百万法币）

时间	普通储蓄	政府储蓄计划	总储蓄	出售美元储蓄券和黄金储蓄存款	总计	储蓄占存款总额百分比（%）
1940	403	125	528	5	533	8
1941	600	498	1 098	6	1 104	10
1942	1 094	1 436	2 530	446	2 976	15
1943	2 938	2 539	5 477	1 910	7 387	24
1944	6 425	4 989	11 414	4 042	15 456	16
1945	34 039	11 698	45 737	9 956	55 693	11

1　基于四联总处 1947 年报告。

中国政府估算的储蓄包括了出售 1 亿美元储蓄券的法币收入（该储蓄券 1942 年 4 月发售，以 1942 年美国财政部 5 亿美元借款收入为担保）以及黄金储蓄存款券的收入（后者 1944 年底发售，以前述美国借款收益自美国购买黄金赎回）。

这两种储蓄券都可以用法币购买，一年之后可以赎回。美元储蓄券按 20 法币 / 美元的兑换率出售，而 1942 年上半年的黑市汇率是40法币／美元，下半年是30法币／美元。黄元储蓄券的兑换价格定为黄金市场价格的一半。除了这些吸引人的兑换价格，购买这些储蓄券更像是投资而不是储蓄，涉及的交易恰如远期外汇和黄金买卖。中国民众随即利用这些机会大赚其钱，1944年出售黄金储蓄存款券的收入占到了储蓄总额的26%。

政府推动储蓄作为对抗通胀的手段并不成功。1937年之后，储蓄（包括出售储蓄券所得的收入）占国家银行贷款总额的比例从未超过9%，这一比例在1945年更是只有4%。另外，1939年之后，国家银行定期存款的下降大大抵消了储蓄的增长。定期和储蓄存款合计占存款总额的比重，从1939年的47%下降到了1945年的11%（见表11–4），这表明公众越来越不愿意持有货币。因此，虽然相比战前微不足道的储蓄水平，中国的储蓄运动取得了些许成功，但其规模还不足以抵消对私信贷及政府垫款扩张所造成的通货膨胀影响。

表11–4　1937—1945年中国银行业部分指标

时间	国家银行			商业和省属银行
	定期和储蓄存款占存款总额百分比（%）	对私信贷占存款总额百分比（%）	贷款总额占存款总额百分比（%）	贷款总额占存款总额百分比（%）
1937	40	67	96	67
1938	39	59	110	73
1939	47	58	110	71
1940	45	50	114	60
1941	41	32	118	70

（续表）

时间	国家银行			商业和省属银行
	定期和储蓄存款占存款总额百分比（%）	对私信贷占存款总额百分比（%）	贷款总额占存款总额百分比（%）	贷款总额占存款总额百分比（%）
1942	24	42	143	98
1943	27	57	188	110
1944	17	34	180	84
1945	11	29	230	151

向公众出售公债

1937 年救国公债勉强完成发行之后，政府曾决定不再向公众发售公债，但在 1941 年 3 月再度开始了公债方面的努力：建立了全国救国公债劝募委员会，由中央、省级和市级政府大力推销。

1941 年的公债实际销售额占当年赤字的 1.5%。这个数字不大，但也为缓解通货膨胀压力做了一点贡献。

接下来政府便强行摊派。农村地区的公债认购仍然是自愿的，因此只是在城市里分派认购任务。针对富商、职业人士、地主和情况改善的房地产业主，政府按其收入的一定比例分派相应数量的公债。公债销售情况因此得以改观，其融资占政府赤字的比例，从 1942 年的 1.9% 上升到 1943 年的 10%。

但中央和地方当局没有就评估财产和确定个人收入建立系统性

的方法，相反这些评估工作的随意性很强。大多数情况是给公共机构分配一个额度，以便在其管辖范围内对商业公司和个人分派。这种体制造成了不公，并遭遇越来越多的抵制。公债销售收入开始下滑，甚至在地方政府和公共组织自身也认购了部分公债之后，其占政府赤字的比例还是在 1944 年下跌到了 1.5%，1945 年则为 5.7%。

1942 年和 1943 年创纪录的公债销售额包括了 1942 年的 1 亿美元公债，该公债以当年 5 亿美元的美国财政部借款为担保。因为该公债的赎回期是 10 年，因此尽管法币和美元的兑换率为 20 ∶ 1（1942 年的市场平均汇率约为 25 法币 / 美元，1945 年约为 64 法币 / 美元），但公众最初的认购热情并不高。该公债最终以低于预期的价格通过摊派给各地方政府的方式全部售完。

抛售黄金

在中国政府获得了美国 5 亿美元的财政借款后，关于如何使用这笔借款收入，全国充斥着五花八门的建议。

因所有交通线路皆被切断，海外物资无法进入中国。相对于商品物资和黄金，外汇要便宜一些，很多人因此强烈建议用这笔贷款购买黄金，但关于如何利用黄金，观点又大相径庭。

有一个建议是向公众出售一种新的黄金券。后者以现行黄金的市场价格出售，可以作为储蓄持有，也可以按黄金市场价格自由议付，但抗战结束前不可赎回。银行公会、商会和政府代表组成的受托委员会负责黄金券的发行和对黄金支持储备的控制。此举的目的是在不消耗黄金的情况下用黄金券吸收部分过剩购买力。相反的意见则认为，公众不会接受不能用黄金赎回的经调整的黄金券，而且黄金券不会马上产生反通胀的效果。

政府领导最终决定向公众出售黄金，与发行黄金储蓄券和美元公债并举，同时再拿出2亿美元在美国购买黄金并运回中国销售，余下的美元以后再提取。农民银行于1943年11月份负责黄金销售。但政府不久便发现很难确定黄金的销售价格。一方面，从政府利益的角度，黄金市场价格一旦上涨，就应该调整黄金售价；但另一方面，向上修正价格将招致“政府在引导价格上涨”的批评。这种批评的结果是售价上调滞后，导致官价和市场价格之间出现巨大差距，反过来给奸商钻了空子。为努力克服这种不利局面，政府要求黄金购买者按其黄金购买额度的10%搭购所谓的“乡镇公益储蓄”，这一要求很快又提高到20%。

在卖完购自美国的1 700万美元黄金和中央银行的一小部分黄金之后，政府于1944年11月份停售黄金。这样一共抛售了100万盎司的黄金。停售黄金的原因是购自美国的黄金一直没有运抵中国。

战后的反通胀货币政策

恢复黄金出售

1946年初，政府再度指示中央银行出售黄金，意在抵消预算赤字导致的消费者购买力增加。这种做法已经在战时被证明是失败的，因为货币供应增长得太快，出售有限的黄金无法对其产生明显影响。尽管战时经历不佳，但中国政府认为，美国政府同意向中国运送的黄金，加上中央银行持有的黄金（合计约 2 亿美元），如今可以用作对付通胀的有效武器。为避免此前在黄金兑换率上犯的错误，中央银行官员现根据市场价格调整对黄金报价。以往是事先公布向公众直接销售黄金数量，而今改为通过中央银行的代理机构秘密抛售。

在 1946 年 3 月 8 日恢复黄金销售时，黄金市场价格已经快速上涨了两个月，且比战后初期的水平翻了一番还多。就在日本投降前不久，上海的伪中央准备银行在市场上出售一个月后用黄金赎回的黄金储蓄券，以对抗通货膨胀。这些黄金储蓄券的价格在 1945 年 5 月时是每两[①]78 万法币（1 两约等于 1 盎司），在 8 月时是每两 700 万法币。8 月份，中国后方（重庆）的黄金价格达到了每两 23 万法币的峰值。抗战胜利后，全国范围内的黄金价格均大幅下跌，并在 1946 年 1 月初之前稳定在每两 7 万 ~8 万法币之间。由于涉及黄金的投机活动日渐增多，上海市场上的黄金价格从 1 月 12 日的 84 000 法币跳涨到 2 月底的 185 000 法币。中央银行在恢复黄金销售时报出了 165 000 法币 / 两的价格。根据报道，自 3 月初到 5 月底，中央银行的大笔抛售在金额上相当于私营银行存款总额的 1/5，起到了稳定价格的作用。然而在 6 月份，内地特别是爆发内战的中国北方地区的黄金价格上涨，将上海市场的黄金价格推高到每两 20 万法币。在

① 旧制，下同。

接下来的几个月里，几个因素的综合影响使得上海市场价格直线上升，其中的主要因素是法币对美元的官方汇率在 8 月份贬值、内地难民资本的流入，这些资本大部分进入了黄金投机市场，而最重要的因素是给政府过度垫款导致的货币内在价值持续下跌。市场对黄金的需求增加了，中央银行无法再通过增加黄金抛售数量来抑制市场价格上涨。到 1947 年 2 月 1 日，黄金价格达到了 40.7 万法币 / 两，10 天之后则居于 96 万法币 / 两的高位。鉴于中央银行黄金储备的流失（自 11 个月前开始销售以来已经下降了 60%，计 3 300 000 盎司），政府决定在 2 月 17 日暂停黄金销售政策。这项政策的执行时间前后加起来还不到一年。

统制信贷的努力

1946 年的形势发展根本上动摇了中国政府的经济信条。信贷政策在宽松和紧缩之间摇摆不定，且在执行限制性政策时，交替实施定性和定量统制措施。

为了削弱私营商业银行的信贷扩张能力，政府通过禁止国家银行在私营商业银行存款、提高私营商业银行在国家银行的存款利率等手段，吸引私营银行将资金存在国家银行，从而努力减少私营银行的信贷基础资金。但这些措施未能撼动通货膨胀的资金来源。

当上海的物价于 1946 年 8 月涨到 1 月份水平的 3 倍时，政界认为国家银行对私信贷过度扩张已成为通货膨胀恶化的直接原因。受此看法影响，1946 年 9 月，政府突然决定，除盐商贷款、跟单信用贷款及四联总处核准的贷款外，停办国家银行的其他信贷业务。抵押贷款和无担保贷款均被禁止。但当年年底，政府还是同意了商界提出的大规模生产性贷款的请求，以缓解生产性企业（包括许多生产非必需品的企业）的财务负担。因为来自进口品的竞争和高昂的劳动力及原材料成本，这些企业的开工率远低于产能。因此，在实际操作中，9 月份的统制措施并不像纸面约定的那么严格。

在 1947 年 2 月颁布“经济紧急措施方案”时，政府恢复了原来的理念，即放松信贷统制对提高生产至关重要，而如果产出不提高，则无法限制价格和工资。因此，国家银行需经四联总处核准的单笔贷款限额在 4 月份从 5 000 万法币提高到了 2 亿。同时，为了支持生产性企业，工业贷款利率被保持在最低水平。政府也不再禁止制造商使用建筑物和机器作为贷款的部分担保。一并松绑的还有国家银行的重贴现和再抵押业务，而根据 1946 年 5 月的指令，重贴现和再抵押只适用于被批准的企业，须由几家私营银行联合提供资金，再由中央银行分配给这些企业。

在黄金政策和经济措施方案失败之后，新的中央银行总裁于 1947 年 3 月接任。新总裁急于恢复正常的银行业务，允许商业银行和钱庄自行评估判断借款申请人的信誉。在此背景下，“贴放委员会”应运而生，为私营银行就其贷款申请重贴现和再抵押提供了便利。

贴放委员会由政府、商业银行和钱庄的代表组成，下设两个附属信贷控制委员会，一个处理工业借款，另一个处理出口商的借款。除了审查私人银行向国家银行的信贷申请外，委员会还接手了四联总处对国家银行发放给私营银行贷款的检查工作。

一段时间以来，四联总处对信贷事无巨细的统制在银行家和商人中间招致了广泛的不满。1947 年 4 月之前，一笔国家银行超过 5 000 万法币的贷款（按 1946 年的平均汇率计算约合 18 410 美元），首先必须经四联总处的分支机构同意，然后递交总部并由一个专家委员会审批。老牌企业总是优先于存续时间较短、规模较小的企业。能够接触四联总处成员、知道如何准备必要文件资料的借款人，无论其业务状况如何，其申请获得批准的概率相对来说也会高很多。由于预期四联总处将拖延很长时间才宣布最终决定，借款人会就其贷款要求极尽夸大之能事，以便为等待期间的货币贬值及四联总处例行砍减申请金额留出空间。这些明显的弱点导致人们普遍要求取消四联总处，并将其信贷管理权移交给国家银行和大型私人银行，因为国家银行和大型私人银行能够更好地评估每笔贷款申请的优劣。随着贴放委员会的成立，这些要求变成了官方行动。

由于上海物价在 1947 年年中飙涨，政府的货币政策在年底时再度转向极度紧缩。8 月，政府颁布规定，希望通过提高国家银行贷款的选择性来控制对私信贷的扩张。国家银行的贷款限于 5 类借款人：从事短缺日用品生产和销售的生产者和商人、所产重要商品可以同进口品竞争的工业和商业企业、运输行业、公用事业，以及出口商。贷款批准前要对借款申请人的诚信进行全面调查，贷款银行须确保贷款资金的合理使用。私营商业银行不得从事投机活动，也不得参与商品买卖；在发放贷款时，私营商业银行要遵守四联总处要求的“重要企业需求优先”的原则。成立金融管理局，在所有大的银行业中心城市设立分局，该机构有权抽查银行账目、勒令违反政府规定的银行暂停营业。

尽管政府付出了诸多努力，但仍未刹住投机盛行之风和价格上涨势头。1948 年 1 月，上海物价涨幅超过了 40%。受不负责任的意见影响，政府领导人下令，自 2 月份（中国农历新年）起，停办除农业和出口行业以外的所有银行贷款。这种极端的做法在货币市场引起了很大混乱。

在 1 月份暂停信贷发放后，政府宣布来年的（国家银行）贷款要优先满足农业企业和官办企业的需求。这意味着私营企业要通过商业银行甚至整个银行业以外的渠道获得贷款。

1948 年 4 月取消了全面限贷禁令，但仍从期限上对贷款加以限制：重贴现最长期限 15 天，再抵押 30 天，跟单汇票重贴现 20 天。只有出口贷款的期限允许延长至 3 个月。

国家银行此前可以直接同中央银行申请办理重贴现和再贷款业务，现在它们同私营银行一样，须向贴放委员会提交申请。另外，一种向重点企业发放贷款的新方法得到鼓励，即在生产或销售过程中预付货款。1948 年 1 月暂停信贷业务后，国家银行曾将这种操作方式作为临时措施帮助商人渡过中国农历年的结算。中央银行最初将预付款商品限于 6 种日用品：纺织品、皮革制品、纸张、肥皂、火柴和医药；3 类主要工业品：钢铁、水泥和机械。后来煤炭亦被列入其中。通过这种方式购买的商品数量，不超过按此前 6 个月平均产量计算的一个月产出；政府通过中央银行这种信贷工具支付的购买价格是贷款获批前 6 天内的市场平均价格。这些预付款限于真正需要资金支持的工业企业，且这些企业要将资金用于提高生产。

但生产商们对政府的计划并不热情，因为原材料、工资和其他成本都在快速上涨，中央银行在发放贷款时支付的购买价格，经常低于相关产品最终交付时的生产成本。因为中央银行不同意基于预期实际成本加上利润率的方式给商品定价，其购买价格总是低于制成品的市场价格。另外，这类贷款在最终批准前必须经过多重审核环节，很多生产商被迫在批准前去寻找其他信贷资金。直到政府开始从资金上支持生产商购买原材料时，一些基础工业企业，如纺织厂和面粉厂，才开始在生产前就向政府出售它们的产品。

到1947年年中，因为私营商业银行已经开始主导货币市场，国家银行信贷政策变化对信贷总体分配的影响已经降低了很多。资金一度有向私营银行手中集中的趋势，而官方利率同黑市利率之间的差距则加剧了这一趋势。私营银行在1947年的存款利率涨幅远远快于国家银行。到当年年底，私营银行处理的银行清算业务已高达上海总量的92.9%。结果，对国家银行信贷的控制并未影响货币市场的投机。

为了解决银行业监管上的这些不足，政府在1947年12月采取了进一步的措施：禁止国家银行在商业银行存款，商业银行的利率不得高于中央银行批准的水平。

1946年初，为稳定利率，中央银行开始公布其重贴现率，希望货币市场能够将其作为利率报价的基准，同时要求银行公会和钱业公会的存贷款利率必须获得中央银行的批准。为杜绝私营银行将其资金用于投机活动，还规定其存款利率不得超过其贷款利率。虽然中央银行1946年全年的重贴现率一直保持在1.8%（月息）的相对低位，但市场利率随着物价的普遍上涨而逐渐走高。中央银行被迫接受这一趋势背后的市场力量，批准私营银行提高利率。结果，上海市场的月利率从1946年1月7%上升到当年12月份的14%。国家银行报出的利率属于第三种：该利率高于重贴现率但低于市场利率。经由中央银行批准的利率一直滞后于物价变动，黑市上出现了更高的利率，这给中央银行、国家银行和核准的市场利率造成了压力。紧接着出现的是这样的情景：国家银行利用中央银行的廉价资金作为其利润来源之一；私营银行全力争取国家银行的低息信贷资金；而能够利用利率滞后于物价的机会来赚钱的个体借款者，则为争取贷款挤破了私营银行的门槛。所有这一切，都是预料之中的事情。

1946年底，是否应该维持宽松的货币政策成了一个有争议的问题。高利率的支持者批评低息贷款的理由是，低息贷款让投机者受惠，而对控制价格水平没有一丁点儿的帮助。他们支持缩小中央银行利率同批准的市场利率之间的差距，同时取消用于补贴某些工业的优惠利率。宽松货币政策的支持者则辩称，物价上涨太快，提高利率不仅无法约束信贷，而且将加剧重点企业的财务困难。四联总处的多数理事（均为各部部长，如财政部部长、经济部部长、国防部部长和交通部部长）均反对提高利率，因为这会增加其所属部门的财务负担。总的结论是，只有在适度通货膨胀的条件下，提高中央银行利率才会产生有益的效果。因此，尽管1947年初中央银行利率仅为批准市场利率的1/6和黑市利率的1/10（表11–5），但仍维持现状不变。

表 11–5　1946—1947 年上海月利率和批发价格涨幅[1]

	中央银行月重贴现率（%）		批准的市场月利率（%）		黑市月利率（%）		批发价格涨幅（%）	
月份	1946 年	1947 年	1946 年	1947 年	1946 年	1947 年	1946 年	1947 年
1	1.8	1.8	7.0	13.5	11.0	18.0	80	19
2	1.8	1.8	8.0	13.5	19.0	19.0	71	60
3	1.8	1.8	8.0	13.5	19.0	16.0	25	5
4	1.8	1.8	8.0	13.0	13.0	12.0	–5	21
5	1.8	1.8	8.0	15.0	16.0	20.0	11	54
6	1.8	1.8	8.0	15.0	13.5	19.0	4	12
7	1.8	1.8	8.0	15.0	15.0	19.0	7	15
8	1.8	1.8	13.5	14.2	13.0	15.0	8	9
9	1.8	1.8	15.0	15.0	16.0	18.0	14	27
10	1.8	1.8	16.5	18.0	16.0	21.0	21	57
11	1.8	1.8	15.0	16.5	13.5	19.0	2	13
12	1.8	1.8	13.5	19.5	16.0	23.0	8	21

1　基于中央银行经济研究处和主计处编制数据。

中央银行总裁在 1947 年底建议四联总处，应把中央银行及国家银行的利率提高到与批准的市场利率接近的水平。这一动议遭到背后有强大党派支持的国家银行领导们的强烈反对，因为他们从中央银行利率与其本行贷款利率差额上获得的利润将大幅减少，而他们本行利率的提高将对其党企的借贷产生不利影响。四联总处采取了一个折中的方案，即国家银行实行差别利率：对官办企业仍然维持原来的低利率；对重点工业企业的利率小幅提高，对其他私营企业的利率提高到接近（但仍明显低于）批准的市场利率水平。此时，商品价格急剧上涨，每个人都在争取贷款以购买第二天看涨的商品。在信贷扩张或紧缩过程中，利率已经无关紧要了。

中央银行在 1947 年 8 月推出了一项措施，按月息 5% 接受商业银行和钱庄的十天定期存款，希望稳定私营银行手中的资金以免流向市场，后来又于 11 月份将月息提高到 8%。1948 年 2 月，该计划的存款期缩短到一周，利率再度提高到每月 12%。5 月，中央银行给予这些短期存款的利率不低于每月 15%。表 11–6 列出了 1948 年前 7 个月上海的私营银行在中央银行的周存款平均余额。

表 11–6　1948 年私营银行在中央银行存款情况

月份	周平均存款余额（百万法币）	占所有私营银行存款的比例（%）
1	300 000	10
2	680 000	13
3	740 000	17
4	1 110 000	14
5	3 100 000	27
6	2 000 000	16
7	800 000	3

1948 年上半年，尽管政府军队在满洲接连受挫，私营银行的存款却因北方难民资金的流入而大幅增加。中央银行遂决定采取措施直接吸收公众资金，以减少私营银行的流动资金。1948 年 4 月，中

央银行开始发售一种票面月利率 5%、每月月底赎回的国库券，销售价格指数则由中央银行在发售时确定。第一期的销售价格指数是 87.3，这样每个月的赎回收益率就是 19.5%；5 月，销售价格指数降到了 84.5，后来又到了 83.8，这样收益率就分别是 23.3% 和 24.3%。发行的第一个月，中央银行共销售了 1 万亿法币的国库券，5 月和 6 月则增加到 2 万亿。

市场上的资金此时有 3 个去向：买卖商品、按黑市利率放贷或者进行证券投机。投资者可能获得的预期收益见表 11–7。可以看到，商品投机是最赚钱的；虽然证券交易波动很大，但其收益率却仅次于前者。通过只参与非法交易的小银行和地下钱庄在黑市上放贷，安全性差，收益也是最差的。

表 11–7　1948 年投机估计收益

（%）

1948 年	商品价格上涨产生月收益（基于上海批发价格指数）	证券价格上涨产生收益（一只主要证券指数）[1]	黑市月利率[2]（月度平均）
1 月	40	45	24
2 月	43	14	23
3 月	62	80	29
4 月	16	10[3]	26
5 月	44	20	28
6 月	88	77	30

1　来自 1948 年 9 月 23 日上海《银行周报》中的中国证券报价表。

2　来自 1948 年 7 月《中央银行月报》中的上海利率统计表。

3　政府命令取缔“递延交割交易制度”（简称递交）。

比如，中央银行国库券 5 月份的收益率是 23%，这比不上黑市放贷 28% 的收益率和持有一个月商品获得的 44% 的收益率，同期的证券投机收益是 20%。据估计，中央银行的银行存款加上出售国库券的收入，合计约占市场流动资金的 1/10。黑市上的利率越来越高，最终超过月息 30%，私营银行越来越不愿意把钱存在中央银行。中央银行遂决定于 7 月份终止这种做法。而追随中央银行脚步的私营银行则开始以非常有吸引力的利率吸纳公众的周存款，这样一来，原本投资于国库券的资金转到了私营银行手中。国库券的发行在 1948 年 7 月底暂停，直到 8 月份的币制改革之后才恢复。但这次发行国库券的努力再度受到市场对资金激烈竞争的冲击。

在间接降低私营银行的放贷能力的同时，中央银行也将其方法用于国家银行。第一步是将所有的政府账户转到中央银行。名义上，中央银行自 1946 年 10 月起就是政府财政的唯一代理机构，但因为其他国家银行的反对，这一规定从未真正落实。中央银行不断呼吁政府执行这一规定，因为其发现军队和公用事业的许多官员在利用国家银行账户上的政府资金从事投机活动，这扰乱了货币市场。政府因此也一再要求公共组织和部门将其账户转到中央银行，但相关指示同样遭到公然抵制。在中央银行的坚持下，这些账户最终于 1948 年 4 月从其他国家银行转了出来。这就是控制国家银行利率的那些可以左右政治的政党成员的所作所为，在通胀已然失控之际，竟至于连如此简单但却关键的财政措施都无法执行。

货币市场的最终崩溃

鉴于公众对货币的信心快速下降，政府那些恢复货币市场秩序的缺乏协调性的努力肯定会失败，而金融体系也终将解体。公众越来越不愿持有现金或银行存款，1947 年和 1948 年纸币流通速度和存款周转速度因此加快，见表 11–8。

在 1947 年 2 月的价格和工资紧急管制措施失败后，5 月份的纸币流通速度达到了 5.02 的危险水平，但在当年的后 6 个月里小幅下降。尽管银行在 1948 年 1 月暂停了贷款业务，但公众仍然认为，在巨额的财政赤字推动下，货币将继续贬值，因此越来越多的资金被用于抢购商品。共产党在华北接连挫败国民党军队所造成的不确定性，加剧了这一趋势。1948 年 7 月，纸币的流通速度已经升至接近战前 11 倍的水平。

由于计算方法的原因，纸币流通速度数字夸大了速度的实际变化。因为没有考虑通胀失控最后阶段的两个因素的影响（这两个因素代表公众对货币失去了信心）。一个因素是，通胀对生产造成的负面影响加上社会各阶层均参与囤积，市场上可供出售的商品数量下降；另一个因素也是我们本章讨论很多的，因为对纸币的需求超过了政府印制的能力，越来越多的货币替代品进入流通。

当货币于 1947 年加速贬值时，公众开始寻找其他支付手段，首先便是自行创造信用。就预期存款（这些预期存款可能有也可能没有）开具远期支票的做法在上海增幅惊人。因为对最初收到的未兑付支票接连开出新支票，市场上出现了信用金字塔。当一家银行拒

表 11–8 1946—1948 年上海货币市场指标

时间	支票清算[1]		支票金额占纸币发行额比重（%）	纸币流通速度[2]	存款周转速度[3]	私营银行存款[4]	
	数量（千笔）	金额（10 亿法币）				现值（百万法币）	基于战前价格实际价值（百万法币）
1946-7	1 702.2	3 751.1	1.78	2.52	38	100 421.5	27
1946-12	2 231.2	8 124.0	2.18	2.57	36	237 052.4	41.5
1947-7	3 041.0	38 067.8	2.82	4.18	42	714 461.1	23.8
1947-12	4 921.0	120 813.0	3.64	5.27	56	2 419 333.2	28.8
1948-5	6 712.7	732 042.0	5.33	5.56	80	11 247 349.8	20.7
1948-6	5 239.3	848 306.6	4.31	7.00	82	12 801 656.3	6.5
1948-7	6 705.1	1 969 536.7	5.25	10.82	90	24 373 433.4	8.5

1 上海《银行周报》的数据。

2 以上海批发价格指数除以一个钞票发行指数求得。支票交易影响了这些指标，但并没有使其完全无效。

3 用总的支票清算额除以活期存款总额求得。

4 基于中央银行稽核处编制数据。

付一张支票时，与其有关的一串支票也将被拒付。鉴于银行没有足够的资金偿付债务，很多情况下没有任何瑕疵的支票也会遭到拒付，但空头支票流通量非常之多，因此公众从未对银行的拒付提出质疑。

表 11–8 的统计数字反映了支票使用的增长情况。1946 年 12 月到 1947 年 6 月间，上海结算的支票数量增长了 1/3 以上，总金额几乎是已发行纸币的 3 倍。震惊于这种持续罔顾银行体系统制政策的自发信用创造，政府于 1947 年 7 月颁布条例，规定只能针对现金存款和已清算支票开具支票，同时责令银行关闭违反本规定的客户账户。但银行和公众是否执行这一命令，政府则无暇顾及，结果一切照旧，尽管多数支票业务仍然是非法的。

1948 年 6 月，政府采取措施弱化对银行账户使用的限制，但同时强制执行其他的限制措施。可以基于现金汇票或托收支票（要有银行担保，或者该支票有现金存款或已清算支票做保证）开具支票；另外，在必要的情况下，银行可以允许客户基于已签订透支协议的托收支票开具支票。争取担保或同银行议定透支协议需要等待很长时间，这使得支票不适合作为日常商业往来的工具。支票的使用下降了，公众开始将支票兑换为现金或银行的现金汇票。后者成为一个重要的补充支付手段。每个银行都挤满了成千上万要求现金的客户，银行不得不营业至深夜，银行存款因此急剧下降。

1947 年和 1948 年货币的快速贬值，导致社会道德标准严重下滑，空头支票的流通就是通胀不良影响的典型。包括银行和政府管理部门在内的机构，也屈从于通胀的破坏性影响并参与其中。财务状况的恶化使得银行加倍参与黑市交易。它们买卖黄金和外汇，高于批准利率接受存款、发放贷款，参与商品投机，允许客户凭托收支票借款。

金融管理局于1947年12月成立后，政府自身采取的一些措施就有悖道德：安排秘密警察突然搜查涉嫌违反官方规定的银行；禁止无线通信、监听电话。1948年1月停贷期间，私营银行发现，不给其客户发放一定数额的贷款是不可能的，同时不违法也是不可能的。

金融管理局对违规行为的搜查，甚至迫使信誉良好的银行也设置秘密账户、参与秘密交易。但其大部分业务还是被地下钱庄抢走了，地下钱庄总是能成功避开管理局官员的注意。在各银行看来，黑市交易可以应对那些向客户提供非法信贷工具的银行的竞争，也是危机时期的唯一生存手段。因为如果没有来自黑市的收入，工资和其他成本的上涨将导致重大交易损失。秘密警察无法控制数百万公众参与的争取和创造货币的自发行动，也不能禁止银行从事符合经济需要的活动。因此，1948年前几个月采取的高压政策并没有解决通货膨胀问题。

1948年前6个月，公众对货币信心下降、对政府不满，失信失德盛行，在这样的社会氛围下，1947年12月和1948年1月的银行业措施及中央银行在货币市场上的操作均告失败，也就并不令人惊讶了。政府最终被迫孤注一掷，于8月份推出了新“金圆”，同旧币的兑换率为1 ∶ 3 000 000，试图以此阻止货币贬值。

为了减少货币市场上的流动资金量，政府指示所有的银行和金融机构增加实收资本。上海、天津、广州的银行和信托公司的法定最低实收资本额确定为 50 万金圆，钱庄则为 12.5 万金圆。募集的新增资本要存在中央银行，期限 3 个月。政府希望通过这种方式冻结 5 000 万金圆，约占纸币发行总额上限的 1/4。然而，各家银行募集资金的真实金额并没有查实，中央银行收到的此项现金存款仅为预期的一部分。此间采取的其他措施包括执行 6% 的年利率上限、禁止国家银行放贷等。因为急于维持已确定的工资和物价上限，政府的确停止了所有国家银行的贷款。直到价格和成本在当年年底开始更快速地上涨时，政府才同意对工业企业发放一定数量的紧急贷款。

上海货币市场的情况在 9 月和 10 月比较稳定，银行和公众此间判断是否该真的相信政府的新举措。正如表 11–9 里给出的数字，10 月份上海支票清算数量大幅下跌，纸币流通速度及支票占纸币的比例均下降到 1946 年以来的最低点。

上海私营银行 9 月底的存款额超出了上一个月的 4 倍。这一增幅委实惊人，因为按战前价格水平计算，10 月份存款的不变价值相当于 1.222 亿法币，而 7 月份则只有 850 万法币。通货膨胀趋势的暂时缓和是存款增加的主要原因，但另一个重要因素是政府的一纸命令，强令个人将持有的所有黄金、白银和外汇交予银行换成金圆券，不执行者将面临重罚。各大城市里成立的纠察队有权搜查私宅，并没收私藏的金银和外汇。

10 月底的纸币流通速度是 8 月底的 4.5 倍，价格和工资上限正在瓦解。很明显，币值上的修修补补已经无法扼制通货膨胀了。所有的通胀压力突然之间都释放了出来。11 月，上海清算的支票额升至纸币发行额的 4 倍，纸币的流通速度跃至接近 10 月份的 6 倍。因

表 11–9　1948 年 8 月—1949 年 5 月上海货币市场指标[1]

1948 年	支票结算			纸币流通速度[2]	存款周转速度[3]	私营银行存款[4]	
	笔数（千）	金额（百万金圆）	占纸币发行总额比例			现值（百万金圆）	合战前实际价值（百万法币）
8 月	7 843.3	1 411	4.75	7.23	27	57.2	30.7
9 月	3 064.8	2 399	2.51	2.38	12	240.8	122.2
10 月	1 955.9	2 905	1.84	1.60	22	147.7	67.0
11 月	2 800.2	10 720	3.35	9.18	52	213.4	8.4
12 月	4 164.8	35 023	4.28	5.05	76	509.1	14.2

1　来自上海《银行周报》数据。

2　用上海批发价格指数除以纸币发行数求得。支票交易影响了这些指标，但并未使其完全无效。

3　由所有支票清算额除以所有活期存款数求得。

4　基于中央银行稽核处编制数据。

为公众对货币的需求高涨，加上资金向南方转移准备逃向香港，商业银行发现其存款一夜之间消失了。黑市利率急升到月息120%，货币市场严重紧缩，银行的交易大幅下降。

从1948年底到1949年5月共产党军队占领上海，通胀失控的最后阶段在信用领域演绎了一个经典过程。1949年初，商业银行暂停了商业票据贴现以外所有的贷款活动，此后不久，因存款持续下降，业务陷入停顿。现金需求非常之大，以至于连中央银行都缺现钞。到4月份，黑市的利率超过了月息300%。在共产党进占上海之前，银圆与其他货币开始同金圆券一起在市场上流通，这标志着通胀正在进入最后阶段，即拒绝法定货币作为交易媒介。

因此，战后法币的步步走贬逐渐使银行体系陷入瘫痪，破坏了货币市场的正常运行。银行是否能够正常运行，取决于公众对通货的信心多寡。1946年底之后，公众的信心开始逐渐下降，到1948年前几个月，资金外逃已然形成趋势，8月份的币制改革根本无力回天。其结果是，银行系统的金融和经济角色乃至银行业务的标准都随之恶化，并在1949年货币市场最终崩溃时达到极致。在这种情况下，迟到的反通胀措施，不管设想得多么完美，都注定是要失败的。

第十二章 外汇

法币对外价值、贸易及国际收支的波动产生了心理和经济上的影响，也加剧了通货膨胀问题。

就在中日爆发战争前两年，中国的货币本位从对白银完全可兑换转变为有管理的外汇本位。公众手中的纸钞不可以兑现，人们开始关注汇率波动，而不是以前衡量其货币价值的银价波动。外汇汇率因此有了新的意义。另外，中国长期以来都是入超，制成品、原材料甚至粮食的供应均依赖于进口，进口品价格主导着整体价格体系。因此，法币的对外价值变化及进口的多寡，不仅影响进口品的价格，也影响国内产品甚至包括农产品的价格。

同时，因为外贸总是逆差，而国内的黄金产量又微乎其微，因此，相对于本币，中国的外汇储备量一直不大。外汇储备的规模对国际收支变动极其敏感，反过来又不能为维持本币币值稳定提供太多缓冲。

因为担心货币对外贬值可能影响其对内价值并在大众中造成恐

慌，政府在抗战爆发后不久即向市场无限制地供应外汇。当外汇储备面临完全枯竭的危险时，金融和银行界开始争论，是否应该继续以低的固定汇率无限制地销售外汇、是否应该尝试采取浮动汇率来减少外汇需求，抑或是否应该放开外汇市场让其寻找合理的汇率水平。货币对内价值和对外价值之间的差距，使得进口商和投机者赚取了超额利润，导致对外汇储备的需求增加，政府被迫采取紧随市场趋势的浮动汇率政策。

这项措施的推出得到几家英资银行的支持，但这些努力无法完全克服政府财政赤字造成的购买力持续增加导致的通胀影响。不过，使货币内外价值走势更加协调一致，对形势还是有极大的帮助。一部分进口品在抵达港口城市后进入后方。日本对后方贸易路线的封锁，加上欧洲爆发第二次世界大战，均对这项新政策有利。在外贸几乎停顿时，国际收支问题事实上消失了。而且，很多中国人预期欧洲货币将贬值，资本外逃因此停止，居住在英国、法国和荷属东南亚殖民地的华侨将资本汇到上海。这些资本流动暂时停止了中国通货对外价值的下跌。

不幸的是，此时法币的对内价值变化剧烈，对外价值的走强并没有发挥多少稳定影响。这种形势一直持续到珍珠港事件爆发，官方外汇市场完全中止，货币的对外价值不再是通胀的一个影响因素。

政府领导人在战后有意重建上海作为东方国际贸易和外汇交易中心的声誉。基于这一考虑，他们试图通过无限制供应外汇建立一个自由稳定的外汇市场。但形势已经与战时甚至与抗战爆发之前大不相同。通胀肆虐于后方和前敌占区，流通领域充斥着大量的资金，大量沉淀的延迟购买力正酝酿着更多的有效需求。鉴于战时通胀的惨痛教训，商号正努力将尽可能多的运营资金换成外汇。除了这些因素，战后持续不断的赤字融资，使得公众越来越偏爱外汇。对政府外汇储备的需求因此远远超过了其供给。

政府最终被迫放弃维持固定汇率的政策，转而定期提高外汇汇率（即法币贬值）。在将汇率固定在一个水平一段时间后，政府便会实施一些温和的限制措施，并配合以部分外汇投放——这只是应付各种复杂问题的权宜之计。伴随总体物价水平波动的自由市场汇率出现了，该汇率会对进口产生影响，这一影响反过来又会影响总体物价水平。只要官方汇率长时间没有调整，官方汇率和市场汇率之间不断扩大的差距将让进口商和投机者大赚其钱，出口商则严重受损。另一方面，频繁调整官方汇率则是向公众承认货币对外价值走贬，更多的民众因担忧而将资本外逃；进口价格将因此再度上涨，一般商品价格迅速随之走高，通胀又有了新动力。

另外，只要存在官方市场汇率，就会吸引新的外汇资金进入自由市场，而不是官方渠道。在这种情况下，外汇储备日趋减少迫使政府进一步限制外汇分配，这反过来降低了进口，提高了进口品价格，进而再度推高总体物价水平。

在外汇形势彻底恶化之后，政府再度选择由市场决定汇率水平。但在这个时候，黑市上有限的外币现钞无法满足合法进口和资本外逃对外汇滚雪球般的需求，法币对外价值一落千丈。

因此，战后政府设计的诸多管理外汇储备的措施均没有成功。或许这是不可避免的，因为这些措施对遏制通胀而言也是舍本逐末。

战前外汇政策

战前国币汇率

法币对外贬值和中国黄金、白银储备下降，开始于中日战争爆发前，这对战后法币的汇率有非常重要的影响。因此，在讨论战时汇率前，有必要简单回顾战前国币的汇率及中国当时的国际收支情况。

1930年前，在白银价格因为世界经济大萧条的影响开始下跌时，中国货币实行银本位。所有的政府或民间收付要么是用银块，要么是银圆。尽管发行了纸币，但它是可以赎回的，而且在所有的实际用途中，都有一个银本位币的标准。法定货币没有确定的汇率，所谓的汇率实际上是黄金与白银的比价。

在中国开启同其他国家贸易之后的大部分时间里，尽管长期存在贸易逆差，但中国对这些贵金属的传统需求，导致了黄金和白银的输入。在国际收支中，经常有账户无法核实的情况，但国际收支失衡的问题很少出现。黄金和白银同所有其他商品一样可自由输入，不存在外汇统制。

1929年世界大萧条开始时，国币同中国最大贸易国货币的关系如下：

1元国币 ＝36美分（美元）
　　　　＝1先令6便士（英镑）
　　　　＝76分（日元）

大萧条自 1929 年开始加剧，全球商品价格持续下跌。在 1929—1931 年的三年里，标准美国价格指数下跌了 26%；白银的价格下跌幅度则超过了商品跌幅，在三年里下跌了 48%。① 中国货币单位银圆到 1931 年 8 月的跌幅如下：

1 元国币 = 21 美分（美元）
= 10 便士（英镑）
= 42 分（日元）

然而，世界物价在下跌，中国国内的物价却在上涨。表 12–1 列出了三个重点城市在 1929 年和 1931 年的批发价格指数。

表 12–1　批发物价指数

（1926 年 =100）

城市	1929 年	1931 年
上海[1]（华中）	104.5	129.2
天津[2]（华北）	111.08	122.55
广州[3]（华南）	96.7	112.6

1　基于关务总署编制数据。
2　基于南开大学经济研究所编制数据。
3　基于广东省政府统计局编制数据。

国内物价上涨同世界价格下跌两个因素综合测算，仍比不上按黄金测算的国币贬值幅度，这让中国的出口商品相比其他国家的产品更有优势。而且，因为这一效应相对提高了进口品的价格，国内

① 基于造币厂监督年度报告（1932 年，127 页）中的数据测算。——作者原注

工业可以成功地同这些进口品竞争，中国国内企业和生产、商业活动因此繁荣。所以，虽然中国出口量因为世界需求的萎缩有所下降，但其降幅要低于世界总出口的降幅。

中国出口	1929 年[①]	=1 582 441 000 元[②]
	1930 年	=1 394 166 000 元
	1931 年	=1 416 963 000 元
下跌—10.5%		
世界出口	1929 年	=330.35 亿美元
	1931 年	=189.22 亿美元
下跌—43%		

因此，中国的国际收支在 1930 年和 1931 年是向好的，而同期中国也在输入白银。1931 年 9 月，英镑和日元同黄金脱钩。到 1932 年底，国币对这两种货币快速升值，但对美元小幅贬值。

1 元国币	= 19 美分（美元）	1932 年 12 月
	= 1 先令 2 便士（英镑）	
	= 93 分（日元）	

1932 年之后银价上涨，中国商品价格开始下跌，工商业陷于停滞，出口量下降；贵金属流向国外，且中国数十年来第一次出现黄金和白银净输出。

1933 年，美元也放弃了金本位，同时对国币大幅贬值。英镑和日元接着对黄金大幅贬值。到 1933 年底，美国政府决定按每盎司 64.5 美分的价格收购其国产白银。1934 年 6 月，美国国会通过了《白银法案》。

① 海关报告。——作者原注

② 除特别说明外，本章所指单位“元”在 1935 年 11 月 4 日前为国币（银），其后为法币（CNC）。——作者原注

这导致全世界的白银价格上涨，国币对三种货币的汇率越来越高：

1 元国币 = 33 美分（美元）
= 1 先令 4 便士（英镑）
= 1 元（日元）} 1933 年 12 月

1934 年的平均汇率如下：

1 元国币 = 33.785 美分（美元）
= 1 先令 4.1 便士（英镑）
= 1.13 元（日元）} 1934 年

1935 年 10 月，在币制改革前一周，国币汇率超过了前一年的平均汇率：

1 元国币 = 36.5 美分（美元）
= 1 先令 5.7 便士（英镑）
= 1.27 元（日元）} 1935 年 10 月

中国的商品价格逐渐走低，其他国家的物价则在上涨（见表 12–2）。

表 12–2 中国[1]、美国和英国[2]批发价格指数

中国

（1926 年 =100）

时间	上海	天津	广州
1932	112.4	112.87	113.0
1933	103.0	100.59	102.6
1934	97.1	91.78	94.3
1935（9 月）	91.1	90.68	81.69

美国和英国

（1913 年= 100）

时间	美国	英国
1932（全年）	92.8	86.1
1933（全年）	94.5	86.9
1934（12 月）	110.2	90.4
1935（7 月）	113.8	93.7

1　数据来源同表 12–1。

2　基于 *The Economist*（《经济学人》）（伦敦）统计数据。

中国经济最终遭遇衰退。工业品生产下降，很多工厂倒闭，大城市失业情况严重，对外贸易形势恶化。受国际高银价的吸引，大量银圆从内地流向城市，再从城市输出到国外。这导致了通货紧缩，并对整体经济造成了严重冲击。政府最终被迫放弃银本位代而采取管理的外汇本位。

1935 年 11 月 4 日到 1937 年的新货币汇率

1935 年 11 月 4 日开始了新币制改革计划。中央银行、中国银行和交通银行发行的纸币被指定为国家唯一法定货币（CNC）。政府的所有开支和收入均改用新货币，所有的白银和银圆一律收归国有。新货币不可以兑换银圆，不过可以用于购买外汇。公布新货币的汇率如下：

1 法币 = 30 美分（美元）
= 1 先令 2.5 便士（英镑）
= 1.03 元（日元）
} 1935 年 11 月 4 日

该汇率系基于 1930—1935 年间的平均汇率算得。

考虑到新汇率发布时的世界白银价格（2先令9.4375便士/盎司）和法币的白银含量（0.8816 盎司），以此计算的法币汇率应该在 2 先令以上，因此法币低估了 40% 以上。事实上，因为在 1934 年征收了白银输出税、在 1934 年 10 月征收了平衡税，国币早已经被贬值了。输出关税最初是 2.25%，相当于银圆的铸币税，但 1934 年 10 月 15 日之后税率提高到了 10%。平衡税根据白银的国内外市场价差征收，目的是阻止白银出口商牟取暴利。币制改革之前，上海市场的国币汇率大约是 1 先令 4 便士，比世界白银价格大约低 40%。普遍认为，自对白银输出征收输出关税那一天起，中国就不再是真正的银本位制了。

新货币（即法币）投入使用之后，中国农业在 1936 年实现了以前几十年未曾有过的大丰收。中国的农产品进口大幅下降，贸易逆差也明显减少，国际收支得以改善。美国政府同意自中国购买白银，这样中国的外汇储备就增加了。上述所有的因素都有利于稳定汇率，因此尽管 1935 年底和 1936 年 5 月有零星的投机、12 月份有西安事变造成的政治动荡，新货币的汇率在此期间仍保持稳定，只是在 1937 年 9 月份有一次小幅调整。

鉴于美元相对英镑升值，为了防止外汇套利，并避免被认为是将新货币同英镑或是美元挂钩，而且也不愿意压低英镑卖价、提高美元买价，中央银行随即采取扩大汇率买卖价差的做法，其汇率牌价为：

英镑 / 法币	卖出价 1 先令 2.5 便士 买入价 1 先令 2.75 便士	1937 年 9 月
美元 / 法币	卖出价 29.50 美分 买入价 30.50 美分	
日元 / 法币	卖出价 1.01 日元 买入价 1.05 日元	

这一调整并没有引起混乱。因此可以说，到中日战争爆发之前，新货币成功地保持了汇率稳定。

因为 1935 年币制改革之后是一个农业丰收年，入超因为输入农产品的减少而下降。来自华侨的汇款、海外向在华外国人或机构的汇款增加，资本外逃停止了。最终，国际收支情况越来越好。表 12–3 里列出了 1935—1937 年的贸易和海外汇款情况。

表 12–3　1935—1937 年进口、出口和海外汇款[1]

（单位：千法币）

时间	进口	出口	入超	华侨汇款（估计）
1935	919 211	575 809	343 402	280 000
1936	941 544	705 741	235 803	320 000
1937	953 386	838 256	115 130	450 000

1　基于中国海关报告。

贸易收支和海外汇款这两个项目在国际收支中最重要。海外汇款足以弥补贸易逆差。包括中国政府偿付外债、企业对外投资、海外杂项支付及在中国的外国人开支等其他项目，均不足以对国际收支产生影响。这证明币制改革之后国际收支大幅改善。

新币制计划还规定了白银的国有化。在执行计划的过程中，全国各地的兑换机构自 1935 年到 1936 年 6 月共收到价值 3.0804 亿法币的白银。在中日战争爆发前的 1937 年 6 月，国家银行、商业银行及省属银行中发钞量最多的广东省银行持有的白银储备额合计 8 亿法币。政府最终收到的银圆约合 11 亿法币。美国政府同意购买中国政府持有的白银，从而为新货币提供外汇储备。根据中国财政部 1937 年 5 月公布的数据，中国输出的白银达 8.3 亿法币，等待输出的白银价值 6 200 万法币；出售白银的收入约为 2.7 亿美元。由于国际收支趋势较为有利，美元储备在 1935 年底至 1937 年中期没有明显减少，在中日战争初期，该数字约为 2.5 亿美元。

这些收入在和平时期足够稳定汇率了，但当大量的外汇储备必须用于进口军事物资时，2.5 亿美元就远远不够了。有提议说公众手中仍持有的金银还可以国有化，从而增加外汇储备，但即便考虑了这个提议也还是不够。根据一项估计，公众在币制改革之前持有的黄金仅值 3.5 亿法币左右①，其中约 1 亿法币的黄金已于 1936 年和

---

① 根据美国矿业协会在 1931 年的估计，中国当年生产 146 000 两黄金，按每两 62 元法币计算，每年收入 900 万法币。按此产量计算，87 年间（1850—1937 年）黄金总产量约合 7.8 亿法币。1864 年（首次公布海关报告）到 1911 年间的黄金输出约值 4 800 万法币，1912—1935 年间约值 3.76 亿法币。因此公众在 1935 年持有的黄金估计为 3.5 亿法币。

20 世纪 30 年代，专家对中国白银持有量有三种估计：（1）15 亿国币；（2）16 亿国币；（3）17 亿国币。1934—1937 年白银净输出 9.6 亿元。——作者原注

1937年输出海外；白银持有量估计为16亿法币，也已经输出了9亿。剩余的黄金和白银价值为9.5亿法币，可能只有约一半（近1.5亿美元）没有被征集，因为这些金银散落在全国各地，有的丢失了，有的被埋在地底下。这意味着，在开战之初，中国手中并没有多少外汇储备。

1937—1938年的战时外汇政策

稳定汇率的最初努力，1937—1938年

1935年币制改革时，政府确信人们偏爱可以兑换成其他交易媒介（特别是金属铸币或外币）的货币。因为不愿公众将其纸币换成金属铸币，政府于是认为可以通过提供外币兑换来满足大众需求。这就是为什么币制改革方案规定，中央银行、中国银行和交通银行可以无限制地用新币买卖外汇。公众将这一规定视为新币价值的唯一保障。1937年初，在战争快要爆发时，几位著名经济学家发表观点称，汇率的任何调整都将产生心理影响和经济动荡①。他们主张尽可能长时间地支持汇率，建议政府应同时做好统制外汇的准备以防资本外逃，尽快实施下列统制措施：

① 相关文章发表于1937年的上海 Bankers' Weekly（《银行周报》）。——作者原注

停止小额售汇业务，让那些怀疑新币的人无法获得外汇。

将所有外汇集中到国家银行。如需兑换，国家银行应有优先购买权。

逐步限制对进口商的外汇供应；所有远期交易均须证明；按现行汇率将与外汇等值的中国货币或交易所需货币存入国家银行。

要求出口商申报全部外汇收入，并将这些外汇收入全部存入国家银行。

如果战争爆发，宣布实行外汇统制。

财政当局当时所持的观点是，有必要维持目前的汇率水平，因此也必须无限制地买卖外汇，这两项措施将一直推行下去。就国内而言，这将提高大众信心，统一并巩固中国的金融和经济；对外则可以表明中国坚持长期抗战的决心，从而赢得友好国家的支持和援助。

中国行政组织结构的不完善以及公职人员外汇管理实践经验的缺乏，给财政当局的观点提供了支持。任何统制措施的采纳和实施，十有八九会导致官僚主义和营私舞弊，从而招致中外社会的不满和批评。再者，中国的财政和经济政策经常受上海的一些外国舆论影响。居住在上海、天津的外国人的治外法权，使得政府无法全面执行其政策，如果当地的外国人不合作，任何外汇统制措施都不能充分发挥效力。但在上海的外国人却固守成见地认为，中国的政治本质既不是现代的，也不是西方式的，政府干预得越少，对中外私营企业越有利。虽然其本国政府长期实施统制贸易、外汇这些政策，且在他们看来理所应当，但中国政府要推行的话，他们反而会感到极度震惊。

这些态度对中国的行政官员及上海的金融家和实业家有着很大的影响。因为外国人的这些传统看法，中国的经济和金融政策要落后西方国家 10 到 20 年。而今中国正面临着一场大战，其仍然无法摆脱外汇自由兑换和自由贸易的信仰。

战时一直执行的外汇自由兑换政策有一个严重的后果，即使得资本外逃成为可能。通胀后期关于私人持有外汇问题的激烈争论，反映了公众的不满，进而发展为民众对政府的抨击。这些争论甚至影响了友好国家的信心。

政府那些前松后紧的政策多数很难执行。因此，随着货币贬值，政府的影响力开始式微，政府越发不敢贸然推行任何可能招致公众不满的措施。

宽松政策的支持者们预料到这个后果了吗？如果认真核查外汇储备数据，早该看清楚继续实行自由兑换政策的鲁莽。战争爆发前的 1937 年 5 月，财政部公布了以下数字：

存在美国的白银价值 1.2 亿美元。

存在英国的白银价值 2 500 万英镑。

政府在国内持有的白银价值 6 200 万法币。

因此，中国的白银储备合计近 8.3 亿法币。另外，还有一小部分黄金存在国外。所有的储备价值总计约 2.5 亿美元。如此之少的储备根本不足以支持一项按固定汇率无限供应外汇的政策。

上海的银行暂停营业

1937 年 7 月 7 日，中日两国在卢沟桥发生冲突，并迅速波及北平和天津。8 月 3 日，上海也进入战争状态。在不到一个月的时间里，战争的恐慌笼罩了整个中国，人们开始抢购国家银行按固定汇率卖出的外汇。据报道，国家银行此间卖出的外汇约为 4 000 万美元。

为阻止对国家银行的挤兑和外汇抢购风潮，政府于 8 月 13 日宣布上海的银行暂停营业两天。当时出台的规定如下：

（一）自八月十六日起银行钱庄各种活期存款，如须向原存银行、钱庄支取者，每户只能照其存款余额，每星期提取百分之五，但每存户每星期至多以提取法币一百五十元为限。

……

（三）定期存款未到期者不得通融提取，到期后，如不欲转定期者，须转作活期存款，但以原银行、钱庄为限，并照本办法第一条规定为限。

（四）定期存款未到期前，如存户商经银行、钱庄同意承做抵押者，每存户至多以法币一千元为限，其在二千元以内之存额，得以对折作押，但以一次为限。

（五）工厂、公司、商店及机关之存款，如发付工资或与军事有关须用法币者，得另行商办。

……[1]

上海的大部分资金因此被临时冻结，从而避免了对外汇供应和汇率构成压力。

与上海外商银行间的君子协定

为共同防止资本外逃、应付法币汇率面临的冲击，政府与在上海的外商银行签订了一份协议，协议约定：

> 政府按 1 先令 2.24 便士和 29 美分的固定汇率供应外汇。
>
> 外汇买卖仅限于即期交易。
>
> 如果政府和外商银行或外国商人之间的交易已经开始，须以中国货币（法币）结算。
>
> 中资银行和外商银行分别提名两名代表就外汇和相关金融问题进行协商。
>
> 外商银行暂时不接收中国人的法币存款。

这些约定有两个目的，即冻结存款，紧缩货币；减少投机者和

① 摘引自 1937 年 8 月 15 日《财政部公布之非常时期安定金融办法》，与作者原文略有出入，《中华民国金融法规选编》（上册），中国第二历史档案馆等合编，档案出版社，1989 年。

企图转移资金至国外获得外汇的人的套利机会和渠道。但该协议有一个漏洞，大量的国家银行纸币被从各地运往香港兑换成外汇；公众还通过贴现汇划资金（钱庄之间所用转账资金）获得银行纸币来购买外汇。另外，偿付外债和贸易上的合法需求也要用到外汇。外汇政策因此于 1938 年 3 月 3 日做了修改。有报道称，从 1937 年 8 月 13 日到协议修改期间，政府大约卖出了 5 000 万美元的外汇。

停止按固定汇率无限制供应外汇

多数政府批评人士认为，正是因为缺乏外汇统制，按无限制供应外汇的政策使得政府在市场上损失了近 1 亿美元的外汇储备（约占外汇储备的 2/5），这也正说明他们以前的理论是对的。政府里的多数意见是，既然资本主要的外逃地上海如今已经几乎完全落入敌人手中，政府所在地也已经西迁至内地，那么当务之急便是政府自己卸下向市场供应外汇的负担。

1938 年 3 月 10 日，伪华北政府宣布成立拥有货币发行权的“联邦准备银行”，同时发布命令称中国银行和交通银行两家银行华北分行发行的纸币可以继续流通 1 年，但所有其他的国家银行发行的纸币必须自命令发布日起 3 个月内退出流通。因为所有这些纸币最终均将流向上海，日本人有可能用新的日伪货币来换取外汇。国民政府借此机会于 3 月 14 日宣布了几项控制外汇的措施：

所有的售汇业务均要经由中央银行办理，并须向政府所在地的总行提交正式的申请。

为便于该项工作，在香港指定一位联络人员，负责收、转银行和其他机构的外汇申请。

中央银行总行或其香港通讯处于每周四上午十点接受这些申请，且应在审核每项申请后于次日上午十点通知每家银行审批结果。在收到该通知一天后，申请行可以按官价购买经批准数量的外汇。

这些措施的目的，是通过筛选申请和减少上海对中央银行的外汇依赖来限制外汇供应。由于中央银行位置偏僻和申请方法烦琐，中国的银行在上述措施生效之后停止了外汇交易。外商银行则将个人可购汇金额限制在 250 美元或 50 英镑。

中资、外商银行都采取了暂时观望的谨慎态度。第一笔外汇申请只核批了申请额的 37.59%，且没有给出合理的解释，在这一消息于 3 月 17 日传开时，市场情绪普遍不满。外商银行于是宣布放弃 1937 年 8 月的君子协定，同时不再遵守官方外汇汇率规定。第二天，这些银行设定它们之间的交易牌价为 1 先令（合 1 法币），有的甚至定在了 11.875 便士，或是 21 美分。中国的货币自此便没有了固定汇率。

对申请的审核越来越严，被批准拨付的外汇数量则越来越少。法币兑美元和英镑汇率快速下跌（表 12–4）。在前述措施推出的第一个月里，政府批付了 3 笔申请，分别占其申请金额的 37.59%、34.3% 和 28%，合计拨付额约为 680 万美元。在第四个月，批付比例降低到申请额的 5.7%（约 270 万美元），第八个月则不足 1%（约 16 万美元）。1939 年 3 月底，批付占申请的比例仅为 0.6%（约 5 万美元）。在 1938 年 3 月到 1939 年 3 月的一年里，尽管法币月度汇率大幅低于无限量供应外汇时期，但还是有合计约 2 300 万美元的外汇就这样流失了。法币的对外价值逐渐下跌，并徘徊在 15.625 美分左右。

很难判断政府早期稳定汇率努力的有效性。一方面，各项措施都是反通胀的，要不是这些措施支持法币的对外价值，通胀早就失控了；另一方面，如果政府的外汇储备没有如此严重的流失，公众对于法币的信心可能会持续更长时间。但政府的政策暴露出一个致命缺陷，且原本是有机会补救的。这个缺陷就是没有限制资本外逃。资本外逃不仅造成了中国外汇储备资源上的枯竭，且其不利的心理影响阻碍了政府反通胀计划成功的机会。表 12–4 列出了 1938 年 3 月到 1939 年 3 月的月度汇率。

表 12–4　1938—1939 年官方汇率下跌走势 [1]

（外国货币 / 法币）

时间	英镑	美元
1938 年		
3 月	1 先令 1.954 便士	28.613 分
4 月	1 先令 0.978 便士	26.904 9 分
5 月	1 先令 1.298 便士	23.387 0 分
6 月	8.970 便士	18.515 0 分
7 月	8.838 便士	18.171 9 分
8 月	7.933 便士	16.153 8 分

（续表）

时间	英镑	美元
9 月	8.082 便士	16.233 2 分
10 月	8.078 便士	15.979 2 分
11 月	8.000 便士	15.737 5 分
12 月	8.000 便士	15.625 0 分
1939 年		
1 月	8.000 便士	15.625 0 分
2 月	8.000 便士	15.625 0 分
3 月	8.000 便士	15.625 0 分

1 基于中央银行报告数据。

外商银行在 1938 年 3 月之后停止执行固定汇率。无法从官方渠道获得所需外汇的进口商，因而转向中央银行以外的其他银行，并以高于固定汇率的价格来购买外汇。那些急于将资金转到国外的人需要外汇，并按当期市场汇率购买。市场汇率的下跌及波动，不仅阻碍了正常的贸易，而且使得政府失去了对汇率的控制。另外，有限的外汇储备不足以同时满足市场和军事需求。政府此时转向英国政府寻求支持，希望后者在稳定法币汇率的过程中协调行动。中英外汇平准基金随后于 1939 年成立。近两年之后，基金耗尽，美国应邀加入，促成了中美英外汇平准基金委员会。该委员会开始运作时，太平洋战争爆发，上海、香港落入日军手中。虽然新的平准基金在内地继续运作，但因为外汇交易的数量很少，其几乎处于停顿状态。

1944年3月，根据中国政府的要求，平准基金委员会撤销。下面简要总结一下这两个基金的历史。

1939年的中英平准基金

中英双方于1939年3月10日达成协议，建立一个1 000万英镑规模的中英外汇平准基金。基金资金由两家英国银行和两家中国银行按如下比例提供：

> 中国银行和交通银行合计500万英镑；
>
> 汇丰银行300万英镑；
>
> 麦加利银行200万英镑。

基金的管理权授给了一个在香港的委员会，即"香港委员会"。该委员会有5名成员，其中2名由中资银行联合指派，每家英资银行各指派1名，余下的1名成员由中国政府委派合格的英籍人员担任，但须经英国财政部认可，并获得委员会内各英资银行同意。

基金的作用是在上海和香港的外汇市场上通过买卖法币及其他必要的操作来抑制法币的过度贬值。委员会的职责是确定最适合实现基金目标的日常政策，并指示汇丰银行和麦加利银行在上海、香港市场上的操作范围和方向。中国政府向英国做出了如下保证：

> 平准基金存续期间，中国政府的财政、经济和货币政策将

以维持法币同英镑的汇率稳定为目标。这些政策将秘密地通知管理委员会。

中国政府将尽可能限制政府机构的外汇支出，以配合基金的政策。这些政府机构购买的外汇数量将不直接或间接超过其直接承付的外汇，其所有购汇均通过一个或多个代表管理委员的银行办理。

中国的国家银行将同基金进行各种合作且不会在外汇市场上进行任何妨碍基金运作的操作。

基金的主要目的是稳定上海自由外汇市场上的汇率，以便维持国际贸易的自由开展、上海企业的繁荣，从而使得国际收支能够自动恢复以往的平衡。因此，政策强调的是减少政府在外汇方面的承诺、阻止敌人抢购外汇，而不是减少贸易逆差或制止资本外逃。在平准基金开始运作时，每法币合 7.812 5 便士、13.979 2 美分。委员会决定将市场汇率维持在 8 便士、15.6250 美分。1939 年上半年，入超额超出 1938 年同期的 2/3，上海一地的入超数就占了总量的一半。棉花和谷物进口增幅最大。用于进口棉花的大量外汇进入了日本人在中国的棉纺厂。

在此期间的战事则接连失利，日军和伪政权利用各种可能的手段破坏法币的信誉。因此导致的外汇需求逐渐耗尽了平准基金的资金。平准基金于 6 月 7 日决定临时停售外汇，以便让市场自行找到一个新的汇率水平，从而减少对外汇的旺盛需求、维持储备水平，新汇率最终确定在 6.5 便士、11.75 美分附近。但这个新汇率让公众感到不安，他们纷纷到银行提取存款购买外汇。10天之内，按新汇率卖出了100万英镑的外汇。这一过程让政府意识到，不能单靠压低法币汇率来解决问题，于是便采取了各种补充措施，希望减少平准基金流失：

> 6月22日起命令包括钱庄在内的所有银行再次停业，每周可提款额限制在500元法币。政府用途或支付薪给的提款另外处理。超过500元法币的款项用汇划支付。
>
> 所有非军事用途或不是日常生活中绝对必需的商品进口或即便必需但有国内替代品的则一律禁止。

鉴于停业银行仅限于上海，公众仍可以去其他地区寻得纸币再运到上海购买外汇。对进口的限制几乎无法在上海实施，因为这个城市已经不在政府控制范围内了。输入到上海的商品，不管是否是禁止进口品，都只能从上海自由外汇市场购得外汇来支付。因此，尽管有限制，但对平准基金外汇的需求还是在增加。到7月中旬，平准基金中原有的1 000万英镑几乎消耗殆尽，平准基金不得不再次停售外汇，6.5便士／法币和11.75美分／法币的汇率也不得不放弃。

由于市场恐慌，法币汇率自7月18日起断崖式下跌，到7月底，重新调整到4便士和7.5美分左右，8月11日跌到了3.25便士和6.3125美分。9月初英国对德国宣战，欧洲陷入战争。英镑对美元下跌，法币相对英镑升值；加上香港和马来亚开始外汇管制，当地资本开始逃向上海。平准基金得以通过市场增加了200多万英镑的储备。这一好运气使其在动荡的市场中又应付了 6 个月。

从欧洲战事爆发到 1940 年 5 月 1 日，法币汇率在 4~4.5 便士之间、6~7 美分之间波动。当平准基金于 1940 年 5 月 1 日只剩下 20 万英镑时，其通知中国政府如果没有新的资金注入将无法运营下去。售汇再次中止，市场汇率分别跌到了 3.125 便士、4.5 美分。当德国入侵荷兰和比利时导致中国公众开始怀疑外币时，上海的荷兰和比利时等国银行为了应付即将出现的挤兑决定抛售它们持有的外汇。5 月 20 日，法币汇率升到了 4.234 375 便士和 5.874 美分。借助这一突发事件，平准基金购买了 100 万英镑的外汇，中国政府同时又另外拨付了 300 万美元。平准基金因此又运营了一年。在 1941 年 4 月美国参与并改组该基金之前，法币市场汇率在 3.171 873~4 便士之间、5.187 5~6 美分之间波动。

正如基金委员会多次抱怨的，政府不能遵守约定保守商业秘密，这使得基金运作进一步受限。而那些与政府关系密切的人，能够肆意在外汇市场投机和牟利，破坏了平准基金的努力。经验表明，平准基金成功的关键是其拥有足以令投机者生畏的可支配资金，另外就是能够快速、明智且秘密地采取行动。

中英外汇平准基金给了中国人一个印象，即法币获得了国际支持，其社会心理影响颇为正面，这一点是获得普遍认可的。同时，这也是对日本企图破坏法币信用的有效回击。然而，虽然该基金的运作减轻了法币的通胀压力，但其一再忽视贸易和外汇统制重要性的失误最终也葬送了它。基金支持者明显低估了进口、投机和资本外逃对外汇的庞大需求。政府持续不断的赤字财政政策，违背了其财政政策与基金运作相协调的承诺，这也是基金规模太小无法应付局面的另一个原因。如果不是欧洲战争和上面列出的其他事件，基金早已经耗尽，而汇率也早已跌到了更低的水平。

中美英外汇平准基金委员会

1939 年 4 月 1 日，中美、中英之间各签署了一份协议。根据协议，为稳定法币汇率，美国和英国政府同意分别向中国提供 5 000 万美元和 500 万英镑的贷款。为配合这些外部借款，中国国家银行也为此目的认拨 2 000 万美元，合计资金总额 9 000 万美元，用于在市场上购买法币，从而稳定其对美元和英镑的汇率。三方同意，通过这种方式购买的法币将由中国政府按原价回购。

基金的管理工作委托给了中国的平准基金委员会，该委员会由 3 名中国人、1 名英国人和 1 名美国人组成，每位成员均须经由其本国财政部推荐方可任命。此前的中英平准基金资金转至新委员会。新委员会总部设在香港，便于监督委员会在上海和后方的运作。委员会还在昆明设立了办事处，昆明在当时是输入物资经由仰光和滇缅公路进入后方的最重要口岸。协定签署后又过了一段时间，美方的成员才到任，委员会才确定了具体的政策。因此，委员会直到这时才开始运营。

新委员会汲取了中英平准基金的教训并进行了改进。在向上海市场供应外汇时，委员会的政策侧重于棉纺厂及其他重点工业开工所需原材料的进口用汇，这样不仅可以给上海居民提供就业机会，而且还为后方提供消费品，这些消费品也可以出口。实施输入配额制度，外汇接受者必须承诺不从官方以外渠道获得外汇，且不以自由市场价格出售其进口品。

美国、英国和荷兰同时也宣布，在各自管辖区冻结中国人和日本人的资金。这一举措使得委员会解决了与投机、资本外逃和非法贸易相关的一些难题。如果没有太平洋战争，平准基金委员会运行效果会更好、效率会更高，且能为中国未来的外汇管制探索提供很好的经验。

冻结中国人和日本人的资金

美国、英国和荷兰分别于7月25日、26日和28日宣布冻结中国人和日本人在其管辖境内持有的资金。相关规定如下：

> 仅授权英国、美国、荷兰和苏联的14家外商银行在中国从事外汇交易，且这些外汇交易是与中国同美国、其他美洲国家、英联邦、苏联和荷兰间的贸易相关的。
>
> 中资银行在7月26日之前的所有外汇交易业务都必须转到中央银行。除了中央银行，中国银行、交通银行和中国农民银行也可以处理外汇交易。
>
> 只有中国公民及因商业目的于1941年6月14日之前在中国居住的这三国公民才可以申请外汇。在英资、美资或荷资在华银行有外汇存款的日资银行或日资商号，只能用中国本币或

外汇汇票取款。此类汇票的兑付须经相关当局核准。

这些规定使得日本人无法在中国获得外汇，也遏制了资本外逃和投机交易，从而帮助委员会克服了其面临的一些困难。

美国和英国政府采取联合行动

应平准基金委员会的请求，美国政府再度牵头采取了下列措施，英国政府同步实施：

> 1941 年 9 月 6 日，英、美两国财政部指示在远东的英资、美资银行同平准基金委员会充分合作，以维持委员会确定的汇率。所有其他国家的银行也跟随施行。
>
> 1941 年 9 月 11 日，美、英两国政府宣布，中国同英、美之间的贸易或其他交易产生的往来支付必须经由委员会或其指定、许可的银行。所有银行的外汇交易必须经委员会核准，并按委员会的规定操作。指令美国和英国海关核查进入中国的商品是否满足了委员会规定的所有条件。指令中国驻世界各港口的领事，在对出口至中国的商品核发领事证明之前，须审查这些商品是否符合委员会的规定。允许自英国或美国向中国汇款，不管这些款项是否来自被冻结账户，但须通过委员会指定的海外银行办理。
>
> 香港政府也表示愿意同中国政府和委员会合作，宣布了一

系列规定，禁止所有未经授权的法币交易。这意味着没有香港政府的相应许可，任何人不得参与涉及使用法币的所有交易，也不得持有、购买、支付、输入或输出该货币。只有中国政府授权或许可的银行才可以向委员会申请从事法币的交易，且只能以官方汇率进行交易。

这些措施对中国进出口的资金安排做了一次检查，同时抑制了黑市的发展，强化了政府在控制非必需进口品方面的力度，将海外汇入的外汇集中到了中央银行。香港政府限制法币交易，减少了黑市上的外汇和法币供应，防止非法贸易商、走私者和不符合委员会要求的货物进口商从黑市获取外汇。冻结命令和盟国的合作在维护上海市场稳定、保护各国在上海利益的同时，帮助委员会防止外汇流入敌方之手，从而实现了中英基金未曾取得的成绩。太平洋战争使得委员会没有足够的时间发挥其作用，但委员会的运营经验表明，只要中国没有一个稳定的货币体系，中央银行就无法完全控制外汇市场；在香港自由外汇市场一直存在的情况下，中国统制外汇的成功依赖于海外大国的全面合作。如果委员会让外国专家就战后贸易和外汇统制方面的政策和方法，以及与外国政府可能的合作方式进行了专门细致的研究，那么应该可以避免战后在这些方面犯下的错误。不幸的是，因为担心债权国可能干涉外国贷款的使用，中国政府撤销了该委员会，也就失去了获得规划中国长期外汇政策所需要的技术和建议的机会。

外汇平准基金委员会的运作

在其最初运行的3个月里（即1941年的9月、10月和11月），委员会对商品进行了分类、与贸易代表议定了配额制度，同时制订方案杜绝违规。这几个月逐渐建立的制度，是中国统制贸易的雏形，它肯定存在不足，但也有许多合理和值得赞扬的特点，而这些特点原本可能成为中国1946年11月实行的输入配额制度的基础。

太平洋战争爆发时，上海市场被放弃了。虽然委员会仍然可以在重庆和昆明运行，但中国贸易线路的破坏和外汇市场的萎缩，使其作用变得无足轻重。表12–5列出了委员会运行期间的外汇资金大致使用情况。

表12–5　1941—1944年外汇平准基金委员会售汇情况

	美元	英镑
1941年8月19日—1941年11月22日额度	12 430 548.54	1 739 960
1942年1月—1944年3月额度	7 865 835.45	2 110 463
总额度	20 296 383.99	3 850 423
扣减：		
委员会购买港币和缅甸卢比所用资金		1 758 708
总计		2 091 715

数据显示，委员会使用的资金比中国国家银行拨付的2 000万美元多出约800万美元。中国政府偿还了这部分资金。

委员会成立之初，市场并未受到影响，因为其政策并不为人所知，且公众认为新的委员会可能同1938年—1941年间的平准基金一样弱势。但当各国政府宣布冻结命令、外汇供应被切断时，进口商开始在自由市场上寻找外汇，投机者以进口的名义在自由市场上大肆买进外汇。委员会成立后的10天里，黑市上的法币汇率从3.312 5便士跌到了2.843 75便士、从5.406 25美分跌到了4.781 25美分。但当委员会开始于8月18日开始运行，并分别以每法币3.156 2便士和5.312 5美分向合法外贸进口商提供外汇时，市场开始趋于稳定。到10月份，委员会的操作已经平息了进口商因需求缺口而抢购外汇的情况（抢购外汇一度使得黑市上的法币汇率跌到了2便士和3美分），黑市的交易越来越少，如果委员会继续运作一段时间，黑市似乎有可能彻底消失。委员会11月份的汇率接近黑市汇率。表12–6简要回顾了1939—1941年汇率波动。

太平洋战争爆发之后，外汇交易很少，但市场上有少量的外币现钞买卖，这些外币现钞对法币的价格上涨了。1942年7月之后，日本军方停止了上海的外币现钞市场。在重庆和昆明，委员会在1943年7月8日之前一直维持着3.156 2便士和5.612 5美分的汇率水平。而就在这一天，委员会应中国财政当局的要求发布了一个新汇率，即3.015 62便士/法币和5.625美分/法币。指定银行的实际售汇汇率为3便士和5美分。委员会此番调整汇率，是为了让其同中国政府发行的美元储蓄券和美元公债的货币折算率一致。此时，黑市上的美元现钞对法币的汇率已经上涨，委员会汇率同黑市汇率之间的差距进一步扩大。到1944年委员会撤销时，委员会汇率实际上已经变成了一个名义汇率。

表 12–6　1939—1941 年法币汇率[1]

（市场汇率）

年度	便士／法币	美分／法币
1939		
4 月	8.000	15.625
5 月	8.000	15.625
6 月	6.587	12.825
7 月	5.365	10.414 1
8 月	3.500	6.723 6
9 月	3.640	6.060 0
10 月	4.080	6.817 5
11 月	4.700	7.655 0
12 月	4.271	6.911 5
1940		
1 月	4.479	7.333 3
2 月	4.108	6.769 9
3 月	4.000	6.288 0
4 月	4.000	5.793 3
5 月	3.597	4.743 1
6 月	3.734 0	5.494 8
7 月	3.750 0	5.852 5
8 月	3.638 0	5.432 9
9 月	3.414 1	5.083 3
10 月	3.610 6	5.524 0
11 月	3.727 50	5.790
12 月	3.593 80	5.632 8
1941		
1 月	3.378 0	5.312 5
2 月	3.339 0	5.370

（续表）

年度	便士／法币	美分／法币
3月	3.257 20	5.305 0
4月	3.165 70	5.132 2
5月	3.152 00	5.174 1
6月	3.250 00	5.260
7月	3.187 50	5.191 5
8月	3.041 25	5.097 5
9月	3.156 25	5.218 96
10月	3.156 25	5.281 25
11月	3.156 25	5.281 25
12月	3.156 25	5.281 25

1 基于中央银行报告。

太平洋战争时期的外汇市场

1941年太平洋战争的爆发彻底切断了后方同世界其他地区的交通联系。因外贸处于停顿状态，外汇市场交易中止，甚至美元现钞的交易也很小。

1943年春，美国军队携美元现钞进驻中国西南地区。因为官方汇率和自由市场汇率之间存在价差，这些现钞很快出现在市场上。一些汇给在华外国人的外币支票及通过政府统制之外的出口获得的外汇也出现在市场上。市场对美元和外币支票一直有需求，目的是囤积和汇往国外。市场上的美元现钞汇率通常高于支票，另外这类交易额度小且分布在全国各地，因此汇率的地区差异很大，但多数情况下以重庆的汇率为基础。从1943年到1946年2月，四联总处重庆办公室报告的美元现钞市场汇率如下：

年份	时段	美分 / 法币
1943	6月底	1.693
	12月底	1.191
1944	6月底	0.521
	12月底	0.175 3
1945	6月底	0.058 6
	12月底	0.081 65
1946	1月底	0.068 0
	2月底	0.049 1

在此期间，官方汇率一直维持在5美分 / 法币。尽管没有商业往来用汇，但有教会和慈善组织汇款、在华外交领事费用以及海外华侨的汇款。因为政府高估了已经大幅贬值的法币，这些汇款的收款人遭受了重大损失，兑换的法币根本无法应付他们的需求。他们强烈要求政府调整汇率，但政府更愿意维持官方牌价，因为不可能在市场上获得稳定的汇率，而且无休止地追随黑市汇率也并不明智。另外，美国在华军事开支的不断增加，会经常要求调整汇率，这会给政府带来麻烦。因此，除两次例外，5美分 / 法币的名义汇率维持了4年之久。1944年，政府向所有的汇入款项给予等额的法币补贴，即有效汇率变成了2.5美分 / 法币；1945年之后，每（用外汇）购买1 000元法币，给予480元法币的补贴，相当于汇率变成了0.172

美分／法币。但因为官方汇率同市场汇率之间的巨大差距，大部分的美元现钞和海外汇款都按黑市汇率卖掉了。即便如此，因担心对法币汇率产生不利的心理影响，政府仍然坚持宁愿损失一点外汇，也不放弃官方名义汇率。实际上，放弃官方汇率对形势也没有太大帮助。

在支付了美元储蓄券、偿付美元公债和其他在美国所购物资等款项外，5 亿美元的美国财政部借款还剩下 1.8 亿美元的黄金和 8 000 万美元的现汇。

1943 年，美国政府出资在中国西南地区开建、扩建机场。到抗战结束时，该项支出加上美国在华其他军事开支合计 1 500 亿法币，这笔款项需要由美国政府支付给中国政府。由此引发了关于美元同法币兑换率问题旷日持久的争执，中方坚称应采用官方汇率，而美方则要求使用市场汇率。最后达成的妥协是，1944 年 2 月之前的支出按 1.66 美分／法币的汇率折算，1944 年 2~12 月的支出按 2 美分／法币结算。中国政府从这次结算中收到了 4 亿美元。①

到 1945 年底，中央银行持有的外汇价值约 1.4 亿美元，从敌方和日伪资产上接收了价值 6 000 万美元的黄金和白银。这三项收入加上美国贷款的结余、美国军事开支付款以及中央银行自有资产，合计 85 049 946.48 美元，具体情况如下（均折算为美元）：

---

① 这一争议过程严重影响了后续的中美关系，也很大程度上改变了战后世界（经济）格局。具体可参阅译者校译的《抗战外援》（即将由中信出版社出版）。

美元	571 366 327.84 美元
英镑	44 292 656.19 美元
黄金	198 920 962.45 美元
白银	43 470 000.00 美元
总计	858 049 946.48 美元

一位美国官员曾估计，中国政府当时拥有的外汇、黄金和白银大约价值9亿美元，这个数字比实际数字只高出了一点点。中国政府从未拥有如此多的外汇，可能永远不会再有这么多外汇了。在抗战胜利到来时，金融家和经济学家们开始考虑如何用这些资产来稳定货币。战后金融和经济重建的成败，很大程度上取决于是否能成功管理这些储备。

战后外汇政策

在重新确立上海的国际贸易中心地位之后，中国政府决定在那里重建外汇市场。政府授权中央银行按官方汇率无限制地买卖外汇。前所未有的外汇储备额远远超过了战前任何时期的水平，这（给政府）造成了一个错觉，即认为可以将汇率维持在一个稳定水平。而且普遍认为，用外汇进口品能够缓解供应短缺从而可能降低通胀压力。

但当局没有意识到，尽管外汇储备的名义规模很大，但中国经济在战争和被占领期间已经被完全破坏，需要进口大量的物资才能应付战后调整。而且，战时扩大的总需求、缺少满足需求的物资且政府没有通过恰当的财政或货币政策来消化过剩总需求这些综合因素，使得潜在的进口需求大大增加。因此，如果用国际收支的可能失衡来衡量，战时积累下来的外汇储备就不充裕了。专家们为此呼吁采取直接统制措施避免储备过度流失。

最初实施的外贸和外汇统制措施很宽松，主要是限制奢侈品进口。进口对外汇的需求就像是无底洞，商人们争抢承诺能尽快运抵中国的所有商品，包括非必需品。货物来得越快，赚的钱就越多。

意识到贸易统制的必要性后，当局于 1946 年 8 月出台了输入许可配额制度。但因为担心限制进口将导致总体物价水平的大幅上升，批准的总进口量仍然非常大。就在 1947 年 2 月的《经济紧急措施方案》之前不久，进口已经花掉了大约 4 亿美元，几乎相当于战后中央银行持有外汇储备的一半。

尽管进口统制措施比较温和，但一经公布，原本不能或不愿意从中央银行购买外汇的商人们开始在自由市场上高价购汇。官方和自由市场汇率之间的差距因此开始扩大，这吸引着各种外汇收入进入自由市场而不是中央银行。1947 年 2 月发布的《紧急措施》严格禁止自由市场交易，并力图限制资本自由流动，却引发了一波资本外逃潮，尤其是逃向香港。外汇的自由市场交易也转向了香港，以规避中国政府的规定和限制，上海—香港之间、广州—香港之间的非官方交易资金流动频繁。即便有可能遏制上海的外汇交易，但政府的措施在广州发挥不了作用，因为港币很多年前就是广州的通货了。

资本外逃不仅推高了自由市场上的外汇汇率，随后推高了官方汇率，而且因为限制了进口用汇，就如同给通货膨胀火上浇油。政府的外汇分配政策越严厉，进口商越倾向于囤积商品不出售，以便从不断的涨价中获利。这样一来，即便是官方分配的进口用汇也无法如正常状态下那样扩大商品供应了。

1947 年 8 月，中央银行放弃了其钉住汇率政策，设立了一个平衡基金并基于市场情况发布汇率牌价，按平衡基金汇率拨付进口外汇。基金的目的是避免官方汇率滞后于自由市场汇率，同时希望能鼓励出口收汇和其他入境外汇进入官方渠道。但通胀的快速发展使得平衡基金需要频繁提高汇率，这招致了政治上的指责和诟病（而这些政治责难阻碍了平衡基金的灵活性），理由是不断提高官方汇率将影响整体物价水平。到 1948 年 5 月，基金（发布的外汇兑法币）汇率比市场汇率低 1/3。因为需要大量进口基础物资，而出口同期却下降，中国政治经济环境的恶化又导致海外汇款减少，国际收支不平衡因此加剧。外汇储备降至新低点。表 12–7 列出了战后汇率情况。

表 12–7　战后时期的汇率[1]

时间	公开市场汇率（法币／美元）	官方汇率（法币／美元）	较前期涨幅（%）：公开市场[2]	较前期涨幅（%）：上海批发价格[2]
1945				
12 月	1 222	20	—	—
1946				
6 月	2 665	2 020	120	330

（续表）

时间	公开市场汇率（法币／美元）	官方汇率（法币／美元）	较前期涨幅（%）：公开市场	较前期涨幅（%）：上海批发价格
12 月	6 063	3 350	130	80
1947				
6 月	36 826	12 000	510	330
7 月	149 615	77 636	310	250
1948				
6 月	2 311 250	1 273 000	1 450	1 900
12 月	405 000 000	366 000 000	17 410	5 630
1949				
4 月	2 441 640 000 000	615 000 000 000	602 800	583 900

1　基于中央银行报告；1949 年 4 月汇率系 4 月 27 日记录。

2　作者原文测算的升幅数字没有减基数 100%，上表均做相应减值。——译者注

1945—1947 年，努力维持固定汇率

抗战胜利前一天，重庆市场上的美元现钞汇率升到了 3 200 法币／美元，到 1945 年 9 月跌至 680 法币／美元，但不久之后便在 1 800 法币和 2 500 法币之间波动。

战争结束时，中国的航运能力严重不足，对外贸易无法恢复，对外汇的需求不是很紧迫。各港口的商界人士在 1946 年初提出，政府应该发布外汇汇率，以便重新开展对外贸易。为此，在决定重建

上海外汇市场之后，政府于2月25日宣布了以下措施：

中央银行将不定时地设定法币同外币间的汇率，同时将根据市场情况买卖外汇从而稳定汇率。首次这样确定的汇率是2 020法币／美元。

黄金自由交易。中央银行将根据市场情况买卖黄金。

中央银行将指定其他银行代其买卖外汇，但只限于指定用途：为经批准的进口、为个人需求、为经中央银行授权的其他支付。

经核准的进口分为三类：

已按现行税率支付了一半奢侈品附加税的奢侈品进口；

已获得中国海关许可的进口。这类进口包括烟叶、糖、煤油、石油、汽车和汽车底盘（其净离岸工厂成本不超过1 200美元）及电影胶片；

重要物资和工业原材料等不受限制的商品进口。

所有的出口收汇必须通过指定银行按中央银行的固定汇率卖给中央银行。上缴外汇收入的出口商将自购买这些外汇的指定银行获得一个证明书。命令中国海关，除非有这张证明书，否则不得通关出口。

政府安排了5亿美元作为纸币发行的准备。中央银行也拨出一部分外汇储备作为稳定外汇市场基金。

对外汇的管制及外贸统制均相当宽松，就如同1938年的平准基金政策。政府在当时及战后均相信，通胀的一个主要原因是物资供应短缺。这一幼稚的想法认为，如果通过开放沿海港口来方便商品进口，商品价格的上涨将会被自动控制住。贸易政策越自由，对抗通胀就越容易。战后中央银行可支配的黄金和外汇储备远远超过了中英平准基金的规模，政府因此自信地认为其有足够的实力来控制市场、中央银行的储备将是对抗投机的主要武器、公开市场操作将对冲过度发行纸币的赤字所产生的影响。

这是确定战后外汇政策的主要假设前提。不幸的是，政府忽视了中英平准基金失败的教训，又没有采纳战时中美英平准基金委员会设计的全部补救措施。没有坚定地正视很多重要问题，如：减少不必要的进口，将外汇分配给最重要的进口，防止投机、资本外逃和走私，阻止海外汇款进入黑市，阻止香港的法币黑市，确保同盟国之间的持续合作。

另外，1946年的财政和经济形势同中英平准基金时有所不同。除了新的、过度进口需求及进口价格更高以外，市场汇率同官方汇率间的巨幅差距，以及由此导致的出口和海外侨汇的下降，均足以耗尽外汇储备，导致政府政策失败。

因为战火蔓延及进口所需的外汇供应开始下降，1939年之后的对外商务往来逐渐减少。但抗战胜利之后，长期的物资短缺需要大量的进口品供应，因此产生的外汇需求量也是前所未有的。

中美英外汇平准基金汇率曾很接近于市场汇率（相反，抗战结束前，0.035美分 / 法币的市场汇率同5美分 / 法币的官方汇率之间的差距达 99% 之多）。但战后官方新汇率不可能按市场汇率水平实时调整。只要通货膨胀形势不断持续，官方汇率就不可能追上市场汇率。这一汇差无疑将极大地刺激进口商去争取更多的外汇。另外，抗战结束时内地封闭市场的汇率并不能代表公开市场情况下的水平。如果通胀加剧，战时被掩盖的（外汇）升值压力如今将变成一个加速器。

从 1939 年 1 月到 1941 年 12 月，纸币发行指数从 164 上升到 1 071，该指数 1946 年已经上升到 95 403，而且仍在快速上升。平衡基金期间的月度涨幅是 1 000 倍。而且，盟国在和平时期不愿意采取他们在战时所采取的许多合作措施，政府即便已经实施了中美英平准基金委员会的手段，也很难遏制所有贸易和外汇统制方面的漏洞。

调整失败

1946 年 2 月 25 日公布的汇率是 1 美元合 2 020 法币（即 0.049 5 美分 / 法币）。虽然战后第一个汇率偶尔基于市场走势进行调整，但在通胀肆虐的情况下，汇率的变化总会在民众中造成恐慌，并刺激商品价格进一步走高。结果，政府在调整官方汇率的问题上犹豫不决，从而导致其始终滞后于市场汇率。官方汇率稳定的时间越长调整起来就越难，而且在调整时，总免不了出现"政府汇率在追逐市场汇率"这种批评的声音。一直到 1946 年 8 月 19 日，官方汇率才调整到 1 美元合 3 350 法币的水平（即 0.029 8 美分 / 法币）。[①]

---

① 原文为 0.028 8 美分 / 法币，疑为作者笔误。

此番调整之后，市场上的外汇兑法币汇率仍然比官价高 10%。1946 年年底时，因为外汇减少，进口商开始抢购外汇或美元现钞。公开市场外汇汇率上升了约 50%，出口事实上已陷入停顿。在就是否进行调整迟疑了一段时间之后，政府于 1947 年 2 月设计了一个类似于差别汇率的新汇率调整制度：对出口提供 100% 的补贴，对进口征收 50% 的附加税。但因为美国政府反对出口补贴制度，这一做法很快就被放弃了。

在当月发布《紧急措施》时，官价美元汇率调整到了 12 000 法币 / 美元（即 0.008 34 美分 / 法币）的水平，比市场汇率约低 14%。政府认为，因为冻结了物价和工资，这一新汇率可以稳定住。但不到一个月紧急措施就失败了，市场美元汇率再度跳升。3 月份行政院改组之后，新政府和银行界在维持既有规定的同时开始考虑新政策。在此期间，黑市外汇汇率持续上升，到 7 月份已经比官方汇率高出了 72%。表 12–8 列出了 1946 年 3 月到 1947 年 7 月底官方汇率和黑市汇率的变化。

表 12–8　美元、法币官方汇率和市场汇率对比 [1]

时间	官方汇率（法币 / 美元）	市场汇率（法币 / 美元）	官方汇率与市场汇率的比值（%）
1946			
3 月	2 020	—	—
4 月	2 020	—	—
5 月	2 020	—	—
6 月	2 020	2 665	75.80

时间	官方汇率（法币／美元）	市场汇率（法币／美元）	官方汇率与市场汇率的比值（%）
7月	2 020	2 519	80.19
8月[2]	2 611	2 909	89.76
9月	3 350	3 576	83.90
10月	3 350	4 230	79.20
11月	3 350	4 532	73.92
12月	3 350	6 063	55.25
1947			
1月	3 350	6 765	49.52
2月[3]	7 369	12 222	60.29
3月	12 000	14 000	85.71
4月	12 000	16 250	73.85
5月	12 000	27 204	44.11
6月	12 000	36 826	32.59
7月	12 000	43 640	27.50

1 基于中央银行数字。官方汇率1946年之前以美元标价，1946年之后以法币标价。

2 第一次官方汇率调整。

3 第二次官方汇率调整。

1947年2月危机

由于市场对中央银行出售的外汇和黄金需求太大，政府不得不于1946年11月修改进出口规定。所有的进口均适用许可制度。禁止免税进口、奢侈品进口，建立配额制度从而限制许可进口数量。这一制度同平准基金委员会设计的配额制度有些接近。该修正案实施之后，进口外汇需求下降了，自 1946 年 11 月 18 日到 1947 年 3 月 17 日，只拨付出 3 000 万美元，但市场上的外汇汇率继续上涨。以美元标价的法币官方汇率，在 1947 年 1 月只有市场水平的一半左右。11 月份的政策调整之后，投机者及购买外汇保值的人们转向了黄金，政府在 1946 年 11 月到 1947 年 3 月 17 日间卖出了大量的黄金。尽管政府不断增加供应，但黄金价格仍时有上升。商品价格引领，外汇和黄金价格跟随，三者同步上涨。因为进口品是城市里的主要商品供应来源，这种结果不可避免。

因为全国陷入恐慌状态，政府于 1947 年 2 月 17 日颁布了《经济紧急措施方案》：冻结物价和工资，禁止黄金在市场上买卖；中央银行停售黄金，禁止外汇现钞买卖和流通；私人持有外汇要申报。这些措施是为应对紧急状态仓促推出，事先没有准备，也没有经过细致讨论。很显然，这些措施不会有什么持久的效果。因为经济混乱，行政院院长辞职。

外汇和黄金流失

1946 年 2 月到 1947 年 2 月的 12 个月里，政府卖出了约 5 亿美元的外汇和黄金，借此从市场上回收的法币约占同期财政赤字的 1/3。政府赤字占政府开支总额的比重约 2/3。

1947 年 2 月同 1946 年 2 月中央银行持有的外汇和金、银对比见表 12–9。

表 12–9　1947 年 2 月底和 1946 年 2 月底中央银行持有外汇和金、银

	1947 年 2 月底	1946 年 2 月底	期间净减少
美元外汇	199 072 689	546 543 364	347 470 675
英镑	31 093 208	44 652 795	13 559 587
黄金	83 001 139	198 920 962	115 919 823
白银	33 810 000	43 470 000	9 660 000
合美元价值总额	346 977 036	833 587 121	486 610 085

1947—1948 年尝试浮动汇率

造成法币汇率的复杂成因及后果给了行政院新官员们一个几乎不可能完成的任务。面对这种局势，内阁减少了外汇的对外支付，并大幅降低了二季度的配额。同时计划采用浮动汇率，由一个新成立的平衡基金委员会负责调整。

1947 年 8 月，中央银行宣布对外汇政策做如下调整：

成立外汇平衡基金委员会并决定汇率，维持外汇供需平衡，希望此举可以减少外汇市场的过度波动。

委员会由由政府任命且与中央银行和上海主要外汇银行紧密合作的成员组成。

委员会从中央银行提取必要的外汇或法币营运资金。

指定银行根据基金汇率买卖外汇。

委员会在同上海外汇银行的代表协商后，根据市场情况

不时公布基金汇率，而不再在一段时间内将汇率固定在一个水平上。

除进口棉花、大米、小麦、面粉、煤炭和焦炭这些必需原材料（这些原材料由政府购买并通过官方渠道无利润地供销）所需外汇，以及中央银行继续按旧的官方汇率12 000法币/美元供应政府要求的部分外汇外，所有的售汇均要按基金汇率操作。

新规定的主要目的是打破2月份危机期间宣布的固定利率政策造成的僵局。希望此举可以降低进口商不合理的利润，缩小官方汇率同市场汇率之间的差距，从而恢复出口贸易，吸引海外汇款流入。为打消公众对汇率调整的疑虑，该项工作被委托给了一个由信誉卓著人士组成的独立委员会。因为通胀已经极其严峻，委员会谨慎、勤勉地履行其职责。

委员会利用各重要城市平均批发价格和中国主要出口品价格作为汇率调整的参考指标。为平均这些批发和出口价格指数，以测算当日为中心的十天移动平均来平衡这些批发和出口价格指数的权重，当日偏离平均值的差值作为基金汇率调整（百分比）的基础。如果不反映市场整体状况，单一商品价格的过度波动通常被忽略，一般是在基金汇率明显滞后于市场汇率以至于阻碍出口时才会进行调整。同时也会考虑香港汇率，因为其可能是法币市场汇率最可靠的指标。尽管基金汇率调整政策的一个目标是促进出口，但其无意同黑市争抢海外汇款，因为其担心汇款从黑市上分流有可能加速市场汇率上升。

当中央银行的外汇储备因超卖或因已核准进口的外汇需求量过大而开始大幅下降时，基金汇率便进行调整。在调整汇率时，政府要求中央银行和负责关键物资供销的政府机构同时采取措施，从而紧缩上海货币市场，减少对价格的“看涨”效应。当大笔的政府开支投向市场时，就不进行汇率调整。

调整之难

尽管有这些预防措施，但委员会还是未能免于“追随黑市汇率、导致物价上涨”的指责。很显然，当时的基础条件同战时早期稳定行动时的情况相当不同。新委员会的运行受制于一系列约束。

通货膨胀几乎到了经济崩溃的阶段。民众对政府非常不信任，任何可能导致价格上涨的措施都会成为公众攻击的目标，而汇率调整最引人注意。结果，因为必须考虑公众的情绪，委员会发现不可能基于现实情况做任何调整。

市场利率升得太快，除非官方汇率也跟着上涨，否则市场汇率同官方汇率之间的差距将越来越大。但这种环境中，社会舆论是不会同意提高官方汇率的。而如果委员会不跟随市场汇率进行调整，走私的增加、海外汇款的流失以及出口的停滞，将使得外汇收入不足以支持进口和市场上的其他商业需求。

官方汇率同上海市场汇率之间的差距如此之大，以至于香港政府认为很难控制香港的法币黑市交易。而香港黑市对上海的影响越来越大，几乎不可能单独控制上海黑市。

中央银行的外汇储备近乎枯竭，外援也无望。委员会也没有足够数量的黄金和外汇来稳定市场。

平衡基金委员会运作之初发布的第一个基金汇率是 38 636 法币 / 美元。当时的市场汇率是 43 000 法币 / 美元，汇差大约是 10%。新汇率是战前汇率的 11 450 倍，但其仍远低于价格指数，后者已经是战前的 32 000 倍左右。商人们清楚无法从基金委员会获得便宜的外汇，而且基金委员会汇率不会低于市场汇率太多，他们便提高了进、出口品的外汇价格。他们的做法对总体价格水平产生了影响，尤其是需要大量进口原材料的公用事业费率因此提高。这反过来反映在商品价格上，市场汇率也随之上涨。

委员会别无选择，只能跟随上涨的市场汇率调整基金委员会汇率，而这再次影响了物价，且进一步推高了市场汇率。因此，远低于价格指数的委员会汇率无法跟上国内物价，也不可能接近市场汇率，虽然它一直在追随后者。

1947 年底，通胀的加剧使得形势越发恶化，且严重妨碍了基金的运作。1948 年 2~5 月间，因为汇率调整而招致的政治诟病使得基金实质上处于瘫痪状态，实施浮动汇率时设想的汇率调整弹性也丧失了。

不过，在这个新规定付诸实施之后，中央银行外汇储备的流失明显减少，在这期间出口也不错——每月超过 1 000 万美元。基金委员会运行的前 3 个月里，海外汇款也增加了。这些情况改善加上收紧进口统制，使得国际收支逆差大幅降低。

从 1947 年 8 月 19 日到 1948 年 5 月底，委员会汇率上升了将近

10倍①，市场汇率则跳升了近27倍，上海价格指数上涨了14倍②。表12–10列出了基金委员会汇率同市场汇率的月均对比情况。

表 12–10　基金委员会汇率同市场汇率对比[1]

（法币／美元）

时间	委员会汇率	市场汇率	委员会汇率／市场汇率（%）
1947			
8月	38 636	42 759	90.36
9月	41 635	50 365	82.67
10月	53 658	81 058	66.20
11月	62 640	109 387	57.26
12月	77 636	149 615	51.89
1948			
1月	108 350	179 045	60.52
2月	138 292	218 235	63.37
3月	211 583	449 620	47.06
4月	313 385	661 154	47.40
5月	399 000	1 167 154	34.19

1　基于中国中央银行报告。

1948年5月，在等待新行政院关于未来汇率政策的决定时，中央银行和基金委员会做了一个临时安排以避免外汇遭遇挤兑。根据

① 原文为18倍，疑为笔误。

② 原文分别为28倍和15倍，作者未扣减基数。

这项安排，当输入许可证发放时，进口商须在指定银行存入相当于核准进口货值 50% 的法币存款，按存款当天基金委员会汇率核算具体的法币金额；同时进一步规定，进口所需外汇将按货物抵达中国时的基金委员会汇率结算。这一规定在商人们中间引发了不满。在新的银行管理当局公布新的结汇证明书制度时，基金委员会便自动中止运作。这一系列事件表明，如果政府不能面对货币外部价值贬值的现实，而公众又无法认识到通胀加速情况下提高外汇汇率（即本币贬值）的必然性，那么浮动汇率注定会失败。

1947 年 2 月底到 1948 年 5 月底的外汇收、付情况及中央银行和其他国家银行、组织持有的外汇情况见表 12–11，表 12–12。

表 12–11　1947 年 2 月—1948 年 5 月外汇收、付情况

	对外付汇
政府支出	194 000 000 美元
进口	309 000 000 美元
非进口支付	21 000 000 美元
合计	524 000 000 美元
	收入外汇
出口	225 000 000 美元
海外汇款	20 000 000 美元
美元现钞兑换及其他收入	48 000 000 美元
美元公债收入	25 819 000 美元
合计	318 819 000 美元

表 12–12　政府持有外汇

（1948 年 5 月 31 日，折合美元）

中央银行	政府持有外汇
黄金	96 652 898 美元
白银	28 959 000 美元
外汇	28 305 101 美元
合计	153 916 999 美元
其他国家银行和政府机构	60 000 000 美元
总计	213 916 999 美元

1948—1949 年的外汇政策

结汇证明书制度

1948 年 5 月 31 日[①]，新的中央银行当局推出了结汇证明书制度。其主要特点可以总结如下：

中央银行将通过其指定银行发行外汇结汇证明书，用以收购出口所得的外汇和海外汇款。

结汇证明书的持有者可以按现行结汇汇率将其转让给合

① 作者辞去中央银行总裁职务。

格的进口商，或从指定银行获得授权购买外汇的其他人。除证明书上有特别授权外，不可以从中央银行提取证明书上载明的外汇。

结汇汇率由市场上的外汇供求决定。

如果市场上的结汇证明书供求不平衡，中央银行可以通过在市场上卖出或买入证明书进行干预。

最初规定购买外汇的证明书有效期自发出之日起不得超过七天，且不得延期。后来有效期延长为三十天。

政府和中央银行的官员们认为，政府可以通过这项制度减少向市场供应外汇，还可以避免物价因频繁调整汇率走高而招致的批评。然而，当局再次忽视了一些基本问题：如果政府向市场供应的外汇减少，被批准的进口、资本外逃和走私将推高市场汇率；结汇汇率最终将变成另一种形式的官方汇率，而市场汇率和官方汇率的合并永远无法实现；这两种外汇汇率将相互影响并共同走高，反过来又会抬高进出口价格，加剧通货膨胀，导致法币汇率进一步贬值，进而使得来自海外的法币或美元汇款及出口收入下降得更多。事后过程的确就是这样发展的。

结汇证明书制度的失败表明，此前的基金委员会运作，即便没有很强的支持，但仍然有一定的心理稳定影响。委员会的操作减缓了汇率和物价的涨势，因为人们仍然相信政府可以为批准的进口提供外汇，通常被视为“指标”汇率的官方汇率对市场汇率有一些影响。结汇证明书制度中的外汇汇率涨势远远快于此前的市场汇率。

美元从第一天（1948 年 6 月 2 日）报价的 84.9 万法币 / 美元升至 8 月 19 日（币制改革前一天）的 785 万法币 / 美元，美元在两个半月的时间里升值了 824%，而基金委员会的美元汇率在 1948 年 1~5 月只升值了 550%。但结汇证明书汇率仍落后于市场汇率，因为 8 月 19 日的市场汇率为 1 200 万法币 / 美元，两者相差 35%（以市场汇率为基数）。在币制改革[1]之前结汇证明书制度就已经近乎崩溃。

固定汇率的金圆券

1948 年 8 月 20 日，政府宣布发行金圆券，汇率确定为：

1 金圆　= 25 美分（美元）
　　　　= 1 先令 8 便士（英镑）

因为政府采取强硬措施冻结物价，严禁流通、销售及持有金、银和外钞，因此新汇率在接下来的 40 天里相当稳定。市场汇率也不存在了。中央银行购买了大量外汇，但在限价政策失败之后，钉住汇率政策也告终结，市场再度出现美元现钞汇率，到 10 月底，市场汇率已然成风，政府只能放弃其限制政策。

外汇移转证

政府接着推出了外汇移转证制度。移转证制度的操作方式与此

① 指 1948 年 8 月 20 日的金圆券改革。

前的结汇证明书制度本质上相同，只有两处差异：

> 移转证自发出之日起有效期为六十天。此前的结汇证明书制度里，有效期最初定为七天，后来延长为三十天。
>
> 移转证的购买限制比此前的结汇证明书要宽松得多。而且，中央银行确定的海外汇款汇率，通常要高于移转证汇率。

由于进口供汇减少，而商人们又因共产党军队在华北和华中的节节胜利而在输入更多商品的问题上犹豫不决，对移转证的商业需求下降了。但资本外逃增加了，移转证汇率同市场汇率之间也出现了价差。中央银行停止发布海外汇款汇率牌价，以避免来自大众的指责。共产党于 1949 年初逼近长江，市场上的外汇汇率越来越高。3 月初的汇差还只有 10%，到 5 月份时已经超过了 60%。表 12–13 列出了 1948 年 8~10 月的金圆券固定汇率和市场汇率及 1948 年 11 月份之后移转证汇率同市场汇率的差别（表中数字均为每月月底汇率）。

1949 年 5 月初的市场汇率为 1 美元合 900 万金圆，折算成旧币相当于 27 万亿法币。这比金圆券发行前的旧币汇率高出了 225 万倍。到 5 月底，在共产党军队逼近上海时，市场陷入恐慌。1 美元可以兑换 2 300 万金圆。所有人都在到处争抢外汇而不再囤积物资。最终，在共产党进占上海之后，金圆券汇率也消失了。

回过头来看，结汇证明书制度从一开始就注定了失败的命运。根据这种安排，实际上对黑市汇率给予了官方认可，金融和银行管理当局有意逃避其有序调整汇率的责任。当有限的外汇流入无法满足需求时，结汇证明书汇率很快取代了官方汇率，而实际的黑市汇率则更高。因为资本外逃持续，结汇证明书制度也未能解决国际收支失衡；而官方外汇供应的限制则进一步推高了黑市汇率，从而扩大了官方汇率同市场汇率之间的差距。尽管结汇证明书制度有失败之鉴，但政府在创设金圆券之后又引入了本质相同的移转证制度。

回顾政府战后的外汇政策可以得出一个结论，政府的目的是消除财政政策产生的通胀压力，而不是根据战争破坏的经济需要合理分配和利用资金。政府接连推出的紧急措施只能加剧法币外部价值的压力。随着外汇形势逐渐失控，国际收支赤字势必不断增加，这最终导致了外汇储备的枯竭。当政府最终以币制改革为借口以近乎直接没收的兑换率强制收缴贵金属和外汇时，其实际上是在道德自杀，因为对比那些早已经将资本转移到外国的人，这种做法对爱国守法公民明显不公平。

关于这一点，必须提及香港自由市场，其倍受中国政府指责，因为对中国防止资本外逃制造了很多障碍。香港政府允许美元、黄金和法币自由交易。大量的美元侨汇流入香港，在这里兑换成法币以避免在中国的最后收款人遭受不必要的损失。黄金自澳门走私到香港，并无视国际货币基金组织规定的价格按自由市场价格出售。在中国政府逐渐减少对上海市场的外汇供应之后，特别是禁止黄金交易之后，香港的黄金交易呈井喷之势。

表 12–13　1948 年底和 1949 年初汇率

（金圆 / 美元）

时间	外汇移转证汇率	市场汇率	移转证汇率 / 市场汇率（%）
1948			
8 月（19~31 日）	4	4	100
9 月	4	4	100
10 月	4	15	26.67
11 月	28	42	66.67
12 月	122	135	90.37
1949			
1 月	240	700	34.29
2 月	2 660	2 980	89.26
3 月	16 000	17 700	90.40
4 月	205 000	813 880	25.18
5 月（至 21 日）	无官方汇率	23 280 000	—

中国政府于 1946 年底要求香港政府限制法币、美元和黄金交易。香港政府也于 1947 年对黄金输入实行了许可制度，但没有对法币的交易采取行动，其理由是官方汇率和市场汇率之间的汇差太大，无法实施有效的控制；同时反对对美元交易加以限制，因为这可能打击香港的贸易和经济。

在中国于 1948 年 9 月采取金圆券制度时，香港政府限制了金圆券交易，但其在金圆券汇率开始直线下跌后不久便放弃了那些限制措施。

如果中国政府采取了更有效的措施，并配合以更有力的行政机制，那么就不会如此严重地依赖香港的货币稳定措施，资本外逃也会轻得多。据估计，在 1947 年到 1949 年之间，中国逃向香港的资本约 5 亿港币（约合 1 亿美元）。如此大规模的资本外逃，显然是中国稳定国际收支和汇率的一个难以克服的障碍。

在货币本位转为金圆时，中央银行根据政府的强缴命令收集的金、银和外汇情况见表 13–14。鉴于经历了长时间的通胀之苦，公众的热情之高可见一斑。当人们发现其贵重金属和外汇换来的纸币在几个月内变得一文不值时，政府所遭受的不可挽回的声望和信任损失是很容易想象得到的。

表 13–14　金圆法令下征缴的黄金、白银和外汇

黄金	1 677 163 盎司	=83 858 150 美元
白银	8 881 373 盎司	=6 661 029 美元
银圆	23 564 068 元	=11 782 034 美元
美元现钞	49 851 876 美元	= 49 851 876 美元
港币现钞	86 097 450 港币	=16 378 200 美元
菲律宾比索现钞	785 907 比索	=383 153 美元
外汇存款		= 10 697 755 美元
总计		179 612 197 美元

这些数字比 1948 年 5 月底的持有额增长了 80%，但外币现钞和外汇很快就耗尽了，在 1949 年 2 月底重回银圆本位后，白银储备也用光了。一小部分黄金直接用于军费开支。最后的一点资金被运到了台湾，包括大约 300 万盎司黄金和一小部分外汇。

第十三章

对外贸易

中国的出口历来不高。从共和之初的 1912 年到世界大萧条的前一年 1928 年，中国的出口增长了 2.7 倍，但 1928 年的出口额也只有 5 亿美元，占进口额的 83%。中国输出水平低是由于农业停滞不前，茶叶、丝绸等一些主要商品在世界市场上均要面临与质量较好的外国同类产品的激烈竞争。

1929 年大萧条开始后，美国启动了高银价政策，这不仅使得中国主要出口品的输出大幅下降，而且导致了更多的外国农产品进口，有一些是外国倾销进来的。这增加了中国的贸易逆差。历史上，这些逆差由海外侨汇和其他非商品出口来弥补。而今这个缺口太大，只能动用白银储备来解决。在 20 世纪 30 年代，满洲贸易和其他传统市场的丧失恶化了这一不利局势，到 1934 年，出口仅占进口货值的 50%。1937 年，随着中国币制从白银本位改为管理外汇本位，货币贬值，出口恢复到进口的 87%，但 1934—1937 年的平均出口货值仅为 1928 年的 70% 左右。

对外贸易仅集中在几个沿海大城市，尤其是上海和天津。因为与对外贸易有关的所有设施都在这些地区，这些城市和一个狭小的内陆地区是唯一从对外贸易中获益的区域。国内贸易障碍重重、出口品标准化的要求以及远离沿海的地区加工设施的缺乏，这些因素均阻碍了内地参与国际贸易。没有国内贸易的发展，也就不能指望生产会有提高，更不要说会有产品标准化和加工设备的改进。因此，通商口岸不受政府控制，实际上与内地隔绝，中国靠出口获得必需品的能力几乎为零。

战前对外贸易的这些特点，使得所有外贸政策对遏制通货膨胀都发挥不了实质作用；而在战后则一再制约应对通胀的政策效果。

战时进口政策

从 1937 年 7 月初战争爆发开始，全中国的对外贸易就处于停滞状态。特别是在上海，因为被战火包围且与内地联系被切断，贸易活动降低到了最低点。在 1937 年 8~12 月的 5 个月里，中国的月平均进口额相当于战前 7 个月平均值的 21%，但因为港口库存物资很多，月平均出口额还保持在战前 7 个月的 46%。1938 年 2 月之后，随着华北战事停止、战争中心从上海逐渐转移到内地，全国的进口贸易又开始恢复，但因为内地交通因战争影响中断，出口处于停摆状态。

1938 年前 3 个月的贸易逆差较 1937 年同期上升。另外，抗战爆发之后，外汇需求急剧增加。政府利用这个机会放弃了向市场无限供应外汇的做法，取而代之的是外汇和贸易统制措施。

这是中国统制进口的开始。因为进入敌占区的进口品增加，同时担心日本商品进入后方，中国逐渐收紧了进口统制。1938 年，全国进口按美元计算下跌了 32%，1939 年下跌了 38%，1940 年和 1941 年均下跌了 20%。1940 年下半年之后，后方的供应几乎完全中断，进口统制随之放松。

以下是不同的间接和直接贸易统制手段的影响情况，自间接地逐渐减少外汇分配开始，接着是直接限制可能进口货物的种类（政府一度放松了品类限制），最后以政府管理出口贸易结束。

1938 年 3 月 14 日，输入许可制度

中国政府开始是通过宽松的外汇管制来统制外贸。政府于 1938 年 3 月 14 日规定，利用自有资金和商业资金轧平账户的银行，如果需要外汇，应该向中央银行申请，后者将审核其外汇申请是否为商业或其他合法目的。

这项规定被理解为，所有商业目的的申请都将获得批准，但因为外汇储备下跌，最初只有 37.5% 的资金申请获得批准。资金配拨金额后来逐渐降低到了微不足道的水平。

5 月初，政府要求所有申请外汇的银行提交详细的申请资料，如商号名称、输入商品及用途，但其并没有明确指出在进口必需品和非必需品之间将会有所区别。因为没有明确批准或否决外汇申请的标准，政府遭到了严厉批评，因此必须找到另外一种方法以便“必需品优先输入”。

1938 年 6 月 15 日，必需品优先

1938 年 6 月 15 日，政府宣布将 65 种特定类别的货物确定为进口必需品，并准许优先购买外汇。奢侈品进口或国内产品可以替代的消费品或其他商品将不批予外汇。这标志着统制对外贸易的开始。

但此时重要沿海城市的对外贸易早已不受中国政府控制了。很多内地居民涌入上海，其中很多人有钱购买奢侈品或消费品，除了增加其他消费品进口外，亦令上海成为进口非必需品的主要港口。上海的进口额比上一年同期增长了 2/3。因此，区别对待必需品和非必需品的努力也没有成功。

1939 年 3 月 10 日，按市场价格供应进口用汇

通过区分必需品和非必需品来限制进口被证明无效，但考虑到上海的国际地位及其在方便进口品进入后方问题上的作用，放弃上海也并不可取。政府因此决定按市场汇率（而不是官方汇率）提供进口所需的外汇。政府希望，外汇高汇率导致的进口品价格上涨将降低需求，从而间接限制非必需品的进口。

但因为内地的交通线路被破坏，沿海城市农产品因而出现短缺，这使得进口品增长趋势从非必需品转向了棉花、大米、小麦、面粉、食糖和烟草这些必需品，而且提高了必需品的价格。新的进口政策因而显得不合时宜，效果也不理想。

1939 年 7 月 2 日，进出口差别汇率

政府于 1939 年 7 月宣布，为在后方建立一个外汇市场，所有进口用汇申请必须提交外汇审批委员会，在获得批准后，必须通过中国银行或交通银行来购买外汇。出口所得外汇要缴给这两家银行。

这两家银行每天发布一个所谓的“商业汇率”牌价。进口商只能依据官方固定汇率购买外汇，同时支付官方汇率同商业汇率之间的差额作为平衡费。出口商必须将其外汇按官方汇率出售（给中国银行、交通银行），但会收到官方汇率同商业汇率之间的汇差补贴。

这些措施的目的是限制进口品进入后方，同时鼓励后方出口。但在当时，后方的对外贸易已经可以忽略不计，汇率的波动对外贸几乎没有什么影响。而且，对进口的需求非常旺盛，商人们或者把货物从上海海运至香港或者通过内地线路运到后方，出售并收取法币。因此汇率同进口量之间没有直接的关联。

差别汇率一致维持到 1941 年 10 月，其时中美英平准基金委员会宣布了一个新的委员会汇率，商业汇率报价随之停止。

输入配额制度

1941 年 8 月，平准基金委员会根据物资对民生和维持上海工业运营的重要性分为两类。这两类商品可以申请外汇，第一类有优先权。贸易协会或公会集中向平准基金委员会提出申请，该委员会在调查现有货物和消费品数量后，每月就每种商品签发配额。协会或

公会接着将这些配额在其会员中分配。这是中国外贸统制政策中配额制的开始。

在操作的第一个月，委员会配拨进口用汇 600 万美元，上海约占一半。因为太平洋战争爆发、海运运力不足导致进口量下降，这个制度维持时间也不长。

直接统制

抗日战争爆发时，对来自日本、日本控制地区、日本人在其他地区控制的商号以及使用日资的企业的商品输入，中国政府一律禁止。一大批日本和满洲物质被列上了禁止输入名单。尽管这一举措可视为经济战，而非贸易统制。

为减少外汇支付，政府于 1939 年 11 月禁止进口那些可用国货替代的商品或非必需品。但这一禁令无法有效执行，因为绝大多数海关查验处不在政府控制范围内，且因为非必需品进入被占领地区后就被视为必需品，因此便不再被列入禁止名单。

后方人口及消费品总需求的不断增加，共同迫使政府支持大量的进口品进入后方。政府于 1939 年 7 月发布了一份不考虑原产地的自由输入清单，而且，政府承诺对这些商品的进口商在交通运输和资金方面给予支持。1940 年 7 月，禁止清单实际上被一个新名单取代，后者明确了奢侈品名录，同时隐晦地取消了所有其他商品的输入限制。

1942 年 5 月，政府废除了进口敌货的禁令，并颁布了新的《战时进出口物品条例》。很多商品的进口禁令被专门的许可证管理所取代，甚至人造丝及制品、细羊毛、烟草、纸张、羽毛、木材及其制成品都恢复了进口。除了被禁止的奢侈品和非必需品，进口商可以运送所有商品，而不必考虑其原产地。

6月份，政府再度宣布了一项确保原材料的运动。其要点如下：

> 政府明确要保护的商品种类，并为每一种商品指定一个负责部门。
>
> 任何公司、商号或个人都可以出资自敌占区或国外购买商品。
>
> 这些物资可以在市场上出售，进口商也可以向负责的部门提出申请，让后者购买该商品。
>
> 保护原材料的当事方将获得奖金补贴、减税、运输或保险费汇款便利及其他保护。

但滇缅公路因为封锁而关闭使得这些努力成为徒劳。有限的空中运力只能满足少量的军事补给，每个月仅能向后方运输1 000吨的民用物资。

总之，战事初期的进口政策是减少输入，但政府接着改变了目标，试图鼓励进口对抗通胀。不幸的是，因为其他因素影响更大（不只是日军封锁的因素，还有欧洲战争切断了当地商品外流的因素），政府两个阶段的对外贸易目标都遇到了挫折。进入后方和敌占区的进口品均急剧下跌，甚至连日本到敌占区的出口也因为日本人自己需要战争物资而下跌了。

战时出口政策

中国政府战时面临的一个非常重要的问题是，如何增加出口赚得外汇来进口抗战必需的军事和民用物资。日军也意识到了这一点，因此加紧了封锁，且其轰炸目标就是切断还没有完全建好的交通运输线。这样一来，只有很少量的后方物资可以运出去。这些货物在运抵目的地之前面临着包括无限期延期在内的各种困难和风险问题。运费的增加及逾期贷款利息大幅提高了出口成本。与此同时，因为政府需要外汇，因此要求出口商按固定汇率上缴外汇。因此，尽管政府一再鼓励支持，出口商仍无法克服他们所面临的种种困难。对后者来说，面临的风险太多太大，已经无法继续出口业务，只能由政府来接手。

抗战早期，因为各个港口有大量待出售、发运的货物，因此出口降幅较小。这些货物在 1937 年下半年迅速运出。自 1937 年 8 月到 1938 年 7 月底，全国的贸易出口比前 12 个月下跌了 25%，其中后方占了下跌总额的 41%。

政府在 1939 年 6 月明确规定，24 类出口品[①]所得外汇的 90% 要按政府规定的汇率出售给政府。剩余的 10% 可以由出口商保留。出

---

① 桐油、猪鬃、牛皮、茶、蛋及蛋制品、矿砂、五倍子、山羊皮、医疗物资、羊毛、丝绸、草编及帽子、人头发、苎麻、动物内脏、棉花、花生、芝麻、烟草、木材、竹，杏仁、鸭羽毛、兽皮。——作者原注

口商只有向海关出示结汇证明才能办理货物通关手续。他们还必须向政府运输统制组织申请运输吨位。因为当时通往香港的唯一运输线路是粤汉铁路，控制出口简单有效。

在要求上缴 90% 的出口收汇措施出台不久，外汇的市场汇率就比官方汇率上涨了近 25%。出口商不仅因为汇差失去了利润，而且对他们来说也不可能再同敌占区的出口商竞争了，因为后者可以按市场汇率卖掉外汇。商人们要求政府补偿汇差给他们造成的损失，这样他们可以同敌占区的出口商竞争。政府以不承认市场汇率为由拒绝了他们的诉求，但是政府还是在 1938 年 7 月做出了一些让步以弥补汇差。①

在汉口和广州于 1938 年 10 月陷落之后，粤汉铁路被切断，剩下的唯一出口通道是借道印度支那，要么通过长途公路运输穿越广西省到印度支那的火车站，要么通过公路到昆明再经滇越铁路转运。这种长途运输给出口商带来极大不便、造成了很多困难，因为国外市场商品价格的波动或跨境运输途中的损坏、丢失或变质都可能给他们造成损失。为帮助出口商，政府同意，如果外部因素在某些情况下导致出口商无法实现上缴的外汇，政府将调整并减少出口商所需上缴的外汇额度。下列情况下可以调整：

---

① 政府将给经贸易委员会核实的出口商品投保。贸易委员会查验的出口货物免征运输税并给予运输优先权。如果出口商品的成本高于在国外市场的价格，贸易委员会将基于其测算的生产成本，在生产地和市场销售地确定政府采购价格。政府采购的物资或者以合理的价格回售给出口商以便出口，或者委托给商人代表政府在海外销售。——作者原注

当香港市场的商品价格低于同国家银行结汇时议定的价格时。

当商品的数量因意外、丢失或抢劫而减少时。

当商品的质量变坏时。

就官方汇率同市场汇率差额补偿出口商的方法未见成效，政府因此于1939年7月13日宣布，除四种出口品之外，所有出口收汇均须按官方汇率出售给中国银行或交通银行。这两家银行将向出口商支付官方汇率同银行的“商业汇率”之间的差价。这意味着，为降低出口商的损失，出口收汇将按接近市场汇率的商业汇率缴售给政府。

政府公告还规定，不论是政府机构还是个人、商号处理的出口业务，外汇必须缴售给银行。4类完全由政府统制的商品（桐油、茶、猪鬃、矿砂）出口收汇不需要缴售。

1940年3月15日，政府将人头发、草编及帽子、花生、烟草、杏仁和芝麻等从上缴出口外汇的24种商品名单中剔除。其他18种名单商品的出口商可以保留20%的出口收汇，而不再是以前的10%；因当地的运输费用高，中国西南地区的出口商可以保留30%。在平准基金委员会于1941年9月1日开始运作时，其将名单商品进一步降低到了12种[①]。由于1940年到1941年底太平洋战争爆发前的交通运输困难，后方实际上几乎没有出口贸易。

海港、沿海及沿江被封锁之后，后方主要的交通线路均被切断，

① 即蛋制品、羽毛、动物内脏、兽皮皮革、羊毛、植物染料、药材、石油、油脂和蜡、种子、木材、丝和丝茧、苎麻。——作者原注

仅剩的少数贸易线路和有限的运输工具也都必须优先军用。因为商人们无法测算运输费用或估计货物抵达时间而被迫关门歇业。

实际上，政府战前就在从事贸易。资源委员会控制着钨、锑的买卖。中央银行下属的中央信托局负责政府用品的采购工作。中日开战两个月后的 1937 年 10 月，军事委员会下设了贸易调整委员会，其职能为提供资金和运输便利，帮助中国出口商克服战争带来的困难，以便继续开展业务。

随着战火蔓延，需要更积极和建设性的措施来促进对外贸易，1938 年 2 月，贸易委员会成立并取代贸易调整委员会。新委员会除了支持私营出口商，还负责一些商品的买卖，其经手的第一个商品是茶叶。根据 1939 年 3 月份的规定，委员会负责收购茶叶出口。按固定价格向中国茶业公司出售出口茶叶的商人和合作社，可以获得外贸委员会的贷款，中国茶业公司由外贸委员会控制。

1939 年 4 月，政府成立复兴贸易公司，负责收购并向美国出口桐油，以偿还 1938 年中美两国签署《桐油借款合约》本息。桐油的收购和运输开始于 1940 年 10 月。从事桐油业务的中间商和商号必须在复兴贸易公司登记，并按固定价格将其产品卖给后者。

1940 年 2 月，猪鬃的收购和出口权由中央信托局移交到复兴贸易公司。猪鬃交易商在从事贸易之前必须在复兴公司登记。猪鬃经过处理之后，要按固定价格卖给复兴公司以供出口。1943 年，生丝和羊毛的购销也移交给了复兴公司。

1938 年，国家资源委员会统制着钨、锑、锡、汞、铋和钼 6 种矿产的贸易。委员会按固定价格收购精炼和浓缩产品。没有委员会的许可，商人们不得出口矿产。大部分矿产出口用于偿还美国的借款、履行同英国和苏联签订的易货借款中的偿债义务。

复兴公司有一个姊妹机构，即1939年于纽约成立的世界贸易公司，其主要职能是销售桐油归还美国贷款，同时还用美国的贷款购买政府需要的物资。资源委员会在纽约也设有分支机构。

主要出口品[桐油、猪鬃、茶叶和矿产（主要是钨、锑和锡）]在战时维持了一个合理水平。在政府战时所采取的所有措施中，政府贸易看上去最为有效，因为政府部门可以获得足够的资金和运输便利，且在汇率或国际商品价格波动中没有任何损失或风险。

后方在1940年和1941年出口的矿砂超过了全国1936年的出口量，1940年的茶叶出口量接近于1936年的数字。尽管运输困难，桐油出口量仍然达到了战前出口量的30%。这些数据表明，如果政府在战前能像战时一样重视对外贸易，那当时的出口贸易会大幅增长。如果滇缅公路没有被切断，后方出口贸易量会维持在1940年和1941年的水平，但在日军自缅甸侵入中国后，只有少量的军需品和人员可以通过空运进入中国境内，回程时再搭上精炼矿、生丝、茶叶和猪鬃，桐油的出口则几乎停止。1942年出口总货值只有900万美元，1943年下跌到300万美元。1944年驼峰航线开始运营，出口维持住了这一水平。

战后进口政策

抗战结束后，政府非常关心进口供应的增长情况，因此对进口几乎未加任何限制。工业原材料和日用品的进口不需要事先批准，只有糖、烟叶、煤油和胶片等少数几种商品需要输入许可，在既有关税税率的基础上再支付 50% 的附加税后，可以进口奢侈品。公众对几乎所有商品的大量需求以及进口商唾手可得的丰厚利润，再加上外汇的配拨毫无节制，很快就导致了一场外汇危机，也促使政府重新统制进口。

重新统制外贸

政府于 1946 年 11 月 17 日修订了贸易规定，贸易许可制度扩大到所有进口品，进口品分为四类：机械和其他工业设备最优先进口，没有任何限制；工业原材料在政府设定的配额范围内进口；常规需求且须经过审批的非配额商品；禁止进口的商品。配额将分配给不同的贸易协会，后者再在行业内的不同商号之间分配。中美英平准基金会早在 1941 年曾试行过该制度。

政府于 1947 年 2 月宣布，拟为原材料和工业设备进口提供 4.72 亿美元的资金支持，其中的 2 亿美元将在 2~6 月份下拨。外汇储备在当时只剩下 3.5 亿美元，政府宣布的预估外汇供应规模超过了可用的外汇储备额。这一公告的目的很明确，就是稳定市场，但也因为这一承诺，人们将随后的配额视为政府外汇储备升降的晴雨表，也暗示着未来物价的涨跌。尽管政府期望尽可能高地维持配额，但因为外汇储备逐渐下降，政府不得不降低配额。按季度下拨的配额情况如下：

第一季度（1947 年 2~4 月）	9 967.5 万美元
第二季度（1947 年 5~7 月）	7 261.0 万美元
第三季度（1947 年 8~10 月）	6 787.3 万美元
第四季度（1947 年 11 月 ~1948 年 1 月）	5 339.3 万美元
第五、六季度（1948 年 2~7 月）	7 347.6 万美元
第七、八季度（1948 年 9 月 ~1949 年 3 月）	4 214.1 万美元

自 1947 年 2 月到 1948 年 1 月的四个季度里，实际配拨的外汇数量只有 2.9 亿美元，比政府原来预计的低 1.8 亿美元。

另外，政府在 1946 年和 1947 年每年花费约 1 亿美元进口燃料油、纸币及军事物资、交通和运输设备。

依靠美国援助

1947 年底，政府的外汇和贵金属储备降低到了 1.87 亿美元的新低。这已不足以用作合理分配配额之用。幸运的是，三个外部因素使得政府降低了配额供应：将自 1948 年 2 月到 7 月两个季度的配额供应降低到了 7 347 万美元，1948 年 9~12 月这个季度的配额降低到了 2 100 万美元。这三个外部因素均是美国的援助，即美国对外救济计划[①]提供价值 3 800 万美元的粮食、联合国善后救济总署提供一定数量的棉花及可能在 1948 年获得 158 290 000 美元的美国直接援助。

① 参见 1947 年 12 月 27 日中美《关于美利坚合众国救济援助中国人民之协定》，《中外旧约章汇编》（第三册），王铁崖编，生活 · 读书 · 新知三联书店，1962 年 3 月第 1 版。

最后一项援助用于购买粮食、棉花、石油和化肥。1948 年 6 月之后实行结汇证明书制度，政府不再提供外汇。如果没有美国的援助，贸易形势早就非常严峻了。

放松限制

1949 年，在金圆本位崩溃、外汇汇率随之急速上升及军事溃败之后，商业活动停滞、进口大幅下跌。大多数的关键物资和工业原材料的供应仍然依赖美国援助。

当国民政府于 5 月撤到广州时，几乎解除了全部的进口限制，同时鼓励自有外汇的商人们进口。所有持有结汇证明书的商人均可以在一定期限内进口不受限商品；自有外汇的商人进口不受限商品则没有时间限制。但国民党政府在 1949 年下半年控制的区域已经非常有限，所有重要港口均被共产党夺取，对外贸易数量已经低至微不足道。

防止走私输入

官方汇率同市场汇率的差价对进口商意味着利润，而对出口商则意味着损失。如此暴利诱使投机者甚至冒着生命危险走私。华南地区漫长的海岸线增加了打击走私的难度，在香港、澳门同广东省之间海上距离短，因此有多条走私线路，且这些线路距离陆地也不远。

走私输入自香港和澳门开始，然后转运到广州和华南沿海其他港口。出口走私则起始于广州，后来有一小部分来自沿海其他港口。

这些商品转运到香港和澳门，并在当地安全地出售或出口。走私的利润越大，走私组织的势力就越大，要遏制走私就越难。香港逐渐变成了最重要的走私中心。

根据中央银行研究处编制的统计数据，中国内地同香港、澳门之间的进出口走私数据是根据香港政府的贸易数据同中国海关数据的差额，再加上澳门与香港之间贸易额的 80% 而得出——因为澳门与香港之间的贸易最终不是出口到中国内地就是进口自中国内地。据估计，铁路和轮船乘客以及边境小贩走私的商品约占香港与广州之间贸易额的 20% 左右。1947 年的走私输入额估计为 6 520 万美元，占中国当年年进口总额的 10%。

1946 年 11 月，中国政府开始同香港政府谈判，希望遏制中国同香港之间的进出口走私。双方于 1947 年 8 月 15 日达成了一个协议。关于防止从香港向中国走私输入的要点如下：

> 香港政府拟限制出口中国的货物的装运地点，以方便中国海关官员的检查。
>
> 中国海关可在香港境内自由指定地点，对于行将输往中国的货物，预行征收中国关税或预行估定额税。
>
> 允许中国海关自由进入及巡弋香港水域的划定区域。
>
> 香港政府拟减少边界上输往中国之货物的地点和出口，防止或制止输出物品在该边界上其他地点出口。
>
> 所有装载到中国的货物的船只必须向香港港务局提交证明。没有盖章证明的货物不能出口。

前 4 点也是一份《关务协定》里的内容，但该关务协议从来没有执行，因为其未能获得香港立法会通过。最后一点于 1947 年 11 月开始执行。

澳门政府跟随香港政府的做法，也同意除非有中国政府的进口许可，否则所有货物不得从澳门出口到中国。

战后出口政策

战争的破坏，再加上官方人为高估法币的对外价值，战后出口从来没有恢复到战前的水平附近。1946 年上半年，出口货值仅为进口的 1/5；下半年的情况略有改善，出口占进口的比重上升到 1/3，但仍远远低于战前的水平。政府曾希望满洲能够恢复大豆输出从而推动中国的出口增长，但国民政府因未能获得这片区域而希望落空。

政府采取了很多措施促进出口，其中包括对出口商奖励、政府购买、采取真实且灵活的汇率、对出口商提供低息贷款、为出口所需的包装和原材料提供额外输入配额以及确定出口商品的价格上限等。在成功执行这些措施之后，1947 年的出口大幅增长。部分增长缘于纺织品出口的上升，这一方面是因为同巴基斯坦之间进行易货交易，用巴基斯坦的原棉交换中国的棉纱和布料；另一方面是美国援助棉花生产的棉纱和布匹由国内消费转为出口。但易货协议增加的出口不能视为真实出口水平的提高。尽管用美元计算的出口额要高于 1936 年，但按战前价格计算仍明显低于 1936 年的水平：

年份	出口
1936	2.10 亿美元
1946	1.49 亿美元
1947	2.30 亿美元
1948	1.70 亿美元

出口补贴

1947 年 2 月 6 日，政府宣布将对出口给予与上缴外汇等值（按官方汇率计算）的法币补贴。希望此举可以避免官方汇率的频繁调整，而汇率调整会导致进口价格上涨从而影响总体物价水平。但这一措施仍使得商品价格水平急剧上涨，出口生产成本上升。生产成本和海外市场上的价格差距越来越大（成本更高）。当然，不同出口品之间的价差不同。比如，猪鬃的制造成本比海外市场价格高 25%，而桐油则高 50%，生丝高 120%，茶叶高出 100%。生产成本同海外市场价格之间的差距只有低于 100% 时补贴才有效，价差超过 100% 就没有用了。在美国提出反对出口补贴时，这项政策就取消了。

政府收购

政府发现补贴措施不可行，且汇率调整会对总体物价水平造成不利影响。在出口品的生产成本因为官方汇率调整而接近海外市场价格时，出口增加了。但很短时间之后，出口价格会跟随总体物价水平和工资上涨而再度上涨。结果是出口贸易再一次陷入停滞，出口商则等待下一次汇率调整。

海外市场不同商品的销售情况同战前也不相同。因为一些商品面临着其他供应商的激烈竞争，除非市场状况改善，否则只能通过调整汇率或政府收购来鼓励这类商品的出口。政府因此决定通过政府机构来收购出口品，并自负盈亏。收购之后，这些商品要么委托给出口商处理，要么是由政府机构处理。政府收购的出口品限于桐油、猪鬃、茶叶、生丝、大豆和蛋制品。在政府于 1947 年 8 月采取真实且灵活汇率时，这一做法便中止了，但在平衡基金没有跟随市场频繁调整汇率时，该做法又恢复了。在结汇证明书制度下，政府收购的做法终止。

采用真实汇率

在对外贸易于 1946 年 3 月恢复时，中央银行将汇率确定为 1 美元合 2 020 法币，相当于战前的 606 倍。而同期物价指数是战前的 2 900 倍，要高出汇率的倍数约 2 280 点。汇率不能像此前预期的那样频繁调整，所以随着物价的上涨而越发高估。9 月份，汇率调整为 1 美元合 3 350 法币，即战前的 1 006 倍，但其时的物价指数已经是战前的 4 700 倍了，两者相差近 3 700 点。

1947 年 2 月，在政府意欲冻结物价和工资时，汇率调整为 1 美元合 12 000 法币，政府希望这一汇率水平可以跟随价格和工资上限保持稳定。该汇率接近于市场汇率，差距只有 14%（见表 12–8）。

汇率调整目的是使其更符合国内物价及市场状况。尽管官方汇率和市场汇率间的差距缩小了，但物价指数在5月份上升到了战前的11 000倍。鉴于官方汇率只有战前汇率的3 600倍，两者的差距是7 400点，官方汇率同市场汇率之间的差距到5月份扩大至（占市场汇率的）55%。

最重要的现象是，在官方汇率重新调整之后，出口总是很快上升但又快速下降。出现这一现象的原因在于，在官方外汇汇率低于市场汇率时，出口商留存商品不出口，等待汇率继续调整；在新汇率确定下来后，再按新汇率出口赚取利润。出口价格总是跟随汇率调整而出现一波上涨。在汇率调整间隙，出口贸易是停滞的。

比如，1946年7月的出口货值是14 922 206美元，在8月19日汇率调整以后，出口增长到24 674 267美元；9月下跌到19 987 408美元，在1947年1月，进一步下跌到14 384 572美元。当年2月16日调整汇率之后，出口反弹到16 237 229美元，但到了3月份又下跌至11 884 456美元。

根据中央银行的建议，政府于1947年8月17日采用浮动汇率。9月份的平均汇率是41 635法币／美元，相当于战前的12 500倍。物价指数是战前的38 400倍，对比各自相对战前的涨幅，价格指数同汇率的比值为3 ： 1，这比1946年3月份时的5 ： 1要好多了。政府希望浮动汇率可以让这一比值保持在理想的水平。这个比值曾在出口季的冬天一度上升到2 ： 1。9月的出口货值是680万美元，11月上升到2 400万美元，12月是2 700万美元；1948年1月的出口货值是1 486.3万美元，2月是9 316 380美元，3月是1 075.6万美元。因为政治家们批评平衡基金委员会“通过汇率调整刺激物价上涨”，委员会从 1948 年 3 月开始不愿意执行其前期政策，物价和汇率涨幅之间的比值恶化到 5 ∶ 1，而官方汇率和市场汇率之间的差距则提高到 50%。4 月份的出口只有 867 万美元，即便是汇率进行了大幅调整的 5 月份，出口也仅仅增加到 1 119.3 万美元。

低息贷款

1947 年 5 月 2 日，国家银行决定向出口商发放低息贷款。所有出口商，只要是贸易公会的成员且直接从事出口业务，均可以向国家银行申请贷款。贷款可用于购买出口物资、分拣和加工商品，也可以支付出口装船前的运输费用。贷款额可以达到购买、加工和运输费用的 70%，期限 90 天。在商品离境前，出口商还可以凭信用证获得打包贷款。这一贷款占销售价格的比例在 50%~80% 之间，期限不超过 30 天。

商业银行当时不提供期限超过 1 个月的贷款。贷款月息约 18%，而政府贷款的利息只有 6%~7%，因此这一利差就成为出口商的巨额补贴。但因为银行信贷收紧，这一做法在 4 个月后暂停了。

追加输入配额以确保输出所需的包装和原材料

1947 年 11 月 11 日，政府同意为保证出口商的包装材料需求而给予额外输入配额，金额不超过出口货值的 5%。1948 年 3 月 6 日，政府将额外输入配额扩大到包括手工业和轻工业出口所需要原材料。金额不超过可出口加工品货值的 40%。加工业者需保证这些制成品将在 6 个月内出口，且他们同时将在相关银行办理必要的外汇结算。当进口商以向外国买家或代理人提供加工完的制成品为条件而自后者收到待加工的原材料时，收货人（即进口商）需向银行提交一份书面承诺，即进口的原材料将不在国内销售，加工或出口品收汇将上缴中央银行。这一做法适用来自巴基斯坦的棉花进口，后者需要交换棉纱，这增加了中国的纺织品出口。

出口限价

1948 年 2 月 25 日，政府对桐油规定了“最低限价”，这意味着不可以以低于“最低限价”的价格出口桐油。4 月 19 日，猪鬃也设置了“最低限价”，后来对所有出口品均采取了类似措施。

此举有几个原因。出口商通常低报出口商品货值，以便能够弥补官方汇率和市场汇率价差造成的损失；他们还想把外汇用作“外逃资本”。这些做法造成中国的出口品在外国市场上低价倾销，影响了生产者和合法出口商的利益。

严禁走私输出

官方汇率同市场汇率的汇差影响了进口商，同时也影响了出口商，而向香港和澳门走私输出则可以获得厚利。据估计，1947 年中国走私输出到香港的货值为 2 150 万美元，相当于中国出口总额的 7.8%。

中国同香港于 1947 年 8 月 15 日签订的一个协定里规定，在香港进出口署确认 7 种中国指定出口商品的贸易收汇已经上缴中国指定银行之前，不得将其自香港再出口。这些商品包括桐油、猪鬃、大豆、茶叶、生丝、鸡蛋和羊毛。1949 年 1 月的名单中剔除了羊毛、生丝和鸡蛋，加入了棉纱、钨、锑和锡。

澳门政府同意，除非能够证明中国出口品的收汇已经存入了中国的银行，否则不会将这些商品从中国输入到澳门。

结论

政府采取的大多数出口促进措施，主要是为了弥补通货膨胀可能对出口商造成的损失，消除货币内外部价差引发的各种羁绊。

通货膨胀的直接后果是进口商获得巨额暴利、出口商受损，但令人惊讶的是，政府并没有设计出一个制度在两者之间公平分配外贸的“意外利润”。倘若有这样的设计，就可以推动出口、减少对进口的过度刺激。

政府几乎没有采取任何措施来提高出口品生产。政府推出的所有计划都没有一个公平的机会来证明计划自身的价值，这也是中国战后时期的特点。很多情况下，在处理相关措施的行政机构全面建立之前、在完整的生产—出口—进口—消费周期完成之前，政府的措施就被放弃了。结果，各项措施仅仅是一种姿态，而不是重建外贸平衡的有效工具。

外贸失去动力影响了政府外汇储备的重新积累，对外贸易也未能成为应对通胀、将生活成本控制在合理水平内的武器。中国战后外贸的历史表明，贸易不能存在于真空中，必须得到国家整体经济和财政政策的支持、统合。只有这样，外贸才能为经济上的成功做出全面贡献。

第十四章

统制物价和工资

战时统制

在战争期间和战后，中国的价格和工资统制政策并没有形成一个全面的对抗通胀计划，个别措施与其他措施之间甚至还是相互冲突的。除了这些原则性不足之外，价格统制措施缺少系统性，颁布的规则和命令并没有被有效、公正和全面实施。更有甚者，只要某项措施或者因为考虑不当，或者由于政策力度不够或执行不到位，或者因为没有足够的时间来判断其效果而未能产生预期结果，另一种措施（有时是意图相反的）便匆忙取而代之。下面按顺序列出各种控制措施的做法，这有可能会无意中提高政府计划的合理性，但现实中并不尽然。因为前面提及的原因，下面讨论的措施并不是现代工业社会所实施的完善计划的组成部分，而是一个政府面临尚未完全理解复杂经济问题时的仓促选择。

自一开始，政府内部从思想上就反对将统制价格作为一个理想的政策选项。官员们认为，限价和对商品供销的直接统制会加剧对短缺的担忧，并导致囤积、投机和其他引发并加剧通货膨胀的做法。

此前从未有这种统制经历的政府官员尤其担心此间涉及的行政管理问题，因此设法逃避承担稳定价格的责任。

一系列重要的行政约束使得执行价格统制变得异常困难。第一个障碍是，无论是大众和政府思维还是行政机构，都没有做好面对任何经济统制的准备。当价格问题严峻之时，各级政府发现很难就执行统制措施恰当授权和分担责任，而地方政府则对政策的效果不抱多少信心。地方政府因此没有有效执行中央政府的统制命令，在一些边远省份则干脆对这些命令置之不理。

另外，公众对政府所有形式的经济统制措施都持反对态度，自由放任思想仍占主流，认为只要政府不干预，市场将自行解决自身的问题。持续不断地投放纸币进一步降低了公众对政策措施的信心。尽管爱国主义强烈，但中国人还没有意识到个人福祉同社会福祉之间的相互关系。

有效执行价格控制统制的第二个障碍是同业公会的无能。行会制度在中国由来已久，是各行业成员促进团结、提升福利的一个手段，其部分目的是确保各成员卖出的商品货真价实。这些目标是通过各行会领导人的道德影响力和其成员遵守的行规来实现的。但在1926年的国民革命之后，行会被置于国民党控制之下，其道德约束力被破坏了。因为负责行会活动的国民党代表素质差，党的纪律未能取代行会的行规；加上国民党同行会领导之间的权力分化，这一制度最终解体。

抗战期间政府的价格统制规定将维持固定价格的主要责任落到了行会身上。但政府很快发现，行会不仅无法约束其成员，而且在吸纳大商号和交易商方面也无能为力。政府于是发布命令要求所有商人加入他们各自行业的公会，但多数人拒绝执行这一命令，继续开展业务而不去登记会员身份。利用行会来强制执行限价的想法被证明是徒劳的。

中国工业的不成熟是有效执行统制措施的另一个巨大障碍。工业仍处于手工业发展阶段，同类产品的质量千差万别使得定价工作异常复杂。行业内产品生产过程各异、全社会会计方法落后、统计资料缺失，这种情况下几乎不可能确定大多数商品的生产成本。最终的价格就只能是一种妥协，而如果其对生产者和经销商不利的话，这种妥协也无法持续。地方政府官员也没有能力检查有关行业向他们提交的成本费用表的准确性。多数情况下，公会基于其单方面报出的生产和运销费用提出建议价格，地方政府审核后下发许可意见。如果地方定价部门武断的价格决定不为行业所接受，那么销售商会马上将其产品运送到其他价格高的地区，或者在其本地从事黑市交易。

成功实施价格统制的最后且难以逾越的障碍是，地理地形因素和交通不便造成的各地间价格差异。不仅是各省之间的价格水平差别明显，省内不同城市之间也存在同样问题。在这种情况下，价格统制必然要分散进行，且只能同地方政府合作，由后者来执行。考虑到广大内地地区行政管理上的困难，价格统制就只限于几个大城市，这样一来，有效统制的几个城市的货源很快就会枯竭，流到了其他统制力度弱或不实施统制的城市。

1938 年 1 月，政府授权经济部统制所有的工业材料和制成品，给所有出售的商品制定合理售价、采取措施鼓励生产重要商品、打击牟取暴利和投机活动。这些规定的推出基于一个并不坚定的考虑，即政府是在战争经济的特殊环境中才被授予并行使这些权力，而不是蓄意用这些权力来稳定价格。

在汉口和广州于 1938 年底陷落之后，物价加速上涨，政府首次决定尝试统制价格。1938 年 12 月，政府下令日用品应该公平定价，所有负责任的公民都不应参与囤积居奇和牟取暴利。重庆成立了一个价格管理委员会，成员由政府、商会和不同行业公会的代表组成。政府敦促内地其他大城市仿效重庆的做法。地方政府为此要设立委员会，监督确定辖区内的价格。实际上，只有重庆和成都这两个城市在政府的密切监督下这样做了，但两地的官方价格一直低于市场水平，政府限价很快便有名无实。政府还在 1938 年底宣布了一项计划，低价向一些主要城市提供一些日用品，并在经济部设立一个部门负责以公平的价格购买和销售日用品。

几个城市里三心二意的价格统制对物价上涨几乎没有抑制作用。1942 年 11 月政府采取了一项加强价格统制的计划才改变了这种形势。新计划是一个综合方案，包括日用品限价、消费品配给、政府统购统销、限制库存、稀缺商品的使用限制以及限制工资。

价格上限

意识到行政力量的薄弱，政府新采取的计划野心就小多了，价格统制限于大米、盐、食用油、棉花、棉纱、布匹、燃料和纸张这 8

种主要商品，实行统制的地区也只是内地几个大城市。其他商品价格由行会根据老办法确定，再经由地方或中央政府当局批准。下面的具体规定标明，政府当时是决定采取强有力的措施来强制推行其规定：各级政府要成立一个按照中央政府制定的全面政策来调节价格的机构；在每个大城市的市区，统制商品的价格要根据当地实际情况定期确定；打击黑市，对于超过限价出售的商品，政府当局有权购买或没收、扣押或出售；公司、商号、店铺或行业公会的成员必须在交易场所张贴价格管制商品的价格，或者标注在商品上；严重违反规定者，可以判处无期徒刑或死刑。

各个城市实行的价格上限通常都很低，这几乎总是导致当地的物资短缺。由于周边地区的大米价格超出了城市里的价格上限，战时首都重庆就多次出现米荒。地方政府对货物流通的管制越来越严，以防价格受统制的商品外流。各省之间出现了贸易壁垒，因为各地政府竭力维护本地的价格体系，甚至省内不同城市之间也禁止商品流通。最终，后方的国内贸易面临中断威胁，中央政府被迫下发规定禁止地方政府对跨省贸易设置障碍。这一举动立即为官员们提供了一个机会，让他们放弃统制价格的努力又不会在当地民众间丢面子。最终只在有限几个地区成功地控制住了大米和盐（政府选定的8种限价商品中的2种）的价格。但其成功不在于价格上限政策的作用，而是因为田赋征实征集了大量的大米，在满足军队和公职人员供应后向市民出售；盐价稳定则是因为政府垄断食盐且其不宜久存。食用油的价格上限只在重庆实施，煤炭只在几个大的工业城市，纸张只在四川省，官方价格只适用于提供给一些主要期刊的新闻纸。

因为供应严重短缺，对棉纱和布匹的价格统制则彻底失败，纺织品市场价格不断上涨。

负责价格统制的社会事务局局长在一份声明里简要解释了政府价格政策失败的原因：

> 重庆市不是一个自给自足的单位，必须依赖外部供应满足无数加工业的要求。通过生产、运输和最终供销的不同阶段来控制商品供应的数量和质量及其成本，超出了我的职权范围。而且，其他多数城市要么不统制价格，要么我行我素。重庆市一地如何能成功地践行价格控制？[①]

消费品配给制

1942 年底加强价格统制的方案还规定，大城市和人口多的城镇要逐步实行粮食和其他商品的配给，防止浪费，实现短缺商品的公平分配。但政府很快认识到，在没有可靠的人口估计、没有可供消费的商品供应的情况下，无法设计出一个可行的配给制度。因为不能依靠个体经销商去公平分配配额，政府因此被迫自己去购买待配给的商品。除了大米、面粉和食盐，其他消费品的配给即便范围有限也是不可行的。在政府通过田赋征实积存了大量的大米和小麦时，

① 包华国的文章 The Price Control in Chungking（《重庆的价格控制》），发表于中央银行经济研究处编纂的 The Problems of Prices（《物价问题》）（1941 年，重庆）小册子里。——作者原注

军队不再像以往那样从市场上购买粮食，而是由政府配拨，同时留存一部分粮食给公职人员。自1941年7月开始，中央政府官员开始收到定量的大米或面粉，省级和县乡政府官员也于1943年享受到同样的特权。年龄31岁及以上的公职人员每年获得120磅大米或小麦；26~30岁的95磅，25岁及以下的70磅。粮食部能做的也就是这些，它不敢承担市民的粮食配给任务，就努力建立辅助性粮食供应中心来满足需要。全国性的消费品配给是不可能的，正如全面的价格统制无法做到一样，主要原因在于根本不存在完善和高效的行政队伍。

政府统购统销

相对而言，名为“政府以平价统购统销商品”的计划是政府统制物价最成功的措施。在其行政能力、运输设施和财政资源允许的情况下，政府批量购买物资并通过其代理机构以固定价格出售。

政府统购统销涉及两类主要商品，即日用必需品和出口物资。日用品最初包含大米、盐、食用油、燃料、棉花、棉纱、布匹、纸张8类物资。1942—1944年间，政府还统制着食糖、火柴和烟草的所有产出。粮食部将向市民出售库存大米的工作委托给了自己的供应部门和私营米店，共有4 083个站、点，分散在18个省份。通过这种方式，供应市民的部分大米以相对低的价格出售。1943年2月之后，政府要求四川省棉纺厂生产的所有棉纱（占后方棉纱产量的一半以上），出售给一个叫“花纱布管制局”的政府专门机构，后者或者再转卖给军服厂或者同织布厂交换布匹。政府希望以此确保按官方价格向公众出售布匹。

很多棉纺厂发现，交通破坏使得它们很难获得原棉供应，政府因此决定接管原棉的收购和运输，再向棉纺厂分配。政府的这些做法避免了生产商囤积棉花物资，在交易的过程中，原料的价格要低于行业事务完全由私营企业决定时的价格。但政府无法抑制服装类商品批发和零售价的快速上涨，这抵消了政府在生产方面发挥的作用。由于后方原棉产量较小、纺织业生产能力有限，衣着产品短缺仍然较为严重。到抗战结束时，衣着类价格指数比粮食类高出约50%。虽然政府直到销售阶段都可以实施一定程度的控制，但仍无法制止布匹商人对大众的盘剥。

政府还控制着对批发商配售煤炭、木炭和食用油，以便向重庆和其他重要城市销售。此外，四川省内新闻纸的销售亦由政府掌握。在工业中心，政府以低价向生产者配售煤炭和焦炭。因为糖浆被转用作工业酒精生产导致食糖产量下降，食糖的专营并没有使价格降低。政府从生产者那里购买的其他物资还有烟草和火柴。尽管烟草和火柴是日用品，但政府更关心的是如何提高收入，而不是降低销售价格。

政府还对钨、锑、锡、汞、铋、钼、茶、猪鬃、桐油、生丝和羊毛这 11 种出口商品实行独家收购。早在中国政府和盟国之间的几笔贷款协议中，中国就承诺用这些商品的出口收入偿还债务。如果政府没有统制，出口市场的丧失将导致这些商品价格大幅下跌。不过生产商仍然不断抱怨政府给他们的价格低于生产成本。

限制库存

珍珠港事件之后，后方的海外供应被彻底切断，因此迫切需要对商人和商号的工业原材料库存进行控制，同时限制稀缺资本物资的使用。1942 年底，政府要求商人和生产者向经济部提供一份涉及 200 项被视为重要工业原料的库存记录，同时随时向该部通报存货变动情况。购买稀缺商品须经政府批准，没有许可不得装运。这些统制措施在降低原材料和设备投机方面产生了影响，同时对限制此前已获得大量生产性资源的非重点工业活动也发挥了作用。

工资上限

1942 年 12 月，政府开始按当年 11 月 30 日的工资水平冻结工资，希望借此遏制住生产成本的上涨。工资上限适用于生产日用品、机械和建筑材料这些行业的工人，以及从事运输业的人员。但稳定工资能否成功取决于物价能否保持稳定，因为物价水平无法控制，工资上限就不可能长期保持稳定。

前面总结了价格统制政策（最初旨在降低过度购买力对日趋下降的商品和服务供应构成的压力）为什么不可能成功。随着政府内部意识到实现物价总体稳定的努力和尝试都是徒劳，其目标便缩小为避免或至少减缓几种基础物资的成本上升。这些商品在官方的生活成本指数中的权重自然很高。这个更有限的价格统制目标在几个大城市取得了一点效果，主要原因在于田赋征实（粮食），以及中国人口集中的城市间因为交通不便而处于相互隔绝的状态。表 14–1 大致列出了这一价格控制成绩。

表 14–1　1941—1945 年中国批发价格涨幅

时间	整个后方的批发价格	重庆
1941	152	177
1942	200	179
1943	221	201
1944	244	223
1945（至 8 月）	277	262

战后统制

1947 年 2 月，遏制通胀的努力

1946 年通胀的快速发展最终迫使政府在 1947 年 2 月再度实施统制政策。尽管战时的工资和物价上限措施并不成功，而且 1947 年初的通货膨胀比此前实施这两项政策时的 1942 年高出近一倍，但政府还是再一次将其推了出来。2 月 16 日，经济紧急措施方案发布，其中规定，自上海和首都南京开始，严格限制大城市日用品（大米、面粉、棉纱、布匹、燃料、盐、食糖和食用油）的价格上限。按 1 月份生活成本指数冻结工资，不得调整工资基数。政府还提出要负责向产业工人分配基本消费品。每个工厂配拨一批粮食、燃料和棉

布，按 1 月份的平均零售价销给其雇员。每个工人的基本配给量是：每月 8.8 磅大米、165 磅煤球、1.1 磅食糖、5.5 磅食盐和 5.5 磅食用油；每半年 10.9 码棉布。[①] 在 2 月底实施工资上限时，还没有完成向工厂供应消费品准备工作的市政府决定，暂时向工人提供生活补贴，以应付基本配售品的成本上涨。在警察的严格监控下，这些日用品的价格在 3 月份保持稳定；但 4 月初，工资和价格委员会刚开始在上海工作，消费品价格便恢复涨势（见表 14–2）。一个（未能在战时遏制物价的）局部的价格统制系统的所有缺点重新暴露了出来。大米商人抱怨原产地的价格比上海的官方卖价还要高，大米越发短缺。

表 14–2　1947 年上海产业工人日用品（属主要配购品）价格对比 1 月份涨幅

（%）

品类	2 月	3 月	4 月
大米	65	60	118
食用油	70	95	172
盐	47	44	50
煤球	86	105	113
布匹	170	117[1]	177

1　价格下跌缘于禁止棉布运出上海。

食用油被转运到了华南地区，后者依赖国内其他地区供应且支付高价。很多行业陷入了原材料价格上涨但制成品却被限价的双重

① 这些数据疑有误，无从核实。

挤压之下。煤炭生产商要求补贴以弥补其原材料开支的上升，棉纺生产商则威胁停产，除非允许布匹价格上涨以应对原棉涨价。上海政府对棉纱和布匹的运输发出禁令，防止这些物资被偷运到其他价格更高的地区，但唯一可见的结果是上海棉纺织品黑市蓬勃发展。在大米销售价格固定的情况下，大米供应商补充库存已经无利可图，大米市场停市，市场出现骚乱。接着发生了穷人抢劫米店的情况，他们中的许多人已经因饥饿处于死亡边缘。上海之外的许多城市也陷入混乱。与此同时，尽管政府发放工资补贴，但工人暴乱仍在增加。工人们抱怨，即便有政府的补贴，他们也买不起基本的配购品，因为他们没有得到其他必需品价格上涨的补偿，而这些商品不包括在基本工资方案中。鉴于形势严峻，市政府于 5 月 5 日放弃了大米定价，同时也取消了其他生活必需品的价格上限。政府已经无力负担工资补贴，于是补贴也于 5 月 10 日终止了。这样一来，在不到 3 个月的时间里，工资和物价限制政策也失败了。

上述事件本身表明，在有限的几个地区、对有限的商品限价是完全行不通的；因为干扰了一些重点城市的商品供应，这种做法实际上恶化了统制措施原本想解决的问题。同样地，工资冻结的失败不仅打击了政府稳定经济的愿望，而且也破坏了大众对政府的信任。

自动调节制度

在政府于 1947 年 2 月冻结工资之前，并没有基于生活费用测算工资增长的统一方法。工资水平是由雇主根据业务形势和生活成本指数及每个行业的工资标准来确定的。但为了补偿5月份工厂工人和工役因取消工资补贴蒙受的损失，同时避免他们产生更多的实际收入损失，政府宣布要根据基本消费品价格的变化来调整工资。新制度如下：工厂工人和工役的工资根据生产成本指数每月调整；如工人或工役的基期（4月份）工资为每月等于或低于战前30元法币的水平，每月按生活成本指数对工资全额调整，如基期工资超过战前30元法币，则须在按生活成本指数调整时对超额部分（10元的整数倍部分）扣减10%；如果雇主因经营状况不佳无法按此公式调整工资，雇主同雇工之间可协商调减，如果协商不成，可提交市政府的仲裁委员会解决争议；各行业不得改变基本工资。

大多数受此条款影响的工人和工役月工资低于战前30元法币。调整工资水平所采用的生活成本指数是上海市政府每月发布的指数，包括60个项目，其中粮食类31项、衣着类11项、燃料8项和7个杂项，按照每个项目在家庭月均开支中的重要性分配权重。

商人们普遍强烈反对政府的生活费用公式，认为由于劳动力成本的上升，重要的制造业都将无利可图。他们提出，新的工资规定对产品价格涨速慢于生活费用涨速的生产性工业企业或劳动力为主要成本的工业企业，以及那些同行业里边际利润已经很低的企业带来了特殊困难。还有一种意见认为，如果只代表少数劳动力人口的工人和工役拥有了自动调高工资的特权，那么其他的劳动群体也将要求同样的待遇，人力费用将整体上升。1947年下半年的经济形势似乎支持了这些反对意见。除了那些生产纺织品和面粉等重要消费品的企业外，大部分工业企业的边际利润下降，随之减产。但货币工资的上涨并不是工业萧条的真实因素，而是缘于其他原因。在通胀压力下，原材料、设备和市场利率的成本都在快速上升，企业、商号发现越来越难获得足够的运营资金来维持库存。

1947 年底开始，通货膨胀给收入分配带来了明显的变化。随着低收入群体的实际购买力下降（虽然手里有大量的纸币），他们的需求主要集中在一些基本商品上。与此同时，从事囤积和投机的群体（而不是投资于生产性企业的群体）往往会有较高的实际收入。这导致工人就业下降或实际工资收入下降，从而进一步降低了劳动人群的总购买力。从生丝织品、橡胶制品、棉纺织品、水泥、烟草开始，工业生产量开始迅速萎缩，接着蔓延到内衣、化妆品、火柴和羊毛纺织品，最终影响到棉纺织业。

大多数商人坚持认为工资自动调整打击了工业，他们一再呼吁，不能为了一小部分工人的利益而损害全社会的福利。舆论普遍要求改变工资支付方式，主要建议是在确定工资时应考虑到每个行业的劳动生产率和业务前景以及生活成本，以便对不同行业进行不同的工资调整。但随着通货膨胀的加剧，劳动阶层生存日益艰难，市政府的官员们认为这样改革工资制度在政治上并不可行。所有地方政府官员所能做的就是寻找一些低估生活成本上升的借口。当发现政府操纵生活成本指数时，工人们强烈抗议，要求公布用于计算每月数字的方法和程序。在通货膨胀于 1948 年初失控之后，许多工人抗议并要求每半个月进行一次工资调整，上海市政府在 7 月份接受了这一要求。很明显，当价格继续快速上涨时，自动调整工资的制度是不能被取代的。

统制供销

1947 年 2 月的经济紧急措施方案中的价格和工资政策失败之后，此前被政府统制措施暂时压制的通胀重新开始肆虐，而且势头更强。上海 5 月份的生活费用指数比 4 月份上涨了 70%，6 月份又上涨了 8%。显然，除非设法稳定住粮食和其他消费品的价格，按生活成本调整工资的新制度将加速价格和工资上涨。此时，政府领导人和他的政治顾问们对通过采取更多的政治手段解决经济问题感到绝望，他们呼吁中央银行制定有效的措施来对抗通货膨胀。当时中央银行新总裁刚刚接任，他的观点是，中央银行通过分配生活必需品只能缓解通货膨胀，根本的应对方法必须是减少政府自中央银行提款，同时想方设法增加商品供应。

1947 年 7 月，中央银行推出日用品统制分配制度，协助上海市政府努力减缓生活费用的上涨速度。国有的中央信托局在中央银行的资助下负责操作统购日用品。新成立的由中央银行、信托局和市政府代表组成的委员会[①]，负责每种商品的发放管理。商品统购始于上海和南京，包括大米、煤球和食用油三种商品，分配最初限于公务员、公立学校教师、学生、工厂工人和慈善及文化组织的雇员等有组织的群体。每人每月的定量额度为：大米 16.5 磅、煤球 110 磅、食用油 2.2 磅。大米配给范围后来扩大到工会在册的产业工人和市政府报告的生活极度困难人员。这些商品的配购价格比公开市场价格低 5%~30% 左右。

---

① 即民食调配委员会。

毫无疑问，实行统制分配的确能使低收入者得以维持生计。另外，因为配购商品是调整工资薪酬所依据生活成本的主要组成项目，所以其价格相对较低有助于减缓工资薪酬的增长速度。

在中央银行配购计划启动前的5~8月份，上海生活成本的上涨已经直逼总体物价水平，但在接下来的几个月里，批发价格指数却要高于生活成本指数，这表明中央银行减缓价格和工资上涨势头的努力有了效果。但是这些措施并不能阻止全国物价总水平的上涨，因为它只局限于少数几个城市，且只有一部分人才有权获得配给。这可以从表14–3给出的生活费用和总体价格水平的趋势比较中看出。

表14–3 上海的批发价格指数和生活成本指数

（1947年5月＝100）

时间	批发价格	生活成本
1947		
6月	112	107
7月	130	122
8月	141	131
9月	179	146
10月	282	208
11月	319	226
12月	389	290
1948		
1月	544	405
2月	780	642

（续表）

时间	批发价格	生活成本
3 月	1 260	923
4 月	1 460	1 100
5 月	2 100	1 432
6 月	7 650	3 022
7 月	11 100	5 863

政府此时也控制着一些关键原材料的分配。比如，进口棉花分配给纺纱厂，纺纱厂生产的棉纱分配给织布厂。棉纱和布匹的价格要经过批准，且须低于市场价格。煤炭和进口燃料在私营企业和公共事业之间配给。受控原材料的价格表面上由配售委员会决定，但中央银行在决定官方价格方面有最终发言权，因为其负责为制造商购买这些商品提供融资。通过统制流通和使用中的实物商品，有效地消除了所涉及商品的投机行为，对经济危机时期的制造商和大众都有利。但值得注意的是，中央银行在行使被视为“专制的权力”时受到了严厉的批评。

1948 年前几个月，工人贫苦问题严重，华北的北平和天津市政府及华南的广州市政府要求采取类似上海的措施，对消费品的分配进行实物统制。中央政府预计美国援助粮食将提前交付，因此决定冒险在 5 个大城市实行食物（主要是大米和面粉）配给。上海于 3 月 28 日实施配给，4 月份开始相继在南京、北平、天津和广州实施；发放配购证，每人每月可以按一个价格制定委员会确定的价格购买 16.5 磅大米或面粉；与此同时，允许市民以市场价格从米店购买更多的粮食，以免政府大米库存过度流失，同时维持私人贸易活动。这个计划实际上是将商品统制扩大到更多城市，表明政府将采取行动向主要消费城市提供最低数量的粮食。

大米配给的确在华南、华北民众间给政府带来了政治上的暖意，但其对价格走势却没有产生显著影响，甚至大米价格也稳定不住。原因在于，因为内战战事快速扩大，许多大城市都与满足其需求的粮食供应产地相隔绝，而这种供应的减少远非政府供应数量增加所能抵补的。

第三次尝试冻结物价和工资

1948年8月19日，政府采取了一项孤注一掷的政策来对抗通胀，即所谓的币制改革。按1 ： 300万法币的兑换率发行新的金圆券。在货币改革前一周（1948年8月9~16日），上海的批发价格指数是6.6亿，生活成本指数是3.63亿（战前基期）。政府幻想，挥舞着这把魔杖，就能把价格和工资恢复到战前水平，同时打破通货膨胀的恶性循环。为实现这些目标，政府同时把价格和工资冻结在1948年8月19日的水平，并按照新的金圆计算；未经政府主管部门的批准，今后严禁提高物价和工资，暂时停止工资自动调节制度；罢工和纠察属非法。政府此前曾多次尝试打击囤积居奇、牟取暴利的行径，但成果不彰。而今，防止囤积居奇成为政府遏制物价进一步上涨方案的中心目标。

我们将粮食的市场金圆价格同币值改革前价格及战前价格做一

个有趣的对比。

	大米（每171磅）	面粉（每袋，49磅）	食用油（每22加仑）
1948年			
8月22日	20金圆	6.9金圆	58金圆
8月19日	63 000 000法币	21 800 000法币	190 000 000法币
1937年			
7月	12法币	42法币	22法币

生产商和贸易商均认为新报价低得荒谬，主要商品的批发市场则几乎陷入停滞。民众预期货币将很快贬值，因此纷纷跑到零售商那里购买商品以便赶紧消化掉手里的钞票。商界盼着政府能有一些举动推动物价上涨，这样就能给他们提供公开反对价格上限的借口，好打破这个僵局。他们的想法很快就实现了。政府忽视了8月份币制改革时另外两项措施对通货膨胀的影响，即营业税从70%提高到100%；新货币发行之前只是市场汇率60%的官方汇率，被修正到与市场汇率一致。高税收最先影响到烟草价格。烟草商关店歇业，等待政府答复他们提高销售价格以应付税收上涨和零售费用支出从而维持边际利润的要求。政府最终同意了，烟草价格上涨，紧接着是所有重要消费品的价格上限都上调了。因为人们揣测汇率还将进一步上涨，因此即使价格上涨了50%之后，进口货物或进口原料制成的国产货物的交易也很少。

就在币制改革之后不久的9月，物价普遍上涨，证实了公众对政府无法控制通货膨胀的怀疑。10月第一周，大批人群挤进商店，疯狂抢购从粮食到昂贵奢侈品的所有商品。商店先是晚开门、早关门，后来开始收起货物不卖，并把他们的存货藏起来。穷人们买不到大米、蛋糕店买不到面粉、豆腐店买不到大豆、饭馆因为没有食物而关门，甚至药品也买不到了。最后，所有商品都从市场上消失了，商店要么全天候关门，要么在警察逼迫下即便货架空着也要每天营业几小时。上海停市的消息很快传到了其他城市。那些从一开始就怀疑价格上限可行性的地方政府当局，现在看到中央政府即便是在资源集中的上海也无法执行其政策，于是便立即开始解冻物价。到10月底，就在政府采取了所谓的万能方案两个月多一点的时间后，最高限价制度全面崩溃，工资上限也自动失效。

不再相信通货膨胀容易控制，政府对形势的发展也就听天由命了：允许大米价格随行就市、商店自行定价，其他商品的价格则由负责定价的市政当局根据生产成本决定。这也是在暗示，工资可以根据生活成本的上涨而不时调整。在取消价格上限时，价格跳高到8月23日10倍以上的水平，参见以下对1948年11月6日同8月23日的大米、面粉和食用油的价格对比：

	大米 （每171磅）	面粉 （每袋，49磅）	食用油 （每22加仑）
1948年			
8月23日	20金圆	7金圆	58金圆
11月6日	240金圆	73金圆	550金圆

上海的批发价格指数则几乎达到8月份的14倍；因为部分日用必需品的配购限价被编制进了生活成本指数，因此该指数涨幅略低。

此番冻结工资和价格的努力失败之后，金圆以雪崩的速度贬值。同共产党作战的接连失败打击了中央政府的士气，也打乱了政策节奏。为了维持政府收入，政府领导们鲁莽地采取了很多破坏性措施，比如按美元计收公用事业费用，将户口米的价格提高到比市场价还高的水平。这些措施导致正常的市场机制瓦解，同时疏远了工人阶层。虽然只有1949年2月以前的批发物价指数和生活成本指数，但这些数据足以表明经济灾难正在逼近（见表14–4）。

表14–4　1948—1949年上海批发物价指数和生活成本指数

时间		上海批发价格指数（1948年10月=100）	上海生活成本指数（1948年8月=100）
1948	9月	106	不详
	10月	118	不详
	11月	1 365	1 170
	12月	1 921	1 670
1949	1月	6 900	6 825
	2月	40 825	52 113

总之，中国所有统制物价和工资的努力大同小异，只有短期的表面作用。政府领导人认为，只要给予足够的政治支持，这些统制措施就可以产生效果。这一信念是本质相同的其他措施在刚刚失败不久又重新启动的主要原因。政府领导人将每次努力的失败均归因于执行当局缺乏勇气、行政低效，却从未充分认识到政策措施治标不治本的问题。

第四部分

4

一些教训和当下的问题

第十五章

一些教训和当下的问题

第二次世界大战后，许多历史因素导致了国民党政权的垮台，但压倒所有其他因素的直接原因无疑是通货膨胀。通货膨胀的故事不只是一个历史话题，因为在类似的情况下，这个过程可能还会在其他地方重演。不幸的是，大量的迹象表明，通胀推动的类似革命目前可能正在中国大陆周边国家酝酿。在这些财政和货币体系不完善、政府经验不足且低效的发展中国家，庞大的国防开支和规模稍低的发展支出不断地扩张着货币供应，一系列应付个别通胀现象的应景之策（了解中国抗战历史的学生很熟悉的政策）被再次拿出来尝试，而且可能再增加一些失败的经历。对那些在动荡环境中掌握他们国家及自身命运的人来说，对中国案例的事后分析是否能达到警示和指导的目的，还有待观察。

中国通货膨胀本身的教训

抗日战争爆发之初，中国政府显然没有意识到总需求在战时情况下最终会扩大到什么程度。领导层天真地认为，中国的实物产出数倍于货币供应，且能够迅速扩大，从而构成货币的有效储备。这样便产生了一个错误的概念，即相比一个工业国，一个欠发达的农业国家在任何情况下都可以满足（战时及和平时期的）居民的基本需求，因此更能够在增加生产的过程中应对货币供应的扩张。但反例实际上更多。领导层未能意识到，中国经济实际上被分割为城乡两个部门，两个部门对各自内部不均衡的通胀压力的反应不足以缓解通胀的总体影响。政府还忽略了一个现实，即传统的中国人对现代货币从来没有太多信心，流动性偏好很低，且不习惯将大部分当期收入投入储蓄。

实际上，中国也没有足够的银行设施来推动储蓄。在这种情况下，政府没有意识到采取有效措施扩大总供给的必要性。它高估了短期内能够提高供应的能力，同时严重低估了货币供应扩大的通货膨胀效应。

政府未能增加供给以应对其开支上升导致的总需求扩张，同时政府又未能将其创造的部分新收入转化为储蓄，也未能通过增加税收来部分抵消通胀压力，后两项失策加剧了前面的不利局势。中国缺乏灵活的税收结构、中心城市之外缺少储蓄机构，且也没有证券交易市场，这有一些历史原因。在此期间，政府有多次机会可以启动基本的税收和其他财政改革，但却没有做，政府因此难辞其咎。

一旦通货膨胀形成恶性循环，要阻止这一进程就变得越来越困难，这是不言自明的。中国原本应更早地去遏制通胀。但我们承认，由于加税和其他要求做出更大牺牲的措施需要强有力和广泛的政治支持，中国政府可能希望选择最有利和最有战略意义的时机进行大刀阔斧的改革。1938 年底、1939 年初有这样一次机会，当时政府被迫撤到落后的内地，而人们竭诚支持政府宣布的为民族存亡开展长期作战的决定。第二次机会出现在 1941 年底，当时美国卷入了太平洋战争，这似乎是第一次让抗战取得最后胜利真的有了确定性，同时也给政府下决心对国家财政进行一次一劳永逸的整饬提供了急需的心理和资金支持。第三次战略性机会是在“二战”结束时，当时对政府来说已经很明确，不通过基本改革来稳定货币，重建便无从谈起，而在当时，改革的呼吁是可以团结所有真正的爱国者的。然而政府一次又一次地坐失良机，直到再也没有机会了。

政府无力通过非通胀手段增加财政收入、通过储蓄和税收来消纳多余的需求，在很大程度上是由于其害怕失去民众的支持，担心触犯既得利益，不敢坚决直面困难。没有智慧和勇气去采取那些不受欢迎的政策，政府当然还可以降低开支规模。但它始终拒绝采取有效措施削减支出，更是过分强调威信和外部军事力量的重要性，乃至不顾经济后果，继续政治和军事开支。奇怪的是，政府无视这样一个事实，即长远而言，经济稳定是政治权力的前提条件。它希望找到一个捷径摆脱财政困难，最终却导致了灾难。

鉴于政策失灵造成的通货膨胀压力，政府试图通过统制价格来抑制通货膨胀的表象，通过进一步信贷扩张来增加生产。而这却进一步加速了通胀势头，价格上涨则根本不理会政治压力。实际上，因为政府缺乏执行手段，即可以熟练、公平和忠实地执行全部任务的高效、廉洁的专业行政机构，那些直接统制措施不可能得到有效实施。由于未能进行基本的财政改革，政府被迫越来越多地直接或相机统制信贷、生产、价格和工资，以及外贸和汇率，但由于缺少必要的条件，这些根本无法取得成功。简而言之，其对通胀的努力是治“标”不治“本”。

战后，政府回迁到沿海地区，经济又回到战前的城乡分割状态，只是这一次因为共产党有效切断了华南和华北的交通而显得更明显。虽然中心城市的通货膨胀压力加大，但政府并没有采取措施扩大来自农村的物资供应。相反几乎完全依赖于外国供应。

有必要再次强调，战后初期的形势在战略上有利于对（政府）开支进行根本性调整以遏制通货膨胀压力的进一步恶化、通过非通货膨胀手段提高供给能力、通过税收改革降低通货膨胀压力。政府拒绝了这些选择，而是选择通过抛售有限的外汇资产和政府企业的方式来抑制通货膨胀。不幸的是，这种短期治标政策是最不可能成功的，而这一事实却在一开始就被忽视了。

在形势最有利时，这种抛售政策有可能会产生足够的紧缩压力，为更根本性的调整提供最初的契机。但是在财政政策和管理方面没有巨变的情况下采取这样的政策要承担非常大的风险。显然，政府低估了共产党军事威胁的严重性和内战持续的时间，对外援的持续性过分乐观；同时，也是令人费解的是，太过高估其政治力量，尤其是在利用政治手段遏制通胀的可能性方面，尽管其战时所有的经历都不成功。

当政府不得不承认所有经济措施都失败了时，便再次求助于政治手段，将其政治前途和声望押注在一个短命的“改革”上，结果只是发现其政治影响已经不够，大众的信心已经在经年间消失殆尽，其做法只是加速了最后的崩溃。

中国的通货膨胀也给出了一个教训，即财政预算和银行体系均由行政支配是一个极不合理的安排。在这样的结构中，政府预算控制在政治领导人的手中，而不是经由合格的权威组织仔细审查；而中央银行被视为政府的支付代理人，创造货币的能力可能成为一个诅咒而不是经济的福音。在中国，政治领导人可以随意操控财政预算和中央银行。这些领导人不理解所要应对的经济力量的本质，他们选择忽视这些力量。政府找不到其他资金来维持自身开支。通胀不改变轨迹，一路肆虐，政府的最终命运是早就注定了的。经济不稳定最终导致对国民党政府信心的全面丧失，随之而来的是政治和社会道德的彻底崩溃。在这种混乱的政治和道德真空中，几乎任何一个承诺要进行彻底变革的军事组织都能在没有强烈反对的情况下行动起来，共产党正充分利用了形势。

发展中国家面临的基本问题

前述批评性言论只关乎战时和战后的中国，对不同的历史背景可能并不完全适用。除了技术问题之外，还有一些关键的态度和理念，或多或少地决定了中国的局势发展，而且由于它们在其他亚洲国家的普遍适用性，在此应该重新提及。

第一，应该记住，在整个中国历史上，每一个新王朝时代的政治权威，几乎总是充斥着通过军事扩张或推进庞大的公共工程来维系国家和个人荣耀的强烈欲望。这些举动最终总是导致通胀性财政。

在目前的情况下，尽管这种粗陋的虚荣观可能不再被认可，但在大多数发展中国家，经济发展的诱惑和对国家安全的愿望成为扩大政府开支不可抗拒的压力。随着一个接一个的国家宣布各自的三、四、五年发展计划，这种效仿的冲动是如此强烈，以至于类似的工程、事业几乎势在必行。目前大多数亚洲国家似乎都在这样做。在防务方面，虽然外部对国家安全的威胁的确可能存在，但很少有人认识到防务支出经常是连带需求，一项支出通常会导致另一种支出。一方面是发展军事的需要，另一方面还要面对经济增长的诱惑，发展中国家的政府似乎并不总是有智慧去完成它们在没有通货膨胀情况下所能做的事情。即使在外援的帮助下，他们的方案也会增加当地的收入和当地的支出。这意味着，应该认真考虑和安排外援接受国的财力。中国最近的经验进一步说明了这一点。

第二，在促进国防或经济发展方面，发展中国家的长期利益最好是通过增加实际产出和促进国内资本的积累来实现。中国的经验表明，要做到这一点，就必须尊重民营企业和银行业的健康发展。政府过度发债、强制银行认购，以及通过直接发行新钞无节制地赤字融资，这些中国都出现过，而且破坏了银行作为公众存款安全保管机构的信心。中国的经验也表明，不能仅仅因为私营企业发展缓慢就对国有企业进行扩张。过分强调经济发展的速度通常造成的结果，不仅是破坏私人资本的形成，更有悖于发展初衷。在中国，国民党政府及其执政之前的民间资本形成主要是通过中国银行、交通银行和其他主要商业银行的努力而实现。因为对资金的强烈需求，政府先是通过直接借款垄断了银行的资产，接着通过部分国有化继续这种状态。这些及其他一些措施，在萌芽状态即扼杀了新式银行的发展，而私营储蓄原本可以通过新式银行在战时和战后需要时更有效地流动起来。未能培育农村信用机构而各类国有企业却快速发展，对中国私人资本的形成同样产生了不利影响。其他发展中国家应该避免这种发展模式。

第三，由于发展中国家有内在的通货膨胀倾向，建立预算控制的制度框架、确定中央银行的独立性，对于社会长期福利至关重要。我们已经看到这些监管的缺席导致了中国财政管理上的混乱和恣意妄为，而避免在其他地方重蹈覆辙的重要性怎么强调都不为过。

第四，一旦出现通货膨胀，政府必然会被引导到增加干预和直接统制的道路上。在中国这样的发展中国家，受教育人群和知识分子数量很少，而且由于这些人通常集中在政府服务部门、教育部门和其他收入相对固定的职业，通货膨胀会减少这些重要群体的实际收入。这往往会造成政府成功所依赖的合作团体的不满。言辞的不满必然会引起反政府舆论高涨，而这通常会夸大真正的不满情绪。与这些精英集团切割，尤其是恰恰最需要在有效管理经济的时候，政府管理就会走向腐败。通货膨胀的腐败影响在不发达国家加剧也就不足为奇了。中国的经历给了我们这个重要教训。

第五，再来观照中国近期的经验，可以明确地讲，现代经济生活的复杂性不是任何一个人能够把握的，尤其是专注于许多其他责任的政治领袖。允许一个人绝对和任意的控制，就是在制造灾难。大量关于这个权力结构缺陷的例子可以从前文的中国例证中找到。

通货膨胀是社会的敌人，绝不能忽视其威胁。

附录 A

价格走势[①]

表 A–1　1930—1937 年中国（关内）战前物价指数

（1930 年 =100）

时间	上海[1]	中国北方[2]	广州[3]
1930	100	100	100
1931	110.3	105.9	111.9
1932	98.0	97.5	112.1
1933	90.5	86.9	103.1
1934	84.7	79.7	92.9
1935	84.0	82.5	83.4
1936	94.6	86.8	104.0
1937	112.7	—	118.8

1　基于关务署编制数据。

2　基于南开大学经济研究所编制数据。

3　基于广东省政府统计局编制数据。

① 表 A–1 到 A–3 是简单几何平均测算；表 A–4 是加权几何平均测算。——作者原注

表 A–2 1938—1945 年战时后方价格指数

（基数：1937 年 1~6 月 =100）[1]

时间	后方	重庆	成都	康定	西安	兰州	昆明	贵阳
1938	131	126	128	137	146	146	—	105
1939	220	220	225	225	245	217	—	187
1940	513	569	665	587	497	399	—	413
1941	1 296	1 576	1 769	1 352	1 270	1 061	—	969
1942	3 900	4 408	4 559	4 388	4 120	2 853	—	3 395
1943	12 541	13 298	14 720	12 982	16 279	10 047	—	9 428
1944	43 197	43 050	56 965	49 229	39 679	26 533	62 203	34 940
1945	163 160	156 195	170 379	171 053	155 341	88 655	305 711	167 025

1 基于主机处编制并发表于 1948 年《中华民国统计提要》数据。

表 A–3 1946 年 1 月—1947 年 12 月战后中国（关内）物价指数

（1937 年 1~6 月 =100）

时间[1]	全国（关内）	上海	重庆	天津	广州
1946 年 1 月	182 667	160 315	209 561	134 265	214 827
2 月	235 973	273 550	225 806	234 404	239 067
3 月	291 596	344 383	235 728	277 525	269 481
4 月	309 260	325 986	248 296	278 888	310 899
5 月	348 193	360 485	252 406	362 095	333 048
6 月	375 273	378 217	256 963	419 200	331 370

（续表）

时间	全国（关内）	上海	重庆	天津	广州
7月	412 908	403 982	273 325	425 088	365 320
8月	426 861	439 300	263 250	463 699	408 987
9月	473 966	503 122	315 515	559 843	465 036
10月	547 852	612 071	357 322	665 620	539 848
11月	593 705	626 614	390 652	724 100	527 244
12月	627 210	681 563	451 035	740 983	561 091
1947年1月	755 000	817 750	525 300	834 587	645 916
2月	1 102 885	1 309 848	722 986	1 264 554	1 111 674
3月	1 219 439	1 386 593	770 105	1 419 989	1 160 536
4月	1 390 200	1 669 900	780 567	1 721 433	1 311 971
5月	1 968 567	2 584 000	987 186	2 673 396	1 883 607
6月	2 483 000	2 905 700	1 334 382	3 172 826	2 367 401
7月	3 122 400	3 359 400	1 986 598	3 778 015	2 658 501
8月	3 439 200	3 649 300	2 219 269	3 936 743	3 666 973
9月	3 836 800	4 635 700	2 590 240	4 574 905	4 169 327
10月	5 931 300	7 293 400	3 872 665	6 494 190	5 520 741
11月	7 696 500	8 261 300	4 958 040	8 158 881	7 256 009
12月	10 340 000	10 063 000	6 407 078	12 100 259	9 419 215

1　1946—1947年数字基于主计处编制的数据。

表 A–4　1948—1949 年中国（关内）上海、重庆价格指数

（1937 年 1~6 月 =100）

时间[1]	上海	重庆
1948 年 1 月	14 074 200.0	6 327 700
2 月	20 155 200.0	8 109 400
3 月	32 576 900.0	13 851 900
4 月	37 764 200.0	16 678 800
5 月	54 281 300.0	21 862 500
6 月	197 690 000.0	45 508 000
7 月	287 700 000.0	132 500 000
8 月	186.3[2]	—
9 月	197.0	—
10 月	220.4	—
11 月	2 543.1	—
12 月	3 583.7	—
1949 年 1 月	12 876.2	—
2 月	89 788.0	—
3 月	405 320.0	—
4 月	20 957 009.0	—

1　1948—1949 年数字基于中央银行经济研究处编制数据。

2　8 月 20 日之后数据急剧变化，缘于采用了金圆券。

附录 B

导致总需求增加的因素

表 B–1 1937—1948 年政府财政

（单位：百万法币）

时间	开支[1]	收入[2]	赤字	田赋征实折合货币[3]	纸币发行[4]
1937	1 992	1 393	560	—	1 640
1938	2 215	723	1 492	—	2 310
1939	2 797	740	2 057	—	4 290
1940	5 288	1 325	3 963	—	7 870
1941	10 003	1 310	8 693	—	15 100
1942	24 511	5 630	18 881	2 896	34 400
1943	58 816	20 403	38 413	16 885	75 400
1944	171 689	38 503	133 186	50 107	189 500
1945	2 348 085	1 241 389	1 106 698	158 498	1 031 900
1946	7 544 790	2 876 988	4 697 802	362 735	3 726 100
1947	43 393 895	14 064 383	29 329 512	1 156 246	33 188 500

（续表）

时间	开支	收入	赤字	田赋征实折合货币	纸币发行
1948（1~6月）	655 471 087	220 905 475	434 565 612	3 281 380	374 762 200

1　1937—1945年，主计处编制数据；1946—1947年，张维亚《中国货币金融论》第243页；1948年，中央银行收支记录。

2　1937—1944年，财政部统计处及政府主计处编制统计数据，发表于《中国财政年鉴》第129~150页；1945—1947年，张维亚前引书第140~144页和244页；1948年，中央银行记录。

3　基于财政部编纂《财政与货币概要》数据。货币价值按中央银行编制上海粮食价格指数折算得出。

4　基于中央银行1948年1~7月记录。

表B–2　1937—1948年对私信贷、自愿储蓄和利率

（单位：百万法币）

年份	银行贷款[1]	存款[1]	储蓄[2]	月利率[3]（%）		
				重庆市场	上海市场	上海黑市
1937	2 255	3 118	188	1.0	—	—
1938	2 614	3 902	251	1.20	—	—
1939	3 706	5 747	312	1.30	—	—
1940	4 114	7 303	533	1.50	—	—
1941	5 589	12 741	1 104	1.92	—	—
1942	11 402	19 985	2 976	2.80	—	—
1943	22 768	28 358	7 387	6.00	—	—
1944	40 423	89 903	15 456	8.57	—	—
1945	172 469	482 219	55 693	10.2	—	—
1946	1 627 281	5 545 583	372 592	—	10.7	15.08

（续表）

年份	银行贷款	存款	储蓄	月利率（%）		
				重庆市场	上海市场	上海黑市
1947	23 434 073	28 855 714	1 498 396	—	15.14	18.25
1948（1~6月）	201 245 341	208 656 165	5 808 000	—	23.17	26.55

1 各国家银行；1937—1945 年，基于四联总处编制报告，1946—1948 年，基于中央银行及各省级和商业银行报告数据；1937—1946 年，前引张维亚著作第 164 页；1947—1948 年，基于中央银行稽核处编制上海各银行统计数据。

2 1937—1945 年，基于四联总处编制报告；1946—1948 年，基于中央银行稽核处编制统计数据。

3 1937—1945 年，四联总处编制数据；1946—1948 年，基于中央银行编制月度报告。

表 B–3 货币供应总量

（单位：1926—1934 年为银圆；1935—1948 年为法币）

战前			
时间（年终）	纸币发行[1]	活期存款[2]	总计
1926	228 962 163	657 646 855	886 609 018
1927	262 164 410	700 172 666	962 337 076
1928	308 818 375	808 337 121	1 117 155 496
1929	350 236 497	957 374 032	1 307 610 529
1930	412 968 538	1 389 109 572	1 802 078 110
1931	393 367 870	1 213 334 120	1 606 701 990
1932	451 590 418	1 255 014 045	1 706 604 463
1933	535 190 933	1 579 824 899	2 115 015 832
1934	622 522 223	1 820 621 425	2 443 143 648
1935	867 984 374	2 324 341 889	3 192 326 263
1936	1 633 106 095	2 708 005 032	4 341 111 127

（续表）

战 时			
时间（年终）	纸币发行	活期存款	总计
1937	1 640 000 000	2 019 000 000	3 659 000 000
1938	2 310 000 000	2 506 000 000	4 816 000 000
1939	4 290 000 000	3 214 000 000	7 504 000 000
1940	7 870 000 000	4 315 000 000	12 185 000 000
1941	15 100 000 000	7 746 000 000	22 846 000 000
1942	34 400 000 000	16 391 000 000	50 791 000 000
1943	75 400 000 000	24 796 000 000	100 196 000 000
1944	189 500 000 000	85 587 000 000	275 087 000 000
1945	1 031 900 000 000	474 690 000 000	1 506 590 000 000
战 后			
时间（年终）	纸币发行	活期存款	总计
1946	3 726 100 000 000	5 455 494 000 000	9 181 594 000 000
1947	33 188 500 000 000	27 777 060 000 000	60 965 560 000 000
1948（1~6 月）	196 520 300 000 000	202 571 339 000 000	399 091 639 000 000

1　1926—1931 年，Y. F. Yang, *A Treatise on Chinese Currency*（《中国货币论著》），第 119~120 页；1932—1935 年，1936 年《中国银行业年鉴》第二卷第十九章“银行业统计”S35 页；1936 年，1937 年《中国银行业年鉴》第二卷第十九章“银行业统计”S53 页；1937—1948 年，基于中央银行编制记录。

2　1926—1936 年，同上；1937—1945 年，国家银行数字基于四联总处编制的记录，商业银行和省属银行数字来自前引张维亚著作第 164 页；1946—1948 年，所有数字均基于中央银行稽核处编制统计数字。商业银行和省属银行的活期存款按存款总额 60% 估算。

附录C

供给

表C-1 1939—1947年农业生产[1]

（单位：百万蒲式耳）

战时							
时间	大米	小麦	大麦	棉花	烟草	大豆	高粱
1937	1 323.51	381.66	209.87	988.888	524.800	111.742	101.83
1938	1 435.78	590.47	263.03	1 041.777	446.700	106.128	98.93
1939	1 466.67	576.73	266.36	1 296.444	490.500	109.550	109.81
1940	1 188.59	585.23	249.77	1 129.333	513.450	112.256	90.87
1941	1 235.94	480.50	214.75	1 000.000	425.800	101.018	86.33
1942	1 220.02	609.31	260.05	842.666	378.200	85.571	69.97
1943	1 170.58	579.66	235.83	1 055.111	412.950	97.002	81.64
1944	1 295.86	722.45	268.85	950.222	417.250	95.884	79.93
1945	1 129.71	638.69	235.30	1 571.555	402.700	99.080	85.12
战后							
1946	1 708.89	136.12	366.51	2 134.777	618.650	263.914	319.41
1947	1 793.00	123.40	365.26	2 412.444	606.200	272.766	303.08

（续表）

战　时							
时间	小米	黍	玉米	豌豆	蚕豆	油菜籽	燕麦
1937	69.29	27.453	197.059	80.508	98.568	94.476	8.363
1938	69.30	27.051	205.083	127.149	138.644	104.302	9.073
1939	69.81	28.070	207.466	137.270	153.526	125.456	9.724
1940	61.61	25.119	195.086	125.316	138.854	141.251	8.870
1941	60.25	29.414	193.614	109.253	121.996	132.783	8.375
1942	42.93	27.901	171.223	122.854	138.568	138.447	9.004
1943	52.14	32.848	188.853	110.365	127.668	143.312	8.486
1944	50.80	27.185	195.959	126.097	142.986	144.481	8.474
1945	60.73	24.182	210.672	110.643	115.806	115.428	6.763
战　后							
1946	453.73	79.670	451.099	179.257	166.964	185.245	40.472
1947	378.43	69.404	413.191	187.293	179.768	216.417	44.517

战　时							
年份	红薯	花生	芝麻				
1937	821.347	62.291	19.450				
1938	804.760	63.735	12.955				
1939	723.606	65.242	23.273				
1940	745.136	66.348	23.826				
1941	806.449	66.488	21.394				
1942	706.083	58.631	14.084				
1943	844.726	62.227	19.648				
1944	883.687	63.474	20.475				
1945	902.403	65.731	23.315				

（续表）

战　后							
1946	1 478.792	129.867	41.635				
1947	1 406.368	129.251	37.457				

1　1937—1945 年数字是后方 13 个省的情况，即浙江、江西、湖北、湖南、四川、河南、陕西、甘肃、宁夏、青海、福建、广东和广西。1946—1947 年数字含关内 20 个省，除前述 13 个省外，还包括江苏、安徽、河北、山东、山西、察哈尔和绥远。1937—1946 年数字基于中央农业研究所报告中的数据。1947 年数字基于 *China Statistical Abstract*（《中国统计要览》）。

1937—1945 年的大米和棉花产量数字未做调整，见表 10–2 表注 1。

表 C–2　1938—1947 年工矿产量①

战　时								
时间	棉纱（包）	面粉（千磅）	水泥（桶）	火柴（千箱）	纸张（吨）	酒精（千加仑）	苏打粉（吨）	硫酸（吨）
1938	24 515	74 137	150 486	12	492	304	520	170
1939	27 451	94 374	341 558	12	526	812	940	124
1940	48 916	158 711	353 353	14	660	4 590	1 486	428
1941	88 994	220 990	178 003	19	4 200	5 408	2 079	543
1942	102 536	239 120	278 901	26	4 250	7 885	2 263	689
1943	127 913	202 370	245 616	24	3 580	7 714	3 251	624
1944	121 021	141 169	284 508	33	3 669	7 346	6 101	768
1945	69 200	100 744	295 610	不详	3 900	16 222	3 342	257

① 所有数字基于经济部统计处编制数据，见 1946 年《中国年鉴》和 1948 年 *China Statistica Abstract*。1946 年和 1947 年为全国数字，1938—1945 年只含后方。——作者原注

（续表）

战后								
时间	棉纱（包）	面粉（千磅）	水泥（桶）	火柴（千箱）	纸张（吨）	酒精（千加仑）	苏打粉（吨）	硫酸（吨）
1946	2 582 000	3 782 359	2 047 269	289	62 361	12 379	61 177	7 205
1947	1 400 000[1]	不详	3 268 398[2]	不详	28 062[3]	不详	36 606[3]	3 963[3]

战时							
时间	硝酸（吨）	盐酸（吨）	漂白粉（吨）	肥皂（千箱）	润滑油（加仑）	发动机（马力）	机床（台）
1938	3	99	不详	82	—	610	332
1939	2	72	不详	99	8 528	870	639
1940	16	151	147	280	39 924	2 507	1 024
1941	12	130	521	401	51 085	3 758	1 221
1942	17	300	660	320	35 358	4 476	1 147
1943	15	368	609	363	5 847	7 302	1 752
1944	9	416	797	225	9 754	8 210	1 350
1945	5	337	不详	不详	不详	2 866	775
战后							
1946	2 274	3 002	19 279	1 596	不详	4 765	1 052
1947	1 262[3]	1 651[3]	不详	不详	不详	3 702[3]	1 748[3]

战时							
时间	工业机械（台）	发电机（千伏安）	马达（马力）	变压器（千伏安）	铜、铁丝（吨）	电力（千瓦时）	煤炭（千吨）
1938	842	299	600	4 390	—	73 622	4 700
1939	1 512	439	9 594	6 509	40	91 494	5 500
1940	3 775	6 308	3 102	6 124	191	111 931	5 700
1941	2 575	5 503	11 600	10 772	571	127 302	6 000

（续表）

战时							
时间	工业机械（台）	发电机（千伏安）	马达（马力）	变压器（千伏安）	铜、铁丝（吨）	电力（千瓦时）	煤炭（千吨）
1042	2 632	5 780	10 511	15 383	455	136 850	6 314
1943	2 110	4 790	11 451	12 484	365	146 437	6 617
1944	3 327	4 926	6 277	11 185	266	154 220	5 502
1945	1 421	2 028	6 683	10 496	不详	196 695	4 989
战后							
1946	2 286	4 200	4 178	12 092	不详	3 624 654	18 408
1947	6 580[3]	1 680[3]	2 216[3]	8 464[3]	不详	不详	19 487

战时								
时间	钢（吨）	铁（吨）	锑（吨）	钨矿石（吨）	锡（吨）	汽油（千加仑）	煤油（千加仑）	柴油（千加仑）
1938	900	52 900	9 464	12 556	不详	—	—	—
1939	1 200	62 730	11 988	11 509	2 501	4		—
1940	1 650	49 500	8 471	9 542	17 416	73	—	—
1941	2 212	70 000	7 991	12 392	16 589	209	113	—
1942	3 300	105 600	3 510	11 897	14 003	1 896	500	46
1943	7 480	77 000	429	8 973	10 800	3 219	559	51
1944	15 697	44 150	204	3 225	5 102	4 048	2 161	155
1945	18 234	48 495	不详	不详	2 704	4 305	1 655	216
战后								
1946	15 700	81 000	426	2 260	1 963	5 058	2 325	326
1947	63 000	85 000	1 580	6 402	3 790	7 880	4 002	967

1 1~9 月产量。

2 1~8 月产量。

3 1~6 月产量。

附录 D

外汇和对外贸易

表 D-1　1937—1948 年 8 月汇率[①]

时间	法币 / 美元		美分 / 法币	
	官价	市价	官价	市价
1937 年 6 月	3.41	—	29.315 0	—
12 月	3.42	—	29.250 0	—
1938 年 6 月	—	5.40	—	18.515 0
12 月	—	6.40	—	15.625 0
1939 年 6 月	—	7.80	—	12.825
12 月	—	14.48	—	6.911 5
1940 年 6 月	—	18.21	—	5.494 80

① 1937 年抗战爆发后，官方即暂停报价，并以银行汇率代之。1941 年 8 月起确定平准基金委员会汇率并延用至 1945 年抗战胜利。珍珠港事件之后，几乎见不到美元市场汇率，直到 1943 年美国空军和地方部队进驻中国后才重新出现。1937—1942 年美元汇率基于中央银行编制牌价表；1943—1945 年基于四联总处编制美元现金汇率牌价；1946 年之后基于中央银行编制月报。

实施金圆制度后，月终牌价取代了月平均报价。——作者原注

（续表）

时间	法币 / 美元		美分 / 法币	
	官价	市价	官价	市价
12 月	—	17.76	—	5.632 80
1941 年 6 月	—	19.00	—	5.260 00
12 月	18.80	18.93	5.312 5	5.281 25
1942 年 6 月	18.80	—	5.312 5	—
12 月	18.80	—	5.312 5	—
1943 年 6 月	18.80	59.00（美元）	5.312 5	1.693
12 月	20.0	84.00（美元）	5.0	1.191
1944 年 6 月	20.0	1 192.00（美元）	5.0	0.521
12 月	20.0	570.00（美元）	5.0	0.175 3
1945 年 6 月	20.0	1 705.00（美元）	5.0	0.058 6
12 月	20.0	1 222.00（美元）	5.0	0.081 63
1946 年 6 月	2 020	2 665	0.049 5	0.037 5
12 月	3 350	6 063	0.028 84	0.016 5
1947 年 3 月	12 000	14 000	0.008 34	0.007 14
6 月	12 000	36 826	0.008 34	0.002 715
9 月	41 635	50 365	0.002 40	0.001 99
12 月	77 636	149 615	0.001 288	0.006 68
1948 年 3 月	211 583	449 620	0.000 474	0.000 222
6 月	1 273 000	2 311 250	0.000 078 5	0.000 043 3

（续表）

时间	法币 / 美元		美分 / 法币	
	官价	市价	官价	市价
8 月（1~18 日）	7 094 625	8 683 000	0.000 014 1	0.000 011 5
时间	金圆 / 美元		美分 / 金圆	
	官价	市价	官价	市价
1948 年 8 月（19~31 日）	4	4	25.0	25.0
9 月	4	4	25.0	25.0
10 月	4	15	25.0	6.67
11 月	28	42	3.57	2.38
12 月	122	135	0.819 5	0.740
1949 年 1 月	240	700	0.417	0.142 8
2 月	2 660	2 980	0.037 7	0.033 55
3 月	16 000	17 700	0.006 25	0.005 640
4 月	205 000	813 880	0.000 487	0.000 122 9
5 月（1~21 日）	—	23 280 000	—	0.000 004 31

表 D–2　1935—1948 年中国国际收支[1]

（单位：百万美元）

收入	战前（1935—1936 年）		战时（1937—1945 年）									战后（1946—1948 年）		
	1935	1936	1937	1938	1939	1940	1941	1942	1943	1944	1945	1946	1947	1948
1. 商品出口（登记数）	208.8	207.7	245.7	161.3	116.0	120.5	136.4	8.5	6.8	38.0	169.0	149.0	230.0	170.0
加：低估、走私和出口税的调整	18.0	14.7	19.6	12.6	69.6	72.0	99.5	—	—	—	—	30.0	46.0	67.0
2. 金银出口登记数	35.4	85.4	133.2	16.9	4.0	8.1	2.7	—	—	—	—	—	—	—
加：走私出口估计数	61.6	11.7	6.4	7.4										
3. 侨汇	101.5	82.2	131.9	126.9	112.4	91.0	122.0	27.4	60.3	37.1	37.7	76.0	74.0	90.0
4. 外国在华开支														
a. 外交及军事	34.4	20.6	35.1	43.3	62.2	33.6	47.6					60.0	30.0	22.0
b. 慈　善	14.5	14.7	2.0	12.6	16.9	9.2	10.6	10.0	20.0	30.0	30.0	35.0	17.0	16.0
c. 运输及旅游	11.6	9.1	7.0	4.6	3.6	3.0	2.9					10.0	10.0	12.0
5. 外国贷款及投资，资本回流及海外投资收益	3.1	5.9	7.3	3.1	41.1	4.0	—	200.0	—	410.0	230.0	80.0	90.0	77.0

（续表）

收入	战前（1935—1936 年）		战时（1937—1945 年）									战后（1946—1948 年）		
	1935	1936	1937	1938	1939	1940	1941	1942	1943	1944	1945	1946	1947	1948
6. 利用外汇储备	—	—	—	—	—	—	—	21.9	43.0	71.7	27.5	355.0	190.0	
7. 其　他	22.3	—	—	—	—	—	—	—	—	—	—	100.0	112.0	—
合计	511.2	452.0	588.2	388.7	425.8	341.4	421.7	267.8	130.1	586.8	494.2	895.0	799.0	454.0
支出	**战前（1935—1936 年）**		**战时（1937—1945 年）**									**战后（1946—1948 年）**		
	1935	1936	1937	1938	1939	1940	1941	1942	1943	1944	1945	1946	1947	1948
1. 商品进口（登记数）	333.3	277.4	279.4	187.4	150.6	124.0	114.5	33.0	81.0	68.0	179.0	565.0	480.0	211.0
a. 加进口走私估计数	101.5	73.8	146.5	84.8	138.0	168.0	253.0	—	—	—	—	110.0	96.0	31.0
b. 未登记的政府进口	18.0	25.0	42.5	24.7	21.0	24.2	26.7	24.4	10.2	30.2	27.6	100.0	77.0	40.0
2. 金、银进口	4.0	5.7	0.8	2.9	7.7	1.0	1.0	—	—	—	—	—	—	—
3. 偿付外债	36.3	31.6	33.5	24.6	—	—	—	—	19.0	66.3	41.4	25.0	36.0	46.0
4. 中国在海外开支	1.8	4.4	2.9	3.1	3.5	3.2	5.5	10.4	19.9	12.3	16.2	70.0	60.0	46.0
5. 对外投资，在华投资其企业汇出利润	16.3	34.1	29.3	19.0	29.0	21.0	21.0	—	—	—	—	25.0	50.0	80.0

（续表）

支出	战前（1935—1936 年）		战时（1937—1945 年）									战后（1946—1948 年）		
	1935	1936	1937	1938	1939	1940	1941	1942	1943	1944	1945	1946	1947	1948
6. 政府海外资产增加	—	—	53.3	42.2	2.0	—	—	200.0	—	410.0	230.0	—	—	—
7. 其他	—	—	—	—	74.0	—	—	—	—	—	—	—	—	—
合计	511.2	452.0	588.2	388.7	425.8	341.4	421.7	267.8	130.1	586.8	494.2	895.0	799.0	454.0

1 1935—1938 年数据基于耿爱德（Mr. Eduard Kann，1880—1962）发表于上海 *Finance and Commerce Weekly*（《财经周刊》）和朱斯煌发表于上海《银行周刊》上的估计数，略有调整。

1939—1941 年进出口数据来自《中国海关报告》。中国政府的进口和海外开支基于财政部记录。1939 年外国贷款包括中英平准基金贷款，但不包括用于购买武器的贷款。1938—1941 年其他数据是作者本人的估计。

1942—1945 年的中国海关报告将敌占区和后方做了区分。国民政府不再支持上海的外汇市场。为清楚起见，此处的估计数仅限于后方。因为官方汇率 1 美元：20 法币（标价法下同）同黑市汇率（1942 年 1 ：35,1943 年 1 ：64,1944 年 1 ：255,1945 年 1 ：1345）之间的差距，1/4 的进口和 3/4 的出口按官方汇率折算，3/4 的进口和 1/4 的出口按黑市汇率折算。这几年的估计数包括了以下调整：

侨汇限于通过官方渠道流入的金额。

政府进口和中国的海外开支基于财政部的记录。

外国贷款（1942 年 2 亿美元）是自美国财政部借款中拨出作为发行美元储蓄券和美元公债的偿债基金。

1943—1945 年的偿付外债主要是偿还上述储蓄券和公债发行基金。

第 5 项中，1944—1945 年的收入（分别为 4.1 亿美元和 2.3 亿美元）是美国政府偿付中国政府以法币垫付的美国在华军队开支。

为购买军用及民用物资而获得的所有外国贷款均不包含在内，因为不涉及现金支付。

这几年的其他估计是作者测算的结果。因为 1942—1945 年的官方汇率是固定的，导致外币现钞和外汇流入黑市，未能找到外国在华开支和中国对外汇款的具体数字。

1946—1948 年的政府进口、海外开支和偿债数字基于中央银行的统计。下列信息也适合于这一时期：

（1）1946 和 1947 年的外国借款只包括美国的银行发放的短期棉花贷款（1946 年 3 300 万美元，1947 年 3 000 万美元）。同期的资金回流包括 2 580 万美元公债收入和实施金圓时强令公众上缴的外币现钞和外汇计 7 100 万美元。

（2）1946 年和 1947 年中的“其他”项中的部分金额有可能是中国商人用自有资金进口。

（3）战后其他数据基于联合国 1948 年于上海出版的 *Economic Survey of Asia and the Far East*, *1947*（《亚洲与远东经济概览，1947》）及联合国 1949 年发表的 *Balance of Payments Yearbook*（《国际收支年鉴》）。

表中 1935—1941 年采用的汇率如下：

美分／法币

1935 年	36.262 5
1936 年	29.437 5
1937 年	29.312 5
1938 年	21.152 7
1939 年	11.293 3
1940 年	6.117 5
1941 年	5.293 1

译后记

读史知今

张嘉璈先生的经历在民国政府高官中实属罕见：1935 年辞掉中国银行总经理职务之前，致力于中国现代金融业的基础建设和发展，通过股权设计、内部规范、财务现代化、人力培养、海外拓展等系统化努力，将中国银行发展成中国有史以来最大的股份制企业，努力支持卢作孚、荣宗敬等民族企业家，为中国银行业的制度建设、现代金融文化塑造付出了艰辛努力，他是拥有新式理念的金融大家。在此期间，其违抗袁世凯的停兑令、只身约晤日本关东军司令本庄繁、特务机关长土肥原贤二，要求恢复中国银行、交通银行沈阳分行营业，体现了其浩然正气和胆魄。其后，张先生作为铁道部长、交通部长跋山涉水奔波各地督修公路铁路，为中国的抗日立下了汗马功劳。“兵马未动，粮草先行”，但在当时的中国，交通条件之差根本不足以支持粮草先行，个中艰辛相信唯有张先生本人可以体味。在此期间，命令卢作孚的民生实业公司调派轮船于宜昌重庆间转运人员、军货，正是中国版的“敦刻尔克”。1945 年，他作为东北经济委员会主任负责接收东北，经历了中苏、国共、中美、国共美之间最复杂的政治、经济和军事关系，是最熟悉战后东北关系的中国人。

1947年，短暂接手中央银行总裁，目睹了国民政府金融崩溃之前的乱象。称张先生的这些经历为传奇并不为过，恰是一部民国金融、经济和政治史。因此有后人视张先生为政治家、银行家、经济学家、实业家，其作为在一定程度上影响了中国政治时局的走向。

尤其值得一提的是，张先生及其同期的金融家，也是过去100多年来唯一以平等身份代表中国参与国际经济体系创建谈判的群体。就国家而言，这些经验是无法用金钱衡量的。

当今世界著名中国经济问题专家托马斯·罗斯基教授称赞张先生为业界翘楚可谓恰如其分。

该书即为张先生以个人经历为基础，对民国财政、金融和货币历程的详细描述，是那段历史最权威（如果不是唯一的话）的记录。张先生晚年在美国大学任教时，即以本书为教材；一些发展中国家官员也将本书作为本国预防通货膨胀的参考书。米尔顿·弗里德曼对本书推崇有加，托马斯·罗斯基先生对中国民国时期银行业的研究即以本书为蓝本。以本书为参考索引的中文著作、论文更是数不胜数，更不乏大段摘录者。

本书英文首版于1958年，旅居美国的张先生当时已近70岁。2019年适逢张先生诞辰130周年，本书在初版60年后以中文面世，也是对张先生的纪念和敬意。能够策划并翻译本书，实为我本人的荣幸。但在翻译的过程中，我时常诚惶诚恐。张先生留下的文字很多，对其经历记录可谓详实、信息丰富，已成为国内外研究民国的重要史料。且其文字多饱含心忧民族命运之感。因本人能力有限，翻译过程中，在尽量沿用书中记录时期的术语及部分引言之外，其他内容均以现代白话示于读者，其中难免贻笑大方，还望方家指正（公众号：时运变迁）。

当下，多数中国读者并不了解张嘉璈先生，包括货币、金融领域的从业者，甚至不知道张先生其人，这不能不说是遗憾。希望本书能为大家提供一个窗口。借人知史、借史知人，都能帮助我们避免落入对诸多复杂史实“一言以蔽之”的陷阱，恰如本书所记录的“通胀螺旋”。

该书的出版要特别感谢美国匹兹堡大学的著名中国问题专家托马斯·罗斯基教授。在邀请他为该书撰写序言时他欣然同意，甚至为此推迟了手头上的其他工作。另外还告诉了我不少他了解的张先生的资料。另外感谢多年的朋友周子衡先生。周先生多年来一直希望翻译出版该书，却寻版权而不得，如今为这本书中文版作序，也算是一个慰藉。

对我来说，策划并翻译《时运变迁》、《管理美元》、《通胀螺旋》以及《抗战外援》①（校译），是近几年来做的最有意义的事。除《管理美元》外，其他 3 本书的作者均为所述事件的亲历者，他们的作为在当时及事后均产生了深远的影响；《管理美元》的 112 位受访者，同样塑造了历史。这些著述者的文字价值，不仅在一时，更在久远。这四本书的内容均涉及影响世界格局、国家命运的重大事件，我因此将其称为“时运变迁”书系。就具体的美元、汇率关系、黄金和人民币等问题，希望这四本书能帮助读者判断那些碎片式的说

① 《抗战外援》即将由中信出版社出版。——编者注

法，用大历史的视角来看待眼下的经济事务；在货币、金融问题之外，希望能给读者带来更多的思考。看货币变迁、看国力起落。

翻译是一件极其辛苦的差事，用一位朋友的话说就是“苦役”。如果不是兴趣使然，委实难以坚持下来。“三叉戟”读书会十多年间的交流，是我保持兴趣的最主要动力。媒体上充斥的天马行空的说法，则成为我“坚持译完”的重要激励，虽然有些滑稽，但其作用的确不容抹杀。读者如果能从这些书中得到金融问题之外的其他收获，感叹“噢，原来如此”，那是对这项“苦役”最大的回馈。我因此也将这几本书视为一项“补白”的工作。

因为这四本书的初版时间均较久远，版权事宜是一项大工程，中间的曲折自然少不了。保罗·沃尔克、行天丰雄（《时运变迁》，首版于 1992 年）、船桥洋一和弗雷德·伯格斯滕先生（《管理美元》，首版于 1988 年）均给予了我极大的帮助。《抗战外援》首版时间为 1963 年，是哈佛大学东亚研究中心成立后的第 12 本书。版权上的琐碎工作，多亏北京天云文化发展公司及罗菡女士，借此表示谢意。《抗战外援》由李雯雯完成翻译，她还在我翻译《时运变迁》和《通胀螺旋》时给予了大量的支持。

这 4 本书均能在中信出版集团出版，是我的荣幸，为此要感谢潘岳副总经理的信任和支持。本书的出版，尤其要感谢乔卫兵总编辑的推动，以及沈家乐副总编辑及各位文字编辑和策划编辑，特别是宋冬雪和王子佳的辛苦工作，书中信据信息之多，显然超出了常规的校对、编辑工作。个中不易，非文字能够表达。读者有幸，我本人有幸。

另外特别感谢中信证券投资银行委员会执行总经理陆致龙博士及上海金融与法律研究院的傅蔚冈院长。

最后要感谢我的家人，没有她们的支持，就不会有这4本书。同时把这几本书送给我的女儿，我陪伴她们长大，她们也看着我完成这项工作。

读好书，免于无知。

于杰
2018年7月